Der Weitblick für die offene Tür

D1665091

Wolfgang Stumpf

Wolfgang ist ein zielstrebiger Mensch, dessen vorrangiges Ziel es ist, andere auf den wunderbaren Meister hinzuweisen, der ihn aus Liebe errettet und dem er sein ganzes Erwachsenenleben gedient hat. Das wird in diesem Buch deutlich. Ich bin erfreut, dass er sich nun endlich überreden ließ, ein Buch über die außergewöhnlichen Abenteuer aus seinem Dienst zu schreiben und zu veröffentlichen. Wir lesen über seine Berufung und die Treue des Einen, der immer noch beruft.

-aus dem Vorwort, Pfr. Dr. T. Howarth

Als ich 1966 mit Beryl auf Heimaturlaub in London war, trafen wir Dorothy Webb, Beryls Freundin aus ihrer Bibelschulzeit. Wir erzählten ihr von unserem Leben im Mittleren Osten und auch einige unserer Abenteuer. Daraufhin schlug sie mir vor, ich solle doch ein Buch darüber schreiben. Ihre Worte blieben mir im Gedächtnis, aber ich unternahm nichts in der Richtung, obwohl mich mit der Zeit immer wieder der eine oder andere Freund dazu ermutigte, und Beryl kaufte mir sogar ein Diktiergerät, damit ich starten konnte. Aber ich tat es nicht.

2004 hielt ich einen Vortrag an der Bibelschule in Wales. Dort trafen wir Dorothy wieder, und wieder drängte sie mich, ein Buch zu schreiben; sie bot mir sogar an, mir dabei zu helfen. Es dauerte aber noch bis 2009, bis ich endlich anfing – indem ich meine Erinnerungen in den Computer schrieb; dabei benutzte ich manchmal Tagebucheinträge, und manchmal verließ ich mich einzig und allein auf meine Erinnerungen an die Ereignisse. Bei dieser Arbeit war ich völlig überrascht, wie viele Details mir wieder einfielen. Beryl, meine liebe Frau, hat mich

Der Weitblick für die offene Tür

unermüdlich dazu ermutigt nicht nachzulassen, Stunde um Stunde! Ich kann mich gar nicht genug bei Dorothy bedanken für ihre großartige Ermutigung und Hilfe während des Schreibens und der Redaktion. Ich weiß, dass sie eine Menge Arbeit in das „Buch" investiert hat, und ich glaube, ich konnte keine bessere Herausgeberin finden.

Ich danke auch einigen Freunden aus diesen „alten Zeiten", die ihren Beitrag dazu geleistet haben.

Ich hoffe, dass dieses Buch ein Segen und eine Ermutigung sein kann für seine Leser. Jeder der „Der Weitblick für die offene Tür" liest, wird sehen, dass ich völlig ungeeignet und unwürdig für diese Aufgabe war, und dass es vielmehr Gott war, der diese Geschichte möglich machte! Ihm gebührt die Ehre!

Wolfgang Stumpf

Juli, 2012

Widmung

Das Buch ist Beryl, meiner lieben Frau und meiner Familie dankbar gewidmet, sowie meiner Schwester Gisela und meinem Bruder Rudolf, auch meinen Freunden Horst und Elfriede und den vielen Freunden, die uns in unserer Arbeit über viele Jahre begleitet haben.

—

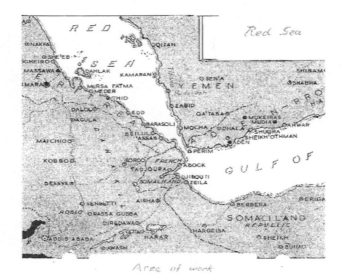

Area of work

Der Weitblick für die offene Tür

Der Weitblick für die offene Tür

Die englische Ausgabe erschien unter dem Titel

‚The Long View Forward' and was published by PCG Legacy

A devision of Pilot Communication Group

Übersetzung aus dem Englischen ins Deutsche

Anja Becker und Brita Becker

Herausgegeben von Wolfgang Stumpf

Published by Next Century Publishing
www.nextcenturypublishing.com

ISBN 978-1-936417-83-4

wolfgangk.stumpf@virgin.net

Printed and bound by TJ International Ltd

Der Weitblick für die offene Tür

Dank und Anerkennung

Dankbar blicke ich zurück auf viele Ermutigungen, meine und unsere Geschichte niederzuschreiben.

Da ist zuerst meine Frau Beryl und unsere Kinder, die mich immer wieder ermutigten, meine Erlebnisse doch aufzuschreiben. Beryl ermutigte mich über Jahre, doch diese Erlebnisse für Familie und Freunde aufzuschreiben . Unsere Kinder Roland, Martin, Peter und Elisabeth erinnerten mich an Erlebnisse ihrer Kindheit. Suzanne, meine Schwiegertochter ermutigte mich oft. Dank meiner Schwester Gisela und Bruder Rudolf, die mich an Erlebnisse in unserer Kindheit erinnerten.

Besonderer Dank geht an Dorothy Webb Davies, die mit ihrem unermüdlichen Rat und Hilfe mir zu Seite stand. Dorothy hat viele Stunden an der Herausgabe des Buches gearbeitet.

Audrey und Jenny Smith waren eine große Hilfe mit Textüberprüfung und korrigieren des Manuskripts.

Dank auch an Sam Ewell für seine Hilfe mit dem Durchlesen des Manuskript und an Richard und Pat Bright für Ihre Hilfe mit den Bildern.

Meinen tiefen Dank an Jim und Marg Gilson für ihre Ermutigung, diese Geschichte zu veröffentlichen.

Brian Mast gilt mein Dank für alle seine Hilfe und Ratschläge in der Vorbereitung und Veröffentlichung von ‚Der Weitblick für die offene Tür'.

An alle oben Genannten geht mein herzlicher Dank!

Doch zuerst sei Dank und Lob unserem HERRN, der diese Geschichte möglich machte!

Der Weitblick für die offene Tür

Inhaltsverzeichniss

Der Weitblick für die offene Tür

Der Weitblick für die offene Tür

Vorwort

Es kam nicht oft vor, dass ich eine Beschwerde hörte, nach dem Gottesdienst, den Wolfgang uns in der Kirche in Birmingham gehalten hatte. Doch gelegentlich hing bei der Gemeinde ein Hauch von Frustration in der Luft. Als qualifizierter und leidenschaftlicher Prediger erzählte er immer wieder eine interessante Geschichte aus seiner Vergangenheit, um eine geistliche Wahrheit zu verdeutlichen. Doch sobald die geistliche Wahrheit deutlich gemacht war, fuhr er mit seiner Predigt fort und ließ die Gemeinde mit der Frage zurück, wie die Geschichte ausgegangen war. Wolfgang ist ein zielstrebiger Mensch, dessen vorrangiges Ziel es ist, andere auf den wunderbaren Meister hinzuweisen, der ihn aus Liebe errettet und dem er sein ganzes Erwachsenenleben gedient hat. Das wird auch in diesem Buch deutlich. Ich bin erfreut, dass er sich nun endlich überreden ließ, ein Buch über die außergewöhnlichen Abenteuer aus seinem Dienst zu schreiben und zu veröffentlichen. Wir lesen über seine Berufung und die Treue des Einen, der immer noch beruft; und wir erfahren, was danach passierte!

Ich war ebenso bewegt über die menschliche Seite der Geschichte: die Liebesgeschichte, die im Nachkriegs-England erblühte zwischen dem jungen, deutschen Krankenpflegeschüler und seiner Waliser Beryl „mit den schönen blauen Augen". Ihre Liebe, die durch Schiffbruch, Krankheit und Bürgerkrieg hindurch blühte, und einem hohen Maß an dienstlichem Einsatz und Fürsorge für ihre vier Kinder. Ich war beeindruckt über seinen Sinn für die erweiterte Verwandtschaft in der ganzen missionarischen Gemeinde, sowohl Kollegen, mit denen sie zusammenarbeiteten, als auch

Der Weitblick für die offene Tür

die Familie, Freunde und Mitglieder, die sie im Gebet und anderweitig unterstützten. Und ich war dankbar für den Einblick in einzelne Personen und Gruppen, deren Leben sich mit dem ihren verband über Sprache, Kulturen und Religionen hinweg, und das oft mit großem Tiefgang.

Ich danke dir, Wolfgang, für deine Ehrlichkeit, deinen Humor und deine Weisheit, mit denen du uns an deiner Geschichte teilhaben lässt, und ich danke Du, Gott, dass Du Wolfgang mit uns teilst.

Pfr. Dr. T. Howarth

Der Weitblick für die offene Tür

Vorwort zur deutschen Ausgabe

Das diese Geschichte aus unserem Leben nun auch in Deutsch erschienen ist, ist wahrlich ein Wunder. Dafür ist zu allererst Anja Becker verantwortlich. Es war uns klar, dass viele meiner deutsch sprechenden Freunde das Buch nicht lesen konnten. Wir hatten meinem Freund Theo Becker eine Kopie der englische Ausgabe geschickt. Anja sah die Kopie und entschied sich das Buch für ihren Vater ins Deutsche zu übersetzen. Wahrlich eine riesige Arbeit. Dies war der Anstoß das Buch in Deutsch heraus zu bringen.

In wunderbarer Weise kam Dipl.-Dolm Brita Becker dazu, und widmete viele Stunden in Überprüfung des Manuskripts. Herzlichen Dank Anja und Brita.

Dank auch den Freunden, die mit Rat und praktischer Hilfe mithalfen, so dass das Buch nun auch in Deutsch gelesen werden kann.

Einführung

Bevor ich diesen Teil meiner Lebensgeschichte in diesem Buch niederschreiben konnte, zögerte ich viele Jahre lang, denn ich hatte das Gefühl, noch nicht bereit dafür zu sein.

Als ich 1966 mit Beryl im Heimaturlaub in London war, trafen wir Dorothy Webb, Beryls Freundin aus ihrer Bibelschulzeit. Wir erzählten ihr von unserem Leben im Mittleren Osten und auch einige unserer Abenteuer. Daraufhin schlug sie mir vor, ich solle doch ein Buch darüber schreiben (sie selbst fing gerade an zu schreiben.) Ihre Worte blieben mir im Gedächtnis, aber ich unternahm nichts in dieser Richtung, obwohl mich mit der Zeit immer wieder der eine oder andere Freund dazu ermutigte, und Beryl kaufte mir sogar ein Diktiergerät, damit ich starten konnte. Aber ich konnte nicht - meine Geschichte würde nur eine weitere Geschichte sein, so dachte ich, und wer würde das lesen wollen?

2004 dann hielt ich einen Vortrag an der Bibelschule in Wales. Dort trafen wir Dorothy wieder, die zurück nach Wales gezogen war, und wieder drängte sie mich, ein Buch zu schreiben, und sie bot mir sogar an, mir dabei zu helfen. Es dauerte aber noch bis 2009, als ich dann endlich anfing – indem ich meine Erinnerungen in den Computer schrieb; dabei benutzte ich manchmal Tagebucheinträge, und manchmal verließ ich mich einzig und allein auf meine Erinnerungen an die Ereignisse. Bei dieser Arbeit war ich völlig überrascht, wie viele Details mir wieder einfielen. Aber was, wenn ich die Ereignisse nicht mehr richtig in Erinnerung hatte? Als ich begann mir Sorgen zu machen, dass meine Erinnerungen nicht mehr genau genug

Der Weitblick für die offene Tür

sein könnten, ermutigte mich mein Freund Peter „schreib es einfach so auf, wie du es in Erinnerung hast.“

Ich bin mir vollkommen bewusst, dass meine Erinnerungen wahrscheinlich nicht immer ganz präzise sind, und dafür möchte ich mich entschuldigen.

Beryl, meine liebe Frau, hat mich unermüdlich dazu ermutigt nicht nachzulassen, Stunde um Stunde!

Ich kann mich gar nicht genug bei Dorothy bedanken für ihre großartige Ermutigung und Hilfe während des Schreibens und der Redaktion. Ich weiß, dass sie eine Menge Arbeit in das „Buch“ investiert hat, und ich glaube, ich konnte keine bessere Herausgeberin (Mentorin) finden.

Ich danke auch einigen Freunden aus diesen „alten Zeiten“, die ihren Beitrag dazu geleistet haben.

Ich hoffe, dass dieses Buch ein Segen und eine Ermutigung sein kann für seine Leser. Jeder der ‚Der Weitblick für die offene Tür‘ liest, wird sehen, dass ich völlig ungeeignet für diese Aufgabe war, und dass es vielmehr der HERR war, der diese Geschichte möglich machte! Ihm gebührt die Ehre!

Wolfgang Stumpf

Juli 2012

Kapitel 1 - Die Bombardierung

In der Höhle roch es muffig; es war feucht und wurde immer kälter, je weiter wir hinein gingen. Sie war erweitert worden, damit noch mehr Menschen hinein passten, und an den behauenen Felswänden waren schummrige kleine Lichter angebracht. Wir drei gingen weiter, und hielten uns ganz dicht bei unserer Mutter, während wir draußen die Sirenen heulen hörten. Sie fand einen Platz auf einer Bank für sich und meine Schwester. Mein Bruder ich setzten uns auf den Boden dicht bei ihr und eng aneinander gekauert. Es waren schon ziemlich viele Leute dort und mit der Zeit drängten sich immer mehr hinein. Vorher hatte es auch schon Luftangriffe gegeben, aber in der Höhle machte sich das nervöse Gefühl breit, dass es dieses Mal schlimmer war - unsere Stadt sollte angegriffen werden und die Erwachsenen waren aufgefordert worden, uns Kinder in Sicherheit zu bringen. Sie wussten, dass das Ende des Krieges bevorstand.

Wir waren noch nicht lange im Schutz der Höhle, da kamen schon die Flugzeuge näher, als wir sie jemals zuvor gehört hatten. Dann fielen die Bomben und die Erde erschütterte bei den Explosionen. Ich barg mein Gesicht im Schoß meiner Mutter, als die Leute anfingen zu schreien. Ich hörte Stimmen rufen: „Die Tür! Sie ist offen! Wir werden alle sterben!"

Meine Mutter schrie nicht. Sie war ruhig, tätschelte mir auf die Schulter. Mein Bruder Rudolf sagte: „Es ist alles in Ordnung, jemand ist rausgegangen, um die Tür zu schließen."

Ich blickte hoch und sah den Mann, wie er draußen vor der Höhle die schwere Eisentür zuzog.

Der Weitblick für die offene Tür

„Der war aber mutig, Mama", sagte Gisela.

„Ja", sagte meine Mutter ruhig, „jetzt macht euch keine Sorgen."

Niemand sprach mehr ein Wort, als die nächste Bombe einschlug. Verängstigte Kinder schrien und weinten, aber wir drei waren ganz ruhig; solange wir in der Nähe unserer Mutter waren, fühlten wir uns sicher.

Die Explosionen gingen immer weiter – ich weiß nicht, wie lange sie andauerten. Irgendwann ging das Licht aus; das war für mich der allerschlimmste Augenblick, eingeschlossen in völliger Dunkelheit, mit dem beängstigenden Lärm draußen, den jammernden und heulenden Leuten drinnen und der bebenden Erde unter uns. Ich blieb weiter ruhig, meine Mutter wirkte so stark wie ein Fels in tosender See; sie gab uns allen Sicherheit mit ihrer Wärme und Ruhe.

Irgendwann war dann alles vorbei. Die feindlichen Flugzeuge waren endlich wieder verschwunden und die Tür unseres Schutzraumes wurde geöffnet. Was für eine Erleichterung war es, als wir in die frische Luft und den Schnee hinausstolpern konnten! Aber es blieb keine Zeit, die Schönheit des Schnees und der Berge zu genießen, denn als wir auf dem Rückweg zur Stadt und nach Hause waren, da sah ich das Bild, das mir auch heute nach mehr als sechzig Jahren immer noch lebendig vor Augen steht: Unsere ganze Stadt stand in Flammen! Dicker Rauch hing über allem, und ich hörte die verzweifelten Schreie von Menschen, die die Namen ihrer geliebten Angehörigen riefen, die sie vermissten. Warum hatten sie Bad Kreuznach bombardiert, unsere kleine Kurstadt am Fluss, unser Zuhause? Ich verstand nichts von alledem. Ich glaube, ich dachte, sobald wir diesen trostlosen Schutzraum verlassen hätten, würden das Leben draußen weitergehen, als wäre nichts geschehen! Aber

Der Weitblick für die offene Tür

nun sah ich, was diese fürchterlichen Explosionen angerichtet hatten.

Meine Mutter drängte uns zurück in Richtung unseres Hauses auf der anderen Seite der Nahe, die etwa zwölf Kilometer weiter nordöstlich in den Rhein mündet. Dann sahen wir die Brücke, die wir am Morgen noch überquert hatten. Sie war getroffen worden und hing schief, eine Seite nahezu im Wasser.

Jetzt wollten wir nur noch nach Hause! Wir mussten irgendwie dort hinüber! Wir vier begannen zu klettern und hielten uns dabei an den vereisten Geländern fest. Meine Schwester Gisela, sie war sechzehn, half mir, dem jüngsten Kind der Familie. Und irgendwie schafften wir es, ohne ins Wasser zu fallen, und kraxelten den steilen Hang auf der anderen Seite hinauf. Wir gingen weiter durch Trümmer und über die Eisenbahnschienen und kamen zurück zu unserem Heim.

Alle Fensterscheiben waren zertrümmert und im Garten befand sich ein großer Krater; unser Nachbarhaus hatte an der uns zugewandten Seite keine Wand mehr; wir konnten überall die Möbel sehen, wie bei einem nachlässig zusammengebauten Puppenhaus. Wir standen da und starrten, waren erschüttert und konnten es kaum fassen. Unsere Wohnung lag im Erdgeschoss, aber als meine Mutter darauf zuging, kam ein Beamter: „Sie können dahin nicht zurück, Frau Stumpf, es ist nicht sicher. Die Flugzeuge könnten heute Nacht zurückkommen und die Eisenbahnstrecke erneut bombardieren. Sie suchen besser ein paar Sachen zusammen und suchen sich vorerst woanders einen Platz, wo Sie bleiben können."

Er ließ uns in unsere Wohnung gehen, um all das zu holen, was wir auf unseren kleinen Leiterwagen laden konnten – ein kleines wackeliges Ding, aber mehr hatten wir nicht. Unsere Nachbarin kam vorbei und teilte uns mit, dass sie mit ihrer

Der Weitblick für die offene Tür

Familie nach Wallhausen gehen würde, wo sie Freunde hatte. Sie schlug vor, dass wir uns ihnen anschließen sollten, und da wir keine Alternative hatten, machten wir uns auf den Weg. Wir stellten fest, dass noch viel mehr Leute dieselbe Idee hatten, aber Wallhausen war zwölf Kilometer entfernt, es lag Schnee auf den Straßen und die Tage waren kurz. Der Angriff hatte während der Mittagszeit stattgefunden, aber nun würde es bald dunkel sein. Wir ließen die brennende Stadt hinter uns und wurden zu Flüchtlingen. Zwölf Kilometer waren ein langer Fußweg für einen Siebenjährigen am Ende eines furchtbaren Tages. Rudolf, zehn Jahre alt, und Gisela kamen besser damit zurecht. Später erzählten sie mir, ich hätte beim Laufen geschlafen und die Nachbarsjungen hätten versucht, mich zum Stolpern zu bringen. Alles, was ich noch weiß ist, dass ich mich an dem kleinen Wagen festhielt und lief und lief und lief …

Und dann kamen wir endlich in Wallhausen an und wurden von einem gutherzigen Gastwirt aufgenommen. Ich weiß nicht mehr, ob ich ein Bett hatte oder auf dem Boden schlief – ich schlief einfach.

Der Weitblick für die offene Tür

Kapitel 2 - Frieden und Hunger

Wir blieben etwa drei Monate in Wallhausen, ein Ort am Rande des Soonwaldes. Die ganze Zeit über wussten wir nicht, wie es meinem Vater ging. Als wir das letzte Mal etwas von ihm gehört hatten, war er gerade bei Gleisbauarbeiten in Frankreich.

Ich erinnere mich genau an den Tag, als die Amerikaner in unser Dorf einmarschierten. Da alle wussten, dass sie schon ganz nahe waren, versteckten sich viele Leute im Keller, auch unsere Familie. Meine Mutter hatte allerhand Geschichten über die Siegertruppen gehört, vor allem von den deutschen Soldaten, die vor den vorrückenden Amerikanern auf der Flucht durch unser Dorf kamen. Sie machte sich große Sorgen um Gisela, sie war damals sechzehn Jahre alt, und hielt sie immer ganz nahe bei sich – sie erzählte uns nicht warum. Wir alle hatten so große Angst vor diesen Fremden, die Bad Kreuznach so verwüstet hatten.

Wir waren etwa zwanzig Personen im Keller, kauerten uns ganz still zusammen und horchten auf die Panzer, die so nahe an uns vorbei donnerten. Wir warteten und fürchteten ständig, Explosionen, Geschützfeuer oder das Knistern von Flammen im Haus über uns zu hören. Ich dachte, es würde sein wie der schreckliche Luftangriff, nur dieses Mal noch schlimmer. Ich verstand, dass Deutschland den Krieg verloren hatte, nur wusste ich nicht, was „der Krieg" war! Ich hatte immer nur Luftangriffe und Soldaten erlebt und einen Vater, der fast immer weg war.

Der Weitblick für die offene Tür

Aber wir hörten kein Geschützfeuer und die Erwachsenen sahen sich fragend an. Wir hörten vielmehr Jubel und Lachen – ja, es hörte sich wie Freude an! Rudolf stieß mich an: „Komm mit hoch", flüsterte er.

Während die anderen darüber diskutierten, was die Geräusche bedeuten könnten, schlichen wir die Treppe hoch und spähten vorsichtig aus dem Haus. Panzer fuhren vorbei, voll mit Soldaten in fremden Uniformen, alle winkend und lächelnd! Sie warfen den Kindern Süßigkeiten und Schokolade zu, die sie anstarrten, erst ängstlich, dann voller Freude. Schnell schlossen Rudolf und ich uns ihnen an und bekamen auch etwas von den Leckereien ab. Wir sahen zu, wie die Panzer an uns vorbei fuhren und winkten den Männern zurück, dann eilten wir zurück in den Keller, um es allen zu erzählen: „Es ist alles in Ordnung! Sie sind Freunde! Schaut, was wir haben!"

Der Krieg war zu Ende für uns. Ich wusste nicht, was es bedeutete, aber die Erwachsenen erklärten uns, dass Frieden etwas Gutes war. Wir konnten jetzt wieder nach Hause gehen; es würde keine weiteren Luftangriffe mehr geben; Vater käme zu uns zurück; Rudolf und ich konnten zur Schule gehen. Aber es gab zunächst noch viele, viele Schwierigkeiten, bevor wir diese Segnungen erfahren durften!

Das Erste, was wir tun wollten, war in unsere Wohnung nach Bad Kreuznach zurückzukehren. Da wir uns nicht frei bewegen durften, dauerte es mehrere Wochen, bis wir zurückkehren konnten. In der Zwischenzeit zogen meine Mutter und Gisela kreuz und quer durch die Berge, um den Besatzungstruppen auszuweichen, und sammelten die Dinge ein, die wir aus unserer Wohnung brauchten. Es herrschte natürlich Mangel und unser Land war in einem fürchterlichen Zustand nach dem Krieg; aber das Schlimmste, an das ich mich erinnere, war der Hunger! Ich hatte immer Hunger: es gab nie genug Essen für

Der Weitblick für die offene Tür

einen heranwachsenden Jungen! Wieder einmal war unsere Mutter der Fels, der uns vor dem absoluten Verhungern bewahrte. Aber bevor ich davon berichte, möchte ich zuerst von meinem Vater erzählen.

Meine Eltern waren keine politisch orientierten Leute und mein Vater war nie in die NSDAP eingetreten, obwohl es ihm zu Anfang wahrscheinlich genützt hätte. Er arbeitete bei der Eisenbahn und wurde erst im letzten Kriegsjahr einberufen. Er wurde nach Frankreich versetzt, um dort bei den Gleisbauarbeiten mitzuarbeiten. Während dieser Jahre bekam er ab und zu Heimaturlaub, und wir waren immer so glücklich über die kurze Zeit, die er dann bei uns war.

Im Reich gab es inzwischen nicht mehr genügend Soldaten, so musste Vater Kriegsgefangene auf ihrem Marsch nach Osten bewachen; weg von den alliierten Truppen. Vater war ein sehr freundlicher Mensch und konnte „keiner Fliege etwas zuleide tun“. Er konnte seine Gefangenen nicht schlagen, so wie viele der anderen Wärter es taten, und der diensthabende Offizier drohte ihm einmal, ihn zu erschießen, wenn er nicht brutaler mit ihnen umginge!

Aber je weiter sie nach Osten kamen, desto mehr wurde ihnen bewusst, dass sie sich den russischen Truppen näherten, die nach Westen marschierten. In die Zange genommen, den Krieg verloren, machten sich die Wärter auf, ihre eigene Haut zu retten. Mein Vater konnte nicht weglaufen – er hatte sich eine schlimme Hautkrankheit zugezogen und konnte noch nicht einmal mehr gehen. Jetzt retteten seine Ex-Gefangenen ihm das Leben: Sie alle wussten, was die Russen jedem deutschen Soldaten antun würden, den sie fanden, und sie trugen meinen Vater auf einer Bahre etwa fünfzig Kilometer zurück zu den amerikanischen Linien! Dort übergaben sie ihn den

Der Weitblick für die offene Tür

Amerikanern, erklärten ihnen, dass er kein Kriegsverbrecher war, und gaben ihm sogar einen Brief mit, der dies bescheinigte.

Die Amerikaner verhörten ihn und schickten ihn nach Hause. Und so war er schon eine Woche nach Kriegsende wieder bei uns; das war absolut außergewöhnlich! Wir waren verblüfft und freuten uns riesig! Unsere „Feinde" waren überhaupt nicht so brutal, wie wir gelernt hatten, es von Soldaten zu erwarten.

Einige Monate vergingen und Vater ging zurück zu seiner Arbeit bei der Eisenbahn. Durch die vielen Schäden kam es oft zu Unterbrechungen und manchmal hatte er eine Zeit lang keine Arbeit. Dadurch war auch kein Geld da, um Essen zu kaufen. In den Geschäften gab es nur sehr wenige Lebensmittel. Meine Mutter hielt uns dann am Leben: sie öffnete die Schubladen, in denen sie ihre Schätze aufbewahrte: feinste Tischwäsche, Tagesdecken – wahrscheinlich alles Dinge, die sie seit ihrer Hochzeit aufbewahrt hatte. Sie ging in die Nachbardörfer und tauschte diese Sachen auf den Bauernhöfen gegen Nahrungsmittel ein. Sie musste von einem Ort zum anderen gehen und am Abend kam sie völlig erschöpft wieder nach Hause, aber in ihrer Tasche hatte sie Butter, Eier und andere Dinge. Wie wunderbar war es zuzuschauen, wie sie diese Tasche auf dem Küchentisch öffnete!

Wir Kinder versuchten zu helfen. Wie Ruth in biblischen Zeiten wurden wir Erntearbeiter und wanderten mit gebeugtem Kopf über die Felder und sammelten Ähren, mit denen wir unser eigenes Mehl herstellen konnten. Einmal stahl ich eine Garbe von einem entlegenen Feld, das von bewaffneten Polizisten bewacht wurde! Ich kroch in den Weinberg direkt neben dem Feld, versteckte mich hinter den Reben, reichte durch die Hecke und griff nach der erstbesten Garbe! Ein anderes Mal schlossen wir uns zu einer Bande von vier Jungen zusammen und versuchten, an die Milch von Kühen zu

Der Weitblick für die offene Tür

kommen, die für die französische Armee bestimmt waren (denn inzwischen war unser Teil Westdeutschlands von den französischen Truppen besetzt). Die Kühe standen auf einem Abstellgleis in einem Viehwagon: Während ein Junge draußen Wache hielt, gingen zwei in den Wagon, der eine, um den Kopf der Kuh zu halten, der zweite zum Melken. Ich war der vierte, der draußen wartete, um mit der Milchkanne wegzulaufen. Überraschenderweise funktionierte der Plan, wenn man bedenkt, dass niemand von uns jemals eine Kuh gemolken hatte – bis zu diesem Punkt. Ich nahm die Milchkanne und rannte weg, aber die anderen wurden erwischt. Ihre Eltern bekamen Schwierigkeiten, obwohl es nicht allzu schlimm war, denn ganz offensichtlich hatten sie ja nichts mitgenommen.

Während der Zeit der französischen Besatzung bekam mein Vater noch andere Schwierigkeiten. Es dauerte nicht lange, bis die französischen Behörden in Erfahrung gebracht hatten, dass er während des Krieges in Frankreich gewesen war, und er wurde in ihr Hauptquartier zur Befragung vorgeladen. Der diensthabende Offizier muss wohl alle Deutschen gehasst haben – vielleicht hatte er ja gute Gründe, wer weiß? Jedenfalls sprach er mit zorniger Stimme, weigerte sich, irgendetwas von dem zu glauben, was mein Vater ihm erzählte, fuhr ihn wütend an und schlug ihm ins Gesicht.

Vater durfte wieder nach Hause, aber es folgten drei bange Wochen mit weiteren Untersuchungen. Er und meine Mutter waren sehr aufgeregt, und als der Tag kam, an dem er wieder zum französischen Hauptquartier musste, fragten wir uns, ob wir ihn je wiedersehen würden. Vater kam zu demselben französischen Offizier wie beim letzten Mal, aber dieses Mal war es auf wunderbare Weise völlig anders. Er stand hinter seinem Schreibtisch auf, ging auf meinen Vater zu und schüttelte ihm die Hand. Die Franzosen, die über meinen Vater befragt

Der Weitblick für die offene Tür

wurden, hatten ihn in den höchsten Tönen gelobt. Nun war alles gut und wir konnten unser Leben wieder fortsetzen.

Nach einiger Zeit wurde die Schule wieder geöffnet und Rudolf und ich bekamen wieder Unterricht – durch den Krieg hatten wir so viel versäumt und waren froh, mit dem Lernen wieder beginnen zu können, anstatt fortwährend Lebensmittel zu beschaffen. Nach 1948 wurde das Leben besser. Vieles war wieder aufgebaut und jetzt gab es eine neue Währung: die Deutsche Mark ersetzte die Reichsmark.

Es mag sich befremdlich anhören, wenn ich sage, dass ich trotz solcher Erinnerungen meine Kindheit als glücklich beschreiben würde! Ich glaube, das kommt daher, dass meine Familie fest zusammenhielt, dass ich die Liebe guter Eltern und eine glückliche Beziehung zu meinen Geschwistern hatte.

Kapitel 3 - Neues Leben!

Ich starrte untröstlich auf eine Reihe köstlichen Gebäcks und fühlte mich sehr unwohl! Es war mein dritter Tag in der Konditorei, wo ich glücklicherweise einen Platz als Lehrling gefunden hatte. Ich war vierzehn Jahre alt und Lehrstellen waren 1951 äußerst dünn gesät. Die Stelle in einer bekannten Konditorei schien für mich geeignet zu sein. (Mein Vater kam aus einer Bäckerfamilie). Ich hatte meinen ersten Tag natürlich genossen, besonders das Probieren der Backwaren. An meinem zweiten Tag war es jedoch schon nicht mehr ganz so interessant, und heute war mir überhaupt nicht danach, irgendetwas zu probieren! Mein Meister kam vorbei, sah mich an und fragte: „Bist Du in Ordnung?"

Ich erzählte ihm, dass ich mich nicht recht wohl fühlte und dass es vielleicht von der Hitze des Ofens käme. Er schickte mich daraufhin nach Hause und sagte, wenn ich die Hitze nicht aushalten könnte, dann wäre das wohl doch kein geeigneter Beruf für mich.

Obwohl ich ziemlich besorgt war über die Enttäuschung, die meine Entlassung meinen Eltern bereiten würde, sprang ich doch auf dem Heimweg vor Freude! Warum? Jetzt konnte ich mit Rudolf und meinen Freunden aus dem Jugendkreis vom Ende der Straße zum Ferienlager fahren. Ich war so enttäuscht gewesen, dass ich mit der Arbeit anfangen musste, kurz bevor ich zum Ferienlager in den Schwarzwald mitfahren wollte. Unser Camping-Urlaub mit Pastor Heck und der Jugendgruppe der Landeskirchlichen Gemeinschaft war ein Höhepunkt in unserem Leben gewesen, zumal ich mich nicht erinnern konnte, jemals zuvor im Urlaub gewesen zu sein, und ich war

Der Weitblick für die offene Tür

ganz begeistert über das Leben in der freien Natur. Wir hatten in einem Heuschober geschlafen und waren durch die Berge gewandert, und wir hatten Lieder am Lagerfeuer gesungen. Pastor Heck hatte Rudolf und mir erlaubt, an der Fahrt teilzunehmen, obwohl wir nicht zum Jugendkreis gehörten. Unsere Familie ging nicht regelmäßig zur Kirche. Ich war konfirmiert worden, aber soweit ich mich erinnere, war ich mehr an den kleinen Geschenken interessiert, die man bei dieser Gelegenheit erhielt.

Aber in diesem Urlaub hatten wir neue Freundschaften geschlossen und wir mochten Pastor Heck, ein gut aussehender Mann um die vierzig, der eigene Söhne hatte und der so großzügig zu den beiden fremden Jungen war, die neu in seiner Gemeinde waren. Seit diesem Urlaub waren wir regelmäßig zu den Jugendkreistreffen gegangen, wir genossen die Gemeinschaft und das Bibelstudium, obwohl ich zugeben muss, dass ich mich manchmal daneben benahm und dann nach Hause geschickt wurde!

Jedenfalls war ich ein paar Tage nach meinem kurzen Lehrlingsdasein wieder im Schwarzwald mit meinen Freunden. Dieses Mal übernachteten wir in Jugendherbergen und auf Bauernhöfen und kochten selbst. Wir waren zwanzig bis dreißig Jugendliche und mehrere Leiter. Anfang August übernachteten wir in einer Jugendherberge in Altensteig. Wir reisten am Nachmittag an und nach dem Essen, Singen, der üblichen kurzen Gesprächsrunde und dem gemeinsamen Gebet gingen wir zu Bett. Die Jugendherberge hatte Etagenbetten und ich hatte mir ein oberes Bett ausgesucht. Normalerweise unterhielten wir uns und lachten noch vor dem Einschlafen, aber an diesem Abend redeten wir darüber, was es bedeutete, Christ zu sein. Horst, der Junge in dem unteren Bett war still, sagte nur ab und zu ein paar Worte. Ich hatte schon bemerkt, dass er irgendwie anders war als die meisten anderen Jungen. Er

Der Weitblick für die offene Tür

erzählte uns, wie er sein Herz für den Herrn Jesus geöffnet, IHN eingeladen hatte, in sein Leben zu kommen und so eine Veränderung zum Guten erfahren hatte – eine tiefe Freude und Sorgenfreiheit. Ich wechselte in ein unteres Bett, um neben Horst zu sein.

Was als nächstes passierte, ist noch heute das größte Ereignis in meinem ganzen Leben. Ich kann es nicht erklären, aber plötzlich wurde mir meine Sündhaftigkeit, Verlorenheit und Hoffnungslosigkeit mit einem Schlag so bewusst, dass ich das Gefühl hatte, ich müsste mich vor lauter Scham in die hinterste Ecke verkriechen. Soweit ich mich erinnern kann, sprach niemand über diese Dinge, aber mich überkam es einfach. Ich weiß nicht, wie lange das andauerte, aber nach einiger Zeit wusste und akzeptierte ich von ganzem Herzen, dass Jesus selbst meine Schuld weggenommen hat. Ich erkannte, dass er nun Herr meines Lebens war, und Freude und Gewissheit erfüllten mein Herz. Aber nicht nur das, fast gleichzeitig wusste ich, dass der Herr mich berufen hatte Missionar zu sein, irgendwo auf der Welt, wo das Evangelium, das ich gerade erst entdeckt hatte, noch nicht bekannt war.

Der Weitblick für die offene Tür

Kapitel 4 - Jugendjahre

„Irgendetwas ist mit unserem Wolfgang passiert", sagte Rudolf.

Meine Eltern starrten ihn besorgt und verwirrt an, während Rudolf weiter versuchte zu erklären, was im Ferienlager geschehen war. Es war nicht nur Wolfgang, erklärte er, auch viele der anderen hatten das Gleiche empfunden und hatten die Entscheidung getroffen, ihr Leben Jesus zu übergeben. Da hatte es manch völlig überraschende Ergebnisse gegeben: sie hatten erlebt, dass ihre Gebete erhört wurden.

„Als uns die Lebensmittel ausgingen", sagte Rudolf, „beteten alle diese Jungen gemeinsam und dann kam plötzlich ein Geschäftsmann mit einer ganzen Menge Nahrungsmittel für uns – wirklich gute Sachen! Pastor Heck hatte ihn nur kurz getroffen;

Meine Eltern zweifelten und waren besorgt. Sie hatten in schweren Zeiten gelebt, zwei Weltkriege und viele finanzielle Schwierigkeiten überlebt; sie hatten die schlimmen Auswirkungen von Fanatismus in Politik und Machtkämpfen gesehen, und sie wollten nichts mit solchen Dingen zu tun haben. Religiöser Fanatismus war das, wonach es sich anhörte: niemals zuvor hatten sie vom Evangelium in dieser Art und Weise gehört. Sie lasen eigentlich nicht in der Bibel oder sie hatten möglicherweise ein anderes Verständnis davon, was es bedeutet, Christ zu sein. Sie dachten, Christsein heißt ein gutes Leben zu führen und freundlich zu seinen Nachbarn zu sein. Beide wollten mit Extremen jeglicher Art nichts zu tun haben. Als ich sie Jahre später fragte, erzählte meine Mutter mir, dass sie sich während des Krieges gewundert hatte, wohin bestimmte

Leute gegangen waren und warum ihre Geschäfte plötzlich geschlossen wurden, aber sie war zu ängstlich, um dem nachzugehen. Sie war ein Klima der Angst und Schikanen gewöhnt, aber sie selbst wollte einen Mittelweg gehen. Mein Vater hatte uns schon erzählt, wie er behandelt wurde dafür, dass er keine Gefangenen geschlagen hatte.

1951 hatte Deutschland eine demokratische Regierung (zumindest im Westen), und obwohl die Alliierten in unserem Land waren, schikanierten sie uns nicht und setzten uns nicht unter Druck, sondern halfen uns, Westdeutschland vor den Russen zu schützen, die den Osten in einen kommunistischen Staat verwandelt hatten. Meine Eltern dachten, dass es nun mehr Stabilität gab und dass wir unser Leben frei von Angst leben konnten und in einem angenehmeren Staat. Sie müssen mit zunehmender Bestürzung zugehört haben, als ich ihnen verkündete: „Und ich werde Missionar!"

Aber sie versuchten nicht, mich davon abzubringen. Vielleicht dachten sie, diese neue „Begeisterung" würde eines natürlichen Todes sterben. Junge Leute haben viele „große Ideen" …und schließlich war „ihr Wolfgang" ja kein so ein schlimmer Junge – etwas spitzbübisch, möglicherweise war er ein bisschen verzogen, aber die Jüngsten werden ja immer ein bisschen verwöhnt. Aber so ein „Sünder" zu sein – wovon redete er überhaupt? Sie verstanden einfach nicht, was es bedeutete.

Ich war natürlich voller Begeisterung. Ich schrieb eine missionarische Gesellschaft an, um mich zu bewerben, aber als sie herausfanden, dass ihr neuer Anwärter ein vierzehnjähriger Junge war, war es aus mit meiner Bewerbung! Ich frage mich, wie ich mich wohl gefühlt hätte, wenn mir damals klar gewesen wäre, dass es noch elf Jahre dauern würde, bis ich bereit war zu gehen? Oder wenn ich sogar gewusst hätte, dass ich dann an

Der Weitblick für die offene Tür

einen Ort gehen würde, wo es ungefähr so heiß war wie in einer Backstube – oder gar noch schlimmer?

Während ich in Bad Kreuznach darauf wartete älter zu werden, um an irgendeinen Ort am Ende der Welt zu gehen, beteiligte ich mich mit Leib und Seele an vielen Aktivitäten unserer Gemeinschaft. Meine Mutter erzählte mir später, dass sie in Sorge war, ich könnte zu ernst werden und würde bald das Lachen verlernen. Aber sie schwieg und wartete, während ich an Open-Air-Veranstaltungen teilnahm und in der Stadt christliche Schriften verteilte.

Ich ging ein weiteres Jahr zurück zur Schule und konnte anschließend eine Lehre in einer Maschinenbaufirma beginnen, um Stahlbauschlosser zu werden. Jetzt war ich wirklich in der Welt! Es fiel mir sehr schwer, mich an die Kraftausdrücke in der Fabrik zu gewöhnen, da ich Zuhause nie Schimpfwörter gehört hatte. Doch bald schon lernte ich in der Fabrik einen anderen Christen kennen und es dauerte gar nicht lange, bis meine Arbeitskollegen herausgefunden hatten, dass ich Christ war.

In mancher Hinsicht war es eine großartige Zeit, obwohl sie mich mit „Pastor Stumpf" betitelten, da ich nun viele Gelegenheiten hatte, vom Evangelium zu erzählen. Die anderen Männer waren fasziniert von meinem Traum, Missionar zu werden. Doch manchmal war ihr schmutziges Gerede zu viel für mich, und ich flüchtete dann auf die Toilette, um Ruhe zu haben und Gott um Kraft zu bitten.

Der Herr ließ mich nicht hängen, und da ich den größten Teil meiner Freizeit mit meinen Freunden in der Gemeinde verbrachte, erlangte ich Mut und Unterstützung durch sie. Oft trafen wir uns nach der Arbeit zum Bibellesen, Singen und Beten. Wir spielten auch Tischtennis oder gingen nachmittags, manchmal auch einen ganzen Tag, wandern. Wenn wir zum

Der Weitblick für die offene Tür

Evangelisieren in die Stadt gingen, übertrieb ich es oft und erhielt manche Kopfnüsse von Männern, die sich darüber ärgerten, dass so ein junger Kerl sie „anpredigte".

Unsere Stadt liegt in einem Teil Deutschlands, der für seinen guten Wein bekannt ist. Viele der Christen in unserem Freundeskreis waren Winzer, die sich darauf spezialisiert hatten, qualitativ hochwertige Weine herzustellen. Manchmal halfen wir bei der Weinlese, das machte immer großen Spaß (und wir durften so viele Trauben essen, wie wir wollten.) Aber die Sache hatte auch eine Kehrseite. Es war nicht ungewöhnlich, dass man auf der Straße auf Betrunkene traf, es waren meistens Männer, die aus der Kneipe kamen. Oft vertranken sie ihr Geld, womit sie eigentlich ihre Familien hätten ernähren sollen. Was konnten wir jungen Leute dagegen tun? Wir versuchten, die Männer aus der Kneipe in die Gemeinschaft zu Kaffee und Kuchen einzuladen, aber meistens nahmen sie unsere Einladung nicht an. Einmal wurde ich von einem Mann niedergeschlagen, den ich davon abhalten wollte, zurück in die Kneipe zu gehen, und ich krümmte mich am Boden. Ich glaube nicht, dass ich jemals zuvor oder danach solch einen Schlag erhalten habe.

Ungeachtet solcher Vorfälle waren die fünf Jahre am Anfang meiner Reise in der Nachfolge Jesu, die ich in meiner Heimatstadt verbrachte, eine sehr glückliche und aufregende Zeit. Ich wurde erwachsen und ich sehe mittlerweile, dass die Erfahrungen, auch wenn sie manchmal schmerzhaft waren, mir immer zum Guten dienten.

In unserer Jugendgruppe gab es einige nette Mädchen und eine mochte ich besonders. Sie und ihre Schwester kamen aus einer wohlhabenden Familie und sie fuhren sogar einen Volkswagen! (In diesen Tagen hatten nur Leute mit Geld ein Auto, und ich

Der Weitblick für die offene Tür

wage zu sagen, dass es einen ziemlich großen Eindruck auf mich machte.) Wir durften nicht zu viel Zeit mit den Mädchen verbringen, und sie und ich redeten kaum miteinander, aber gelegentlich sahen wir uns bei den Treffen.

Einmal, als es ihr nicht gut ging, besuchte ich sie in Ihrem Elternhaus. Sie lud mich in ihr vornehmes Haus ein, wo ich ihren Vater kennenlernte. Im Laufe unserer Unterhaltung fragte er mich, was ich mit meinem Leben anfangen wollte. Als ich ihm von meiner Berufung erzählte, hatte ich den Eindruck, dass das keine willkommenen Neuigkeiten waren! Von diesem Zeitpunkt an mied mich das Mädchen und ich fragte mich, was passiert war, bis ich einige Zeit später einen Brief von ihr erhielt, in dem sie mir mitteilte, dass sie mich mochte, aber sich selbst nicht vorstellen konnte, aufs Missionsfeld zu gehen. Es schmerzte mich sehr, als ich ihren Brief las, aber später im Leben wurde mir klar, wie gut es der Herr mit mir gemeint hatte, als er mich dort ausbremste und davon abhielt, mich mit dem falschen Mädchen einzulassen.

Kapitel 5 - Deutschland verlassen – aber wohin?

Die Berufung, die ich an jenem Abend im Ferienlager erhalten hatte, war so real und hatte so von meinen Gedanken Besitz ergriffen, dass ich nicht davon loskam. Sogar noch bevor ich meine Ausbildung beendet hatte, hielt ich Ausschau nach einer Bibelschule, da ich jetzt verstand, dass dies der nächste Schritt war, um Missionar zu werden und die Gute Nachricht nach Übersee zu bringen. Irgendwann hörte ich von dem Bibelseminar Beatenberg in der Schweiz, und da es für mich der richtige Platz zu sein schien, bewarb ich mich und machte mir keine Gedanken darüber, dass ich kein Geld hatte, um das Schulgeld zu bezahlen! Bis zum heutigen Tag bin ich der Schule dankbar, dass sie bereit waren, mich dort meine Studien beginnen zu lassen.

Die Bibelschule befand sich hoch oben in den Schweizer Alpen. Das ganze Jahr über konnten wir über dem Thunersee die eindrucksvollen schneebedeckten Gipfel von Mönch, Jungfrau und Eiger sehen. Ich fand, dass das Leben an der Bibelschule eine gute Vorbereitung war, um zu lernen, mit unterschiedlichen Menschen auszukommen. Einmal teilten wir uns mit sechs oder acht Studenten ein Zimmer, und als der Winter kam, gab es eine Meinungsverschiedenheit, ob das Fenster nachts offen bleiben sollte oder nicht. Manche schliefen lieber in einem warmen Zimmer, andere (wie ich) fanden, dass die kühle, frische Luft der Alpen gesünder wäre. Einigen meiner Mitstudenten war es sehr ernst damit, und die Lehre der Bibel, auf die Bedürfnisse und Sichtweisen der anderen Rücksicht zu nehmen, wurde manchmal vergessen. Wir mussten neben dem Studium auch praktische Arbeiten erledigen, um die Kosten für Unterkunft und Schulgeld zu

Der Weitblick für die offene Tür

decken. Ich erinnere mich an ein Semester, in dem zwanzig von uns aus der Klasse geholt wurden, um eine neue Versammlungshalle zu errichten; noch mehr gute Erfahrungen.

Außerdem lernte ich, dass unser Herr für alles in unserem Leben Fürsorge trägt, sogar unser Geld. Zeitweise hatte ich kein Geld, noch nicht einmal genug, um Briefmarken zu kaufen. Damals waren Briefe der übliche Weg, um mit Freunden und der Familie in Kontakt zu bleiben, aber ich wollte meine Eltern nicht um Hilfe bitten, also betete ich für meine Bedürfnisse. Es war wunderbar, wenn dann ein Brief kam mit etwas Geld darin oder sogar ein paar Briefmarken!

Während meiner Bibelschulzeit, fragte ich mich, in welchen Teil der Welt der Herr mich senden wollte und ich merkte, dass mich die Menschen im Mittleren Osten immer mehr beschäftigten, eine der am wenigsten evangelisierten Gegenden der Welt, obwohl unser Herr in Israel, einem Land im Mittleren Osten geboren wurde und sein ganzes Leben dort verbracht hatte. Die meisten arabischen Länder dulden keine Missionare auf ihrem Boden, doch allmählich wuchs in mir eine Sehnsucht, auf die arabische Halbinsel zu gehen. Wir hatten oft Missionare an der Schule, die über verschiedene Gebiete der Welt berichteten. Dr. Lionel Gurney, Gründer und Leiter der damaligen Missionsmannschaft Rotes Meer (im Weiteren Mannschaft/Team genannt) besuchte die Schule und berichtete von seinen Beschwernissen und Visionen, das Evangelium ins Herzland des Islam zu bringen.

Doch zu diesem Zeitpunkt schien es keinen Weg zu geben – die Grenzen für Missionare waren zu. Die Mannschaft hatte einen Stützpunkt im britischen Protektorat namens Südarabische Föderation, besser bekannt als Südjemen. Das Hauptgebiet des Jemens war ein verschlossenes Land, aber es wäre möglicherweise machbar für mich, nach Aden zu gehen, einem

Der Weitblick für die offene Tür

Hafen am südlichen Eingang ins Rote Meer. Wenn die Situation sich veränderte und die Grenzen geöffnet würden, wäre die Mannschaft bereit, in das Hauptgebiet des Jemens zu gehen. Ich war ganz versessen darauf, mit ihnen zu gehen. Ich sprach mit Dr. Gurney durch einen Übersetzer und hoffte, dass ich mich bald auf den Weg machen könnte.

Schließlich beendete ich die Bibelschule nach zwei Jahren und erhielt mein Zeugnis. Jetzt war ich bereit nach Aden zu gehen – wenigstens glaubte ich das!

Kapitel 6 - Willkommen in England!

Anfang Juli 1958 saß ich in einer Klasse mit fünfzehn jungen Damen und einem anderen jungen Mann im Royal Gloucester Krankenhaus in England. Wir begannen alle mit unserer Ausbildung in Allgemeiner Krankenpflege, um staatlich anerkannte Krankenpflegekräfte zu werden. Ich konnte kaum ein Wort der Vorlesung verstehen! Eigentlich ging es gerade um das Thema Knochen, aber es dauerte fast die ganze Vorlesung, bis ich herausfand, was das Wort „bones" (= Knochen) auf Deutsch hieß – mit Hilfe eines Wörterbuches. Kein Wunder, dass die anderen mich alle anstarrten, da ich offensichtlich völlig überfordert war. Ich war kurz davor zu verzweifeln. Wie um alles in der Welt hatte ich mich in solch eine Situation gebracht?

Nun, dazu muss ich zurück zu Dr. Gurney gehen und zu dem Zeitpunkt, als er in die Schweiz kam. Wie ich bereits vorher erwähnte, suchte ich ihn nach seinem Vortrag auf und sprach durch einen Übersetzer mit ihm, da ich nur ein paar Sätze Englisch konnte. Als ich ihm erzählte, dass ich mich der Mannschaft anschließen wollte, fragte er mich, was ich vorher schon gemacht hatte. Bedauerlicherweise schien er nicht der Meinung zu sein, dass meine Schlosserausbildung nützlich sein könnte für den Dienst im Mittleren Osten. Er meinte, eine medizinische Ausbildung wäre hilfreicher und schlug einen Krankenpflege-Kurs in Gloucester vor, wohin er Kontakte hatte. Es schien mir eine gute Idee zu sein, dies auch in England durchzuführen, damit ich gleichzeitig Englisch lernen konnte. Ich hatte keine Ahnung, auf was ich mich da einließ!

Der Weitblick für die offene Tür

So kam ich im Juli 1958 per Fähre und Zug nach London. Ich wusste, dass ich von Victoria nach Paddington, und dann einen anderen Zug nach Gloucester nehmen musste. Ich nahm ein Taxi, was mir am einfachsten erschien. Doch kaum war ich aus dem Taxi in Paddington ausgestiegen, da bemerkte ich, wie es mit meinem ganzen Handgepäck wegfuhr! Es gab tausende Taxis in London, die alle gleich aussahen. Ich wusste nicht, was ich tun sollte und durchlebte den reinsten Alptraum, als ich versuchte, mich verständlich zu machen, und zu erklären, nach was ich suchte. Ich wurde von einem Büro zum nächsten geschickt, und jedes Mal versuchte ich, mit meinen wenigen Worten Englisch zu erklären, was ich verloren hatte. Ich muss einige Meilen an diesem Tag zurückgelegt haben, aber schließlich kam ich zum Fundbüro für Taxis. Ich hinterließ meinen Namen und Adresse, ging zurück zum Bahnhof und nahm den nächsten Zug nach Gloucester. Zu meinem Erstaunen wurde mir die Tasche ein paar Tage später zugesandt – es fehlte nichts.

Das war eine Ermutigung, die ich dringend nötig hatte, da ich keine Vorstellung davon hatte, was für ein Schock es sein würde, nach England zu kommen. Alles war so anders als Daheim, einschließlich des Essens. Mein erstes Zimmer war in einem Krankenpflege-Wohnheim, nicht weit von dem Hauptkrankenhaus entfernt, und ich war der Einzige, der dort untergebracht war. Eine freundliche Spanierin war die Haushälterin – ich fühlte mich etwas wohler, da sie auch aus dem Ausland kam. Diese ersten Tage waren schwer und das Bewusstsein, dass ich allein war, führte manchmal zu der Frage: „Was mache ich hier eigentlich?". Ich versuchte mich daran zu erinnern, dass dies die Vorbereitung auf den Dienst war, aber ich fühlte mich einsam.

Bald fand ich Christen, die sich für mich interessierten. Ich hatte die Adresse von Mr. und Mrs. Jenkins bekommen, die

Der Weitblick für die offene Tür

mich in ihr Haus einluden. Mrs. Jenkins war Lehrerin und gab mir meine ersten Englischstunden ein- bis zweimal pro Woche. Im Gegenzug mähte ich ihr den Rasen. Bald schlug mir jemand vor, dass ich die „Trinity Baptist Church" besuchen sollte. Ich ging hin und das war der Beginn einer wunderbaren Beziehung, die seit über fünfzig Jahren besteht. Obwohl ich nicht viel verstand, wusste ich, dass dort Freunde waren. Als ich zum ersten Mal dort war, lud mich der Pastor nach dem Gottesdienst zum Abendessen ein. Am nächsten Sonntag luden mich Derek und Jane Eagles zum Abendessen in ihr Haus ein. Wir wurden enge Freunde und sind es noch bis heute. Wie wir unser Miteinander genossen und zusammen lachten, als ich meine wenigen englischen Worte und Sätze in unserer Unterhaltung ausprobierte. Ihr Haus wurde mein zweites Zuhause und ich durfte jederzeit kommen und tun was ich wollte, sogar ein bisschen auf ihrem Klavier spielen! Jane gab mir sogar ein paar Klavierstunden, was keine leichte Aufgabe für sie war! Manchmal jedoch redeten wir mehr, als dass wir Klavier spielten.

Ein paar Tage nach meiner Ankunft traf ich Schwester Elliot, meine Krankenpflege-Mentorin für die ersten Wochen. Sie bemerkte natürlich bald, dass mein Englisch den Anforderungen nicht genügte, aber das erzählte sie mir erst später. Ich konnte noch nicht einmal einfache Fragen beantworten, und als der Kurs tatsächlich begann, war ich verloren! Es war eine verwirrende Zeit. Doch von Anfang an und während meiner ganzen Zeit in England begegneten mir die Engländer mit großer Hilfsbereitschaft. Bald wusste jeder von dem Krankenpflegeschüler, der kaum Englisch konnte. Nach zwei Wochen war mir klar, dass ich so nicht weitermachen konnte, sondern etwas Zeit brauchen würde, in der ich einfach auf einer Station arbeiten und Englisch lernen konnte. Die Verantwortlichen verstanden meine Schwierigkeiten und setzten mich als Helfer auf einer

Der Weitblick für die offene Tür

orthopädischen Männer-Station ein mit fünfunddreißig Betten, während ich mein Englisch nach und nach verbesserte.

Ich übernahm jede Aufgabe, die die verantwortliche Schwester mir zuteilte, aber ich hatte immer noch Schwierigkeiten mit der Sprache. Nach dem Frühstück mussten die Patienten gewaschen werden. Da die meisten Patienten bettlägerig waren, war es eine schwere Arbeit. Ich musste mich immer sehr beeilen, da die Ärzte direkt danach ihre morgendliche Visite abhielten. An meinem ersten oder zweiten Morgen hörte ich einen Patienten nach einer „bottle" (gemeint ist eine Urineflasche) verlangen! Nun, was war eine „bottle"? Ein anderer fragte nach einer „bedpan" (Bettpfanne) und wieder: Was war eine „bedpan"? Die Patienten beschrieben die Gegenstände detailreich, so konnte ich zu dem Raum eilen, in dem diese Gegenstände aufbewahrt wurden. Ich erinnere mich daran, wie ich von einem Bett zum anderen lief, den Patienten half und sie wusch, ihre Flaschen und Bettpfannen leerte und so weiter. Ich glaube, dass viele Patienten Mitleid mit mir hatten, als mir der Schweiß durchs Gesicht lief. Aber es war eine tolle Sprachschule, um Wörter und Sätze aufzuschnappen.

Später dann habe ich Abendkurse in Englisch besucht. Ich hatte vor, sechs Monate auf Station zu arbeiten, bevor ich meine Krankenpflegeausbildung noch einmal neu beginnen wollte. Doch nach nur zwei Monaten wurde ich zur Oberschwester gerufen. Sie fragte mich, ob ich gerne am nächsten Krankenpflegekurs teilnehmen wollte, der im September begann. Die Oberschwester wies darauf hin, dass die Studenten ihre Prüfung zum gleichen Zeitpunkt wie mein vorheriger Kurs ablegen würden. Ich fragte mich, wie ich das bewältigen würde, stimmte jedoch zu und wählte den Septemberkurs. Obwohl ich nicht jedes Wort verstehen konnte, war ich nun in der Lage, dem Unterricht wesentlich besser zu folgen. Ich war der einzige Krankenpflegeschüler in

Der Weitblick für die offene Tür

einer Klasse voller Frauen (das kann manchmal unangenehm werden!), aber mittlerweile wussten die meisten Leute im Krankenhaus, warum ich nach England gekommen war, und sie brachten mir eine Menge Rücksicht entgegen und waren wirklich hilfsbereit.

Nach ein paar Wochen Vorlesung sollten wir Arbeitserfahrung auf den Stationen sammeln. Manchmal musste ich die Verantwortung für die ganze Station übernehmen, wenn die anderen Schwestern weg waren. Einmal, während der Visite, arbeitete ich gerade im Spülraum, als ich herausgerufen wurde, um die Fragen eines Angehörigen zu beantworten. (Die häufigste Frage war: „Wann wird er / sie nach Hause kommen können?"). Dies war eine große Station mit über dreißig Betten. Ich muss wohl ziemlich lange mit den Angehörigen gesprochen haben, denn plötzlich nahm ich einen Besucher wahr, der sich unsicher bewegte ... und in diesem Augenblick bemerkte ich, dass Wasser auf die Station lief! Ich rannte zurück zum Spülraum! Ich war gerade dabei gewesen, den Sterilisator mit destilliertem Wasser zu füllen, als ich weggerufen wurde! Natürlich hatte ich es nicht abgedreht, so dass das Wasser zuerst aus dem Sterilisator überlief, dann in den Spülraum und sich anschließend, da es nirgendwo anders hin konnte, auf der Station ausbreitete! Schon bald war ein Drittel des Stationsflures mit Wasser bedeckt! Es gab natürlich viele gebrauchte Laken auf der Station, die ich hektisch über den Flur verteilte, um das Wasser aufzusaugen. Die Patienten und Besucher beobachteten verblüfft, wie ich herumrannte, aus Angst, dass jeden Augenblick eine der Schwestern auftauchen, und ich im Büro der Oberschwester landen würde.

Nachtdienst war eine neue Erfahrung und ich mochte ihn nicht, da ich dort mehr Verantwortung hatte und mich das zunächst sehr nervös machte. Der Tagdienst machte die Übergabe an uns. Wenn es eine chirurgische Station war,

Der Weitblick für die offene Tür

würde es wahrscheinlich eine arbeitsreiche Nacht werden, hauptsächlich nach OP-Tagen, wenn einige Patienten gerade eine Operation hinter sich hatten. Von uns wurde erwartet, den Namen, die Erkrankung oder den chirurgischen Eingriff von jedem Patienten zu kennen. Eine Oberschwester hatte die Verantwortung für das Krankenhaus während der Nacht. Sie besuchte die Stationen irgendwann und erwartete von der Nachtwache, dass sie ihr über die Patienten und deren Leiden Auskunft geben konnte. Sie kam oft spät, wenn die Lichter aus waren und nur ein Nachtlicht brannte. Ich konnte die Patientenkarte nicht mehr lesen und es fiel mir schwer, mir die Namen zu merken. Einmal am Bett eines Patienten kam ich durcheinander und erzählte der Schwester etwas wie: „Das ist Mr. Bird, er wird morgen früh operiert." Plötzlich ergriff sie die Patientenkarte, sah mich an, und sagte mir, dass dies in Wirklichkeit Mr. Lewis war, der am nächsten Morgen entlassen würde! Ich lief rot an, aber die Schwester konnte es im Dunkeln nicht sehen!

Rückblickend auf die Jahre in Gloucester waren die Freundlichkeit und Hilfe, die ich dort erhielt, unbeschreiblich. Fünfzig Jahre sind seitdem vergangen und ich habe immer noch einige sehr gute Freunde in Gloucester. Ich ging weiterhin zur „Trinity Baptist Church" und auch zu den Treffen der christlichen Krankenpflege-Gemeinschaft, wann immer ich frei hatte. Manchmal schlossen sich uns Menschen von außerhalb des Krankenhauses oder anderen Abteilungen an, und ich konnte viele Freundschaften knüpfen. Aber ich war immer noch Single und das fiel mir schwer.

Der Weitblick für die offene Tür

Kapitel 7 - Wenn man sich verliebt

Obwohl es viele nette gläubige Mädchen in Gloucester gab, meist Krankenschwestern, war das richtige Mädchen für mich einfach noch nicht dabei. Ich war freundlich zu den Mädchen und einige von ihnen mochten mich auch, aber da war immer die Sache mit dem Ruf Gottes in meinem Herzen. Sogar wenn ich versuchte es zu vergessen, gelang es mir nicht, da ich schließlich genau aus diesem Grund in England war. Zurückblickend bin ich dem Herrn so dankbar, wie er mir trotz meines Versagens immer treu blieb. Es wurde mir ganz klar, dass ich einer ganz bestimmten jungen Frau begegnen musste, und manchmal fragte ich mich, ob dies jemals geschehen würde.

Dann eines Abends, ich war schon seit zwei Jahren in England, betrat eine Gruppe junger Mädchen, die ich noch nie zuvor gesehen hatte, den Raum, in dem das Treffen der christlichen Krankenpflegekräfte gerade begann. Es waren neue Krankenschwestern und Hebammen in Ausbildung, und eine von ihnen, ein wunderschönes dunkelhaariges Mädchen, weckte meine Aufmerksamkeit so sehr, dass ich meinen Blick nicht abwenden konnte! So etwas war mir noch nie passiert! Das Treffen begann, aber ich bekam nichts davon mit. Alles was mir durch den Kopf ging war – wer war dieses Mädchen? Woher kam sie? Und so weiter und so weiter, meine Gedanken rasten, aber erst einmal bekam ich keine Antworten. Dann, ein paar Tage später, hatte ich die Leitung unseres nächsten Treffens – und sie war da! Ihre wunderschönen blauen Augen waren auf mich gerichtet. (Später erzählte sie mir, dass es an meiner Jacke gelegen hatte.) Aber noch hatte ich kaum mit ihr gesprochen.

Der Weitblick für die offene Tür

Ich wartete ungeduldig auf die nächste Gelegenheit, bei der ich sie wiedersehen würde. Schließlich kam der nächste Mittwoch, nicht annähernd schnell genug für mich. Ich ging zu dem Treffen und suchte mir einen Platz so nahe wie möglich bei dem Mädchen meiner Träume. Ich fand einen Platz neben Jean, der Oberschwester der Entbindungsklinik. Auf ihrer anderen Seite saß Beryl (ich wusste nicht einmal ihren Namen richtig und dachte, sie hieße „Pearl" (Perle). Normalerweise bin ich immer sehr direkt und komme schnell zur Sache, aber dieses Mal war ich alles andere als gerade heraus!

Als ein monatliches Regionaltreffen für alle Krankenpflegekräfte der Gegend in Stroud angekündigt wurde, ging ich zu Jean und fragte sie, ob sie am nächsten Samstag schon etwas vorhätte. Da Jean etwa zwanzig Jahre älter war als ich, war ich erleichtert, als sie mir mitteilte, dass sie leider an diesem Abend Dienst hatte.

Beryl kommt nach Gloucester, September 1960

Ohne groß zu zögern fragte ich Jean: „Und was ist mit deiner Sitznachbarin?" Ich erinnere mich, dass Jean lächelte und meinte: „Das ließe sich arrangieren." (Natürlich wusste sie, dass dies meine eigentliche Absicht war.) Die liebe Beryl hatte buchstäblich nichts zu sagen, aber sie schien ganz glücklich darüber zu sein. So trafen wir uns dann am nächsten Samstag am Bahnhof und nahmen den Zug nach Stroud.

Ich habe keinerlei Erinnerungen an das Regionaltreffen, da mein Inneres ganz aufgewühlt war vor Begeisterung und es mir unmöglich war mich zu konzentrieren. Als wir uns später auf

Der Weitblick für die offene Tür

den Rückweg nach Gloucester machten, begann es zu regnen. Beryl hatte einen Regenschirm, und ich hielt ihn. Plötzlich spürte ich, wie sie sich unterwegs bei mir einhakte. Wir hatten keine Schwierigkeiten uns zu unterhalten. Wir redeten und redeten den ganzen Abend und ich wusste, dass ich mit ihr über den Ruf Gottes für mein Leben sprechen musste, bevor es zu spät war. Als wir an dem Schwesternwohnheim ankamen, in dem sie wohnte, fragte ich sie, was sie für ihr Leben geplant hatte. Hatte sie jemals das Missionsfeld in Erwägung gezogen? Sie gab eine ziemlich zögerliche Antwort, als sie sagte: „Alle gläubigen Krankenschwestern machen sich darüber Gedanken."

Aber dann erzählte mir Beryl, dass bei einer Konferenz in Keswick ein paar Jahre zuvor der Ruf aufs Missionsfeld als Herausforderung an die jungen Leute dort herangetragen worden war, und sie war aufgestanden und hatte „Ja" gesagt.

Das reichte mir, auch wenn sie nicht wusste, wohin sie einmal gehen sollte. Dann sagte ich, dass „ich ihr nicht mehr als eine Hütte in der Wüste bieten könnte" – damit meinte ich nach weltlichem Verständnis „nicht viel". Ich weiß nicht, wie ich die nächsten Tage durchgestanden habe, ich schwebte auf Wolken. Ich verlor meinen Appetit – was sehr ungewöhnlich war. Ich frage mich immer noch, wie ich meine Arbeit bewältigte. Ich sah immerzu diese wunderschönen blauen Augen dieses faszinierenden Mädchens vor mir. Ich glaube nicht, dass ich viel geschlafen habe. Jahre später berichteten mir meine Freunde Derek und Jane, wie ich sie sehr begeistert besucht hatte und ihnen erzählte: „Ich habe einen Engel getroffen!"

Wie zu erwarten, waren sie beide eher besorgt über mich und den „Engel". Aber alle meine Freunde wussten bald, dass ich mich bis über beide Ohren verliebt hatte.

Der Weitblick für die offene Tür

In dieser Zeit durften junge Männer und Frauen nicht das Zimmer des jeweils anderen betreten, so wie sie es heutzutage tun, und wir waren ja beide von Zuhause weg, so dass es kaum Möglichkeiten gab, wo wir uns treffen konnten. Aber was machte das schon? Im strömenden Regen standen wir unter dem Schirm und bemerkten gar nicht, wie unsere Füße und Kleidung nass wurden und es immer kälter wurde.

Als wir uns näher kennenlernten und uns unsere Geschichten erzählten, fanden wir heraus, wie der Herr eine junge Frau von den Bergen aus Süd Wales dahin geführt hatte, einen jungen Mann aus Deutschland in Gloucester zu treffen. Es war wie ein Wunder! Beryl hatte ihre Ausbildung zur Hebamme in Cardiff gemacht, als sie und ihre Freundinnen den zweiten Teil ihrer Ausbildung in einem anderen Krankenhaus absolvieren sollten. Sie hatten sich alle nach Glasgow beworben. Alle wurden angenommen, außer Beryl, die aus irgendwelchen Gründen keine Rückantwort erhielt. Sie glaubte, ihr Brief müsste auf dem Postweg verloren gegangen sein. Es war schwer für sie, nicht mit ihren Freundinnen nach Glasgow gehen zu können, aber als sie betete und den Herrn um Führung bat, kam ihr ein Name in den Sinn – Gloucester. Sie war noch nie in Gloucester gewesen und hatte keine Freunde oder Kontakte in dieser Stadt. Doch sie bewarb sich, wurde in der Entbindungsklinik angenommen und reiste an – und fragte sich immer noch, warum Gloucester!

Gemeinsam im Park in Gloucester, 1960

Der Weitblick für die offene Tür

Beryl blieb sechs Monate in Gloucester und schloss ihre Ausbildung zur Hebamme ab. In der Gewissheit, dass ihr Leben jetzt mit meinem verbunden war, bewarb sie sich in der Bibelschule in Wales, um als nächsten Schritt auf dem Weg zum Missionsfeld zwei Jahre zu studieren. Sie arbeitete zunächst noch ein paar Monate in einem Krankenhaus in Süd-Wales und ging dann im September 1961 zur Bibelschule.

Es war wirklich schwer, von ihr getrennt zu sein, und manchmal fuhr ich per Anhalter von Gloucester nach Blackwood, wo sie zu Hause war. Bis dahin war ich noch kaum getrampt, aber wenn ich meine liebe Beryl sehen wollte, hatte ich keine andere Wahl. Ihre Familie nahm mich herzlich auf, und ich entdeckte mit der Zeit, dass die Waliser ganz besondere Leute sind. Sie mussten in ihrer kleinen Stadt mit einem Deutschen fertig werden, was zu dieser Zeit immer noch recht ungewöhnlich war, da der Krieg den Leuten noch ziemlich frisch in Erinnerung war.

Einmal kam mein Bruder Rudolf zu Besuch, und wir erregten einiges Aufsehen, als wir mit unseren Lederhosen durch die Stadt zu Beryls Haus liefen. Jemanden in kurzen Hosen herumlaufen zu sehen, war allein schon ungewöhnlich genug in Blackwood, aber gleich zwei junge Burschen in Lederhosen herumlaufen zu sehen verursachte ohne Zweifel einiges Gerede! Beryls Mutter, die ich lieben und respektieren lernte, war so freundlich zu mir, dass ihr Haus bald wie ein Zuhause für mich wurde, wann immer ich in Wales war.

Der Weitblick für die offene Tür

Kapitel 8 - Endlich am Ziel! – nun ja, beinahe...

Im Herbst 1961 saß ich sehr verwirrt und unglücklich im Zug von Bath nach Gloucester. Meine Gedanken jagten mir durch den Kopf, als ich versuchte das Gespräch mit Dr. Gurney, dem Leiter des Teams, zu verarbeiten. Ich war nach Bath gegangen, um ihn reden zu hören und anschließend mit ihm zu sprechen, in der Hoffnung er würde sich daran erinnern, dass er mich in der Schweiz getroffen und mir zu einem Krankenpflegekurs geraten hatte, bevor ich mich als Mitglied im Team bewarb.

Ich stand kurz vor meinem Abschluss als staatlich examinierter Krankenpfleger und würde dann in der Notaufnahme des Krankenhauses in Gloucester arbeiten. Ich wusste, dass ich im Mittleren Osten Erfahrungen in der Notfallbehandlung gut würde gebrauchen können, nicht nur die einfache Krankenpflege, sondern alles, was man möglicherweise tun musste in einer Gegend, in der es über viele Meilen hinweg keinen Arzt gab. Ich dachte, ich hätte das Richtige getan. Ich würde bald eine gute Ausbildung in der Notfallbehandlung erhalten, da es dort einen Arzt gab, der die Verantwortung, wann immer er nur konnte, auf andere abschob. Dort konnte ich lernen, Platzwunden zu nähen und mit jedem Notfall umzugehen, der zu uns gebracht wurde. Ich plante, sechs Monate in der Notaufnahme zu arbeiten und mich dann auf die Überseefahrt zum Roten Meer vorzubereiten.

Ich konnte nach der Veranstaltung mit Dr. Gurney sprechen. Aber anders als erwartet, hielt er nicht alles für gut, was ich getan hatte. Er hatte von meiner Beziehung zu Beryl gehört und gab mir unmissverständlich zu verstehen, dass er sehr überrascht war, dass ich mir erlaubt hatte, mich zu verlieben.

Der Weitblick für die offene Tür

Damals waren die meisten Mitglieder des Teams Singles, so wie er auch. Warum, fragte er mich, hatte ich mich mit einem Mädchen zu diesem Zeitpunkt in meinem Leben eingelassen? Er forderte mich auf herauszufinden, ob dies wirklich der Wille des Herrn für mein Leben war.

Dies war das erste Mal, dass der Ruf, den ich im Alter von vierzehn Jahren empfangen hatte, in Frage gestellt wurde. Ich war diesem Ruf zehn Jahre lang gefolgt und hatte niemals daran gezweifelt, dass ich in die richtige Richtung ging, obwohl ich fühlte, dass ich den Herrn unterwegs oft enttäuscht hatte. Schockiert und bestürzt saß ich im Eisenbahnwagen. Ich war voller Hoffnung und Zuversicht nach Bath gegangen und nun fühlte ich mich wie ein Ballon, aus dem die Luft entwich. Alles was ich wollte, war zurück in mein Zimmer im Krankenpflegewohnheim zu kommen, auf meine Knie zu fallen und auf den Einen zu warten, der nie einen Fehler machte, auf sein Reden zu warten, und dass Er mir sagte, was ich tun sollte und mir Seinen Frieden gab. War ich wirklich zu dieser Arbeit unter den Menschen am Roten Meer berufen? Oder sollte ich aufgeben?

In all dem inneren Aufruhr hatte ich keinen Zweifel, dass Beryl in mein Leben gebracht wurde. Dass sie diejenige war, auf die ich gewartet und um die ich gebetet hatte, dass ich ohne sie, die mich vervollständigte, nur ein halber Mensch war, und dass wir zusammengestellt wurden, um Ihm gemeinsam zu dienen.

Schließlich kam ich zum Krankenpflegewohnheim und begann ernsthaft zu beten. Und dann gegen Mitternacht erhielt ich eine Zusicherung. Es wurde mir innerlich ganz klar – der Herr hatte mich berufen, er hatte Beryl zu mir geführt und sie war darauf vorbereitet, ihr Leben mit meinem zu verbinden, und ich würde weitermachen und mich beim Team bewerben. Da

Der Weitblick für die offene Tür

ich nun Frieden darüber hatte, legte ich mich ins Bett und schlief sofort ein.

Später besprach ich diese Angelegenheit mit meinen engsten Freunden in Gloucester und sie machten mir Mut. Jedenfalls war das eine gute Erfahrung gewesen, da der Herr seinen Ruf für mein Leben noch einmal bestätigte und kein Mensch konnte dies ändern. (Jahre später unterhielt ich mich mit Dr. Gurney über das Treffen in Bath und wir lachten sogar darüber, wie es mich kurzfristig zurückgeworfen und beunruhigt hatte. Damals kannte er Beryl noch nicht, aber mit der Zeit wurde er uns beiden ein enger Freund und Bruder.)

Ende 1961 schrieb ich eine formelle Bewerbung an das Team; der Pastor und andere Freunde in Gloucester schrieben mir Referenzen. Ich stellte mich in Finchley im Norden Londons vor und wurde angenommen. Danach arbeitete ich zwei Wochen mit Rev. Benson von der London City Mission zusammen, um evangelistische Erfahrungen zu sammeln. Ich hatte nicht viel Erfahrung in der Art und Weise der Evangelisation der London-City-Mission, wie sie mit Fremden redeten oder Haus-zu-Haus-Evangelisation machten. Wir gingen in den Hyde-Park, wir gingen in Pubs, Türen wurden uns vor der Nase zugeschlagen. Ich sah nicht viel Interesse bei den Leuten, aber das Evangelium wurde weitergegeben und ich lernte, nach Gelegenheiten Ausschau zu halten und bereit zu sein, sie zu nutzen.

Im Mai 1962 schloss ich meine sechs Monate dauernde Arbeit in der Notaufnahme ab: Ich hatte nur noch einen kurzen Kurs an der Wycliffe Sprachschule im Süden Londons zu absolvieren, um die Technik eines Sprachstudiums zu erlernen und dann war ich endlich bereit zur Ausreise ans Rote Meer! Beryl stand kurz vor dem Ende ihres ersten Schuljahres am Bibel-College in Wales. Sie würde ein weiteres Jahr in South

Der Weitblick für die offene Tür

Wales verbringen und wir wollten uns verloben, bevor ich ins Ausland ging. Die Mission legte uns nahe, dies nicht zu tun, da Beryl noch nicht als Mitglied des Teams aufgenommen worden war. Es war eine große Enttäuschung. Ich hätte ihr so gerne einen Verlobungsring gekauft – stattdessen schenkte ich ihr eine Gitarre! (Beryl hat eine wunderschöne Stimme und sie hatte sogar einige Jahre Gesangsunterricht.) Sie akzeptierte die Situation mit solcher Güte und soweit es uns betraf, waren wir in unseren Gedanken und in unseren Herzen miteinander verlobt.

Nachdem ich Gloucester verlassen hatte, reiste ich umher und besuchte Freunde und Gemeinden in Großbritannien und in Deutschland. Mein Abschiedsgottesdienst wurde in der Trinity Baptist Church in Gloucester gehalten, welcher ich über vier Jahre angehört hatte. Während ich als Krankenpfleger arbeitete, hatte ich Gehalt bekommen auch wenn es gering war. Jetzt wurde mein Glaube erneut auf die Probe gestellt. Würde der Herr wirklich für all meine Bedürfnisse sorgen? Hatte ich den Glauben, ihm zu vertrauen? Bisher hatte ich in meinem Leben immer so viel Geld gehabt, dass es gerade reichte um auszukommen, aber in meinem neuen Leben gab es kein garantiertes Einkommen und dies war ein entmutigender Gedanke. Die größte Priorität des Teams war „Gottvertrauen in allen unseren Bedürfnissen". Alles Geld, was die Mission bekam, wurde unter allen Mitgliedern des Teams geteilt, aber es war uns nicht erlaubt, um Geld zu bitten, auch nicht in Versammlungen. Es ist eine Sache, an Gott zu glauben, wenn du über deine Belange reden kannst, es ist ein völliger Unterschied, auf Gott allein zu sehen, wenn niemand sonst darum weiß.

Die Regeln im Team lauteten, dass ein Kandidat die Kosten für seine erste Reise ins Missionsfeld selbst aufbringen musste. Damals kostete das 150 Pfund – viel Geld für mich in diesen

Der Weitblick für die offene Tür

Tagen. Wie um alles in der Welt würde ich diese Summe zusammenbringen? Ich hatte von Menschen wie Hudson Taylor und anderen gelesen, die „das Leben im Glauben" lebten, aber nun musste ich es für mich selbst ausprobieren. Würde der Herr wirklich für meine Bedürfnisse über die vielen kommenden Jahre sorgen? Aber seine Güte ist immer größer als unsere Befürchtungen. Eines Tages, als ich immer noch in Gloucester war, ging ich zurück in mein Zimmer und fand dort einen Briefumschlag, den jemand unter der Tür hindurch geschoben hatte. Er enthielt einen Scheck über 200 Pfund. Es war so viel mehr, als ich für den Fahrpreis mit einem Frachter benötigte. Gott hatte mein Gebet erhört und kümmerte sich um mich! Es war ein großartiger Start für mich.

Nach fünfzig Jahren kann ich immer noch sagen, dass Er nicht aufgehört hat, für uns zu sorgen. Er tat es nicht aufgrund meines Glaubens, da ich oft zweifelte, sondern aufgrund seiner Treue. Ich weiß, dass der Herr viele Wege hat, sich um seine Kinder zu kümmern und für sie zu sorgen. Später wurde Beryls Fahrpreis genauso durch eine anonyme Person bezahlt.

Dann erfuhr ich, dass es noch etwas zu tun gab, bevor ich England verließ. Das Team fragte an, ob ich bereit wäre, einen Boots-Missionsdienst entlang der Küste des Roten Meeres und der vielen küstennahen Inseln zu organisieren. Ich hatte eine technische und pflegerische Ausbildung und hatte eine Bibelschule besucht, so dass meine Qualifikationen genau richtig erschienen, außer dass ich nichts über Schiffe wusste! Es wurde entschieden, dass ich Erfahrungen auf See sammeln sollte, bevor ich Großbritannien verließ, und so wurde vereinbart, dass ich nach Brixham gehen sollte, einem Fischerdorf in Devon. Dort machte ich in einem kleinen Fischerboot zwei mehrstündige Fahrten! Das war alles. Ich wusste, dass ich in den ersten zwei Jahren die Sprache lernen musste, bevor ich überhaupt etwas tun konnte, und nebenbei bemerkt – das Team hatte bis dahin noch gar kein Boot gekauft! So schien der Bootsdienst noch in weiter Ferne. Ich fürchte, dass ich mich irgendwie besonders gefühlt hatte für diesen außergewöhnlichen Dienst – zu Unrecht! Heute weiß ich, dass dies ein großer Fehler war und ich das Angebot nicht hätte annehmen sollen. Wie konnte jemand mit so wenig Schiffserfahrung einen solchen Missionsdienst leiten? Außerdem hatte ich eine Ausbildung als Bauschlosser, um riesige Maschinen zu bauen, aber auf einem Boot musste ich wissen, wie man einen Motor zum Laufen bringt, wie man ihn zerlegt und so weiter. Ich musste dies später durch bittere Erfahrung lernen!

Aber nun rückte der Zeitpunkt meiner Abreise immer näher. Im Oktober 1962 kam ich nach Wales, um meine liebe Beryl zu besuchen und einige Tage am Bibel-College zu verbringen. Es war keine leichte Zeit, besonders für Beryl, und viele Tränen flossen, bevor ich abreiste. Soweit wir wussten, würde es ein ganzes Jahr dauern, bevor wir uns überhaupt wiedersehen würden und zwei weitere Jahre, bevor wir heiraten konnten! Damals lauteten die Regeln des Teams, dass zuerst zwei Sprachexamen absolviert werden mussten, bevor man heiraten durfte. Später fanden wir beide, dass in dieser „Wartezeit" Segnungen lagen, welche wir zu schätzen lernten, obwohl es für keinen von uns einfach war.

Anfang November kam der Tag, als ich in den Londoner Docks an Bord des Frachtschiffes „SS Nuristan" ging – meine letzte Etappe auf meiner Reise zum Missionsfeld. Elf Jahre Vorbereitung lagen hinter mir, und bis dahin war mir bewusst geworden, dass ich diese ganze Zeit gebraucht hatte, um zum Gehen bereit zu sein.

Der Weitblick für die offene Tür

Kapitel 9 - Ankunft in Aden

Als das Schiff vom Pier an den Londoner Docks ablegte, stand ich auf Deck und dachte über die vergangenen elf Jahre nach. Wie lange hatte ich auf den Augenblick gewartet, an dem ich zum Mittleren Osten aufbrechen würde, um mein Lebenswerk zu beginnen! Wie oft hatte ich Gott nicht vertraut, und zeitweise gezweifelt, ob es jemals geschehen würde! Dass dieser Moment schließlich doch noch kam, war nichts weniger als das Wirken Gottes. Als wir langsam die Themse hinunter und in den Kanal fuhren, wanderten meine Gedanken zu dem ganz besonderen Mädchen mit den blauen Augen, das in Wales zurückblieb – und ich wusste, dass sie gerade an mich dachte. Sie ein ganzes Jahr lang nicht zu sehen, war schlimm genug, aber dann zwei weitere Jahre warten zu müssen, bevor wir heiraten konnten, war richtig hart. Aber ich wusste, Beryl war es wert, dass ich auf sie wartete.

Die „SS Nuristan" war ein alter Frachter, der sich mit einer Geschwindigkeit von etwa sechs Meilen in der Stunde fortbewegte und etwa zwei Wochen benötigen würde, um Port Said zu erreichen, unserem ersten Anlaufhafen. Die Reise war eigentlich fast wie Urlaub, nach der ganzen Aufregung durch meine Abreise. Während dieser Zeit schloss ich Freundschaft mit einem der Schiffsbesatzung, der mir freundlicherweise einige Tipps in Navigation gab. Später stellte es sich heraus, dass dies für mich eine echte Hilfe war. Als wir Port Said erreichten, kamen Männer an Bord und verkauften Zeitungen. Ich kaufte mir eine zu dem Preis, den er mir nannte. Er muss sehr erfreut gewesen sein, dass er weit mehr dafür bekam als sie eigentlich kostete, wie mir bald klar wurde. Ich lernte meine

Der Weitblick für die offene Tür

erste Lektion über den Mittleren Osten – bezahle nie den erstgenannten Preis! Ich musste noch so viel lernen.

Als wir in Richtung Aden durch das Rote Meer fuhren, dachte ich über die Gegend nach, in der meine zukünftige Arbeit lag, obwohl wir nur gelegentlich das Land oder eine Insel in der Ferne sahen. Obwohl es November war und erwartungsgemäß ein kalter Monat, fand ich es extrem heiß, als ich auf Deck ging. Ich merkte, dass es für einen Europäer schwer würde, sich bei Hitze und der hohen Luftfeuchtigkeit zu bewegen.

Der 23. November, der lang erwartete Tag, war gekommen! Wir legten in Aden um etwa drei Uhr morgens an, aber mir war gesagt worden, dass ich auf dem Schiff warten sollte, bis mich jemand abholte. Um etwa sechs Uhr morgens klopfte es an der Kabinentür und als ich sie öffnete, stand Peter da, ein Australier, den ich bereits einmal zuvor in Großbritannien getroffen hatte. Er half mir, meine Koffer und den Schrankkoffer in sein Auto zu laden, und dann fuhren wir los. Ich hatte erwartet, dass wir direkt nach „Sheikh Othman" fahren würden, das Städtchen, welches etwa acht Meilen von Aden entfernt lag, in dem das Team seine Zentrale hatte. Stattdessen, es war ein Freitag (der örtliche Ruhetag), fuhr Peter zu einem Strand, an dem sich die meisten Mitglieder des Teams, die in Aden stationiert waren, getroffen hatten, um dort zu beten und zu schwimmen. Sie hatten sich über den ganzen Strand verteilt, um allein und in Ruhe ihre Gebetszeit zu genießen. Später gab es noch ein einfaches Frühstück am Strand, und die, die Lust hatten, konnten noch eine Runde schwimmen gehen. Ich weiß nicht mehr, ob das Wort „Haie" erwähnt wurde – aber ich zog es vor, nicht über diese Kreaturen nachzudenken, während ich das Schwimmen in dem warmen, blauen Meerwasser genoss. Danach stellte mich Peter der Gruppe vor. Es waren etwa sechs junge Frauen, alles Krankenschwestern oder Hebammen, die Arabisch lernten und

Der Weitblick für die offene Tür

drei oder vier Männer. Wir waren alle Singles, außer Mr. Budd. (Mrs. Budd war damals gerade in Großbritannien). Peter wandte sich mir zu und fragte mich, ob ich eine Bibelarbeit halten könnte. Darauf war ich völlig unvorbereitet, aber ich wandte mich Offenbarung Kapitel fünf zu, die Vision von dem „Lamm das geopfert wurde", eine Passage, die mit ihrer Herrlichkeit nie verfehlt mich zu inspirieren, so dass ich ohne zu große Schwierigkeiten darüber sprechen konnte.

Im Laufe des Vormittags kehrten wir zu unserer Zentrale in Sheikh Othman zurück. Alles sah so anders dort aus – die Stadt war überfüllt mit Menschen und ich musste versuchen zu vergessen, wo ich her kam und vor allem die Sauberkeit, die ich bisher von Europa gewöhnt war! Die Straßen bestanden aus festgetretener Erde und Sand und einem kleinen Streifen Asphalt in der Mitte, daher gab es eine Menge Staub. Überall lag Abfall und Leute stocherten darin herum. Die Esel verbreiteten einen intensiven Geruch und machten eine Menge Lärm, und es waren viele Menschen dort, manche wohnten in Sheikh Othman, andere waren aus dem Umland, die zum Handeln in die Stadt gekommen waren.

Das Team hatte zwei relativ große Reihenhäuser gemietet, eines für die Männer und das andere für die Frauen, aber wir teilten uns einen Speiseraum und aßen unsere Mahlzeiten gemeinsam. Mir wurde ein Schlafzimmer zugeteilt mit Fenstern, die zur Straße hinausgingen. Ich hatte ein Bett, einen Tisch, einen Stuhl, einen einfachen Schrank und einen Ventilator. Nach einem einfachen Mittagessen hatten wir Mittagspause, die ich auch dringend nötig hatte, da ich ziemlich übermüdet war und mich auf eine Ruhepause freute. Aber kaum lag ich auf dem Bett, bemerkte ich den Lärm, der von der Straße her kam – Stimmen, die sich unterhielten und laut riefen, hupende Autos, Eselsschreie – (das ist ein wirklich schlimmes Geräusch!), brüllende Kamele! Das alles waren fremde, unvertraute Geräusche und über allem ertönte der eintönige Gesang von der Moschee, der die Menschen zum Gebet rief. Ich kann mich nicht daran erinnern, viel Schlaf bekommen zu haben! Danach drängten wir uns in die Autos und fuhren zu einem gemeinsamen Missionsgebets-Treffen. (Zu diesem Zeitpunkt arbeiteten vier Missionswerke in diesem Teil des Jemens). Nachdem ich eine Weile in Aden war, freute ich mich über die Gemeinschaft mit meinen Mitchristen und genoss unsere regelmäßigen Freitags-Treffen.

Alles war so fremd, von den Geräuschen bis zu den Gerüchen, nicht zu erwähnen die sanitären Anlagen, welche in einer Reihe auf der Rückseite des Hauses untergebracht waren! (Man musste aufpassen, dass man nicht gerade eine von diesen Kabinen dann besetzte, wenn der Klärwagen kam!) Sogar in der Mission musste ich mich an das Zusammenleben mit anderen Menschen aus verschiedenen Ländern anpassen, die alle ihre eigene Art und Weise hatten Dinge anzugehen. Normalerweise übernahmen die Männer den Einkauf (der für acht bis zehn Leute sehr schwer war) und die Frauen kochten. Wir Männer halfen beim Gemüse putzen und Abwaschen. In der kühleren Jahreszeit schliefen wir drinnen, aber in der heißen Jahreszeit trugen wir unser Bettzeug auf das flache Dach des Hauses, um die leichte Brise zu genießen, die man dort oben spüren konnte. Der Staub kam überall hin, blies durch die Ritzen am Fenster und unter der Tür durch.

In einheimischer Kleidung, „Futah" genannt

Bald hatte ich Routine. Ich musste zuerst den lokalen Dialekt des Süd-

Jemens lernen, um mit den Einheimischen kommunizieren zu können; dann nach sechs Monaten konnte ich mit dem klassischen oder geschriebenen Arabisch beginnen. Ein- oder zweimal die Woche ging ich abends zu einem Arabisch-Kurs für Anfänger, der vom britisch geführten Bildungsministerium geleitet wurde. Außerdem kam ein arabisch sprechender Lehrer in unser Haus, um uns Privatstunden zu geben. Arabisch wird im ganzen Mittleren Osten und Nord-Afrika gesprochen und es ist ebenso die Sprache des Korans, aber es gibt viele Dialekte.

Ich würde nicht sagen, dass ich besonders begabt bin im Sprachenlernen. Der einzige Weg es zu lernen, ist die praktische Anwendung, aber das ist schwer, wenn man nur ein paar Worte kennt. In der ersten Zeit war ich recht nervös, wenn ich alleine nach draußen ging. Ich begann mich wie die Einheimischen zu kleiden mit einem „Sarong"-artigen Kleidungsstück, „Futah" genannt, und meinem Hemd im westlichen Stil. Es war nicht nur kühler, sondern ich fand auch, dass es mich den Einheimischen näher brachte. Die Teamgrundsätze besagten, dass wir nicht die kulturellen Ansichten der Einheimischen verletzen durften: wir waren nicht dazu verpflichtet uns wie sie zu kleiden, aber viele der Männer entschieden sich dafür, die Futah zu tragen, und die Frauen trugen ihre Kleider lang, bis zu den Knöcheln, da die einheimischen Männer weniger Notiz von ihnen nahmen, als wenn sie sich modisch gekleidet hätten. Ich ging für gewöhnlich nach draußen, setzte mich in einen Teeladen am Marktplatz und übte die wenigen Worte, die ich an diesem Tag gelernt hatte. Sheikh Othman war bestens dafür geeignet, denn es gab in der Nähe unseres Hauses einige Teeläden. Die Männer trafen sich dort im Laufe des Nachmittags oder Abends, so dass ich dort das meiste meines gesprochenen Arabischs aufschnappte, den sehr süßen Tee trank (ich nehme für gewöhnlich keinen Zucker) und versuchte, meinen begrenzten Wortschatz anzuwenden. Da ich zunächst kaum

Der Weitblick für die offene Tür

etwas von dem verstand, was die Einheimischen sagten, gab es eine Menge Gelächter, wenn ich Worte durcheinanderbrachte, in dem Versuch einen Satz zu bilden. Einmal verwechselte ich das Wort „Dame" (arab. „hurma") mit dem für Esel (arab. „himar"). Natürlich lachten die Einheimischen nur darüber! Während dieser Wochen begann meine Liebe und Bürde für die Menschen im Jemen zu wachsen, zunächst auf menschlicher Ebene, da sie so freundlich, humorvoll und gastfreundlich waren, und dann allmählich sah ich sie mehr, wie Gott sie mit seiner großen Liebe sieht, als Menschen, die keine Hoffnung haben.

Als ich gerade mal drei Wochen in Sheikh Othman war, lud Peter mich ein, mit ihm das Innere von Südarabien zu besuchen. Das wahre Leben hatte begonnen! Wir schlossen uns einer Gruppe von etwa zwölf Männern an, die in einer Art Taxi reisten, welches eigentlich nur für sechs Personen ausgelegt war! Das war meine erste Erfahrung von „Reisen im arabischen Stil" – so viele Leute waren eng zusammengedrängt, dass es schwer war, sich auch nur einen Zentimeter zu rühren. Niemand schien sich etwas daraus zu machen – es war ein Teil des Lebens in Aden. Wenn jemand seinen Fuß auf meinem hatte, gab es nach einer Weile einen Wechsel und ich stellte meinen Fuß auf seinen. Um ehrlich zu sein, es war erfrischend, dass sich niemand empörte, sogar wenn die Reise Stunden dauerte.

Manchmal hielten wir an einem Teeladen und genossen etwas zu Trinken. Bald war ich beeindruckt über die Art und Weise, in der Peter nahezu jede Unterhaltung mit diesen Männern in eine Gelegenheit verwandelte, um das Evangelium weiterzugeben, und oft verteilte er dann noch ein Johannes- oder Lukas-Evangelium. Obwohl ich nicht viel verstehen konnte, ließ das Zusammensein mit Peter in mir einen echten Wunsch wachsen, die Sprache zu lernen, um in der Lage zu

Der Weitblick für die offene Tür

sein, das Evangelium so weiterzugeben wie er es tat. Er wurde zu meinem Mentor, ohne dass wir je darüber gesprochen hätten. Ich habe niemals einen Menschen wie Peter getroffen, der solch eine Gabe für Evangelisation für die Jemeniten hatte.

Als wir zur Nacht anhielten, schliefen wir einfach auf dem harten Boden einer kommunalen Halle in dem Dorf mit allen Männern um uns herum. Am nächsten Tag kamen wir in einer kleinen Stadt an, die sich Mukheiras nennt und direkt auf der Grenze zum Nordjemen liegt, dem Land welches immer noch verschlossen für das Evangelium war. (Am 26. September hatte eine Revolution stattgefunden und der Imam, der in diesem Gebiet ein strenges Regiment führte, war

Wolfgang und Peter (links), der mir eine große Hilfe war und sehr zum Segen wurde

durch eine Militärjunta gestürzt worden. Diese sprach sich für mehr Fortschritt aus, obwohl die Grenzen noch nicht geöffnet worden waren). Das Team hatte einen Standort in Mukheiras, an dem zwei Krankenschwestern unter Frauen und Kindern arbeiteten. Die ganze Zeit, die wir dort in der Gegend blieben, war mir bewusst, dass ich mich nahe des „verschlossenen Landes" befand. Wir standen an der Grenze und sahen zu den Dörfern und Feldern hinüber. Von ganzem Herzen betete ich, dass wir eines Tages dieses Land betreten und das Evangelium weitergeben könnten. Die Dinge, die ich während dieser Reise lernte, wurden die Grundlage für mein Leben, aber vor Weihnachten kehrten wir zu unserer Zentrale zurück, um den Geburtstag des Herrn mit der Team-Familie in der warmen Sonne am Strand zu feiern.

Ich fuhr mit meinem Sprachstudium und den praktischen Übungen fort. Ich arbeitete zu Hause und setzte mir zum Ziel,

Der Weitblick für die offene Tür

wenn möglich einmal am Tag nach draußen zu gehen und mich mit den Männern in den Teeläden zu unterhalten. Sobald ich in der Lage war, ein paar Sätze zu sprechen, wollte ich damit beginnen, das Evangelium zu erklären und ich erlebte, dass dies oft unbeabsichtigt geschah. Sie fragten für gewöhnlich, ob ich Moslem wäre – eine berechtigte Frage, da es nicht viele ausländische Männer gab, die die „Futah" trugen. Als mein Arabisch besser wurde, zeigten sich erste Reaktionen – und gegenteilige Meinungen zu dem, was ich ihnen erklärte. Ich erzählte den Männern im Teeladen vom Evangelium, und diskutierte mit ihnen darüber und sie schlossen sich manchmal zusammen, wurden sehr laut und sogar beleidigend. Aber was mich am meisten verletzte, war, wenn sie meinen gepriesenen Erlöser angriffen und verspotten. Nicht jeder reagierte auf diese Art, aber wenn es geschah, wurden Dinge über den Herrn gesagt, die mich verletzten und sehr traurig machten. Ich wusste, dass sie aus Unwissenheit so redeten, weil sie so erzogen worden waren, aber es war nicht verwunderlich, dass ich manchmal eher entmutigt zum Haus zurückkehrte. Als ich eines Abends auf dem Heimweg war, riefen mir ein paar Männer in der Nähe unseres Hauses zu, ich sollte mich zu Ihnen setzen. Sie schienen recht freundlich, aber einer von ihnen sagte zu mir: „Du wirst niemals einen von uns hier dazu bringen Christ zu werden. Du gehst besser nach Afrika."

Ich fühlte mich bereits niedergeschlagen, so dass dies mich auch nicht aufbaute. Ich begann den Druck der Entmutigung zu spüren: kein sichtbares Interesse zu sehen ließ mich fragen: „Was mache ich hier eigentlich?". Tagein, tagaus schien es dasselbe zu sein. Ja, die Leute waren oft sehr freundlich, bezahlten mir sogar meine Tasse Tee – aber was das Evangelium anging, war nur wenig Interesse zu erkennen.

An manchen Tagen nahmen wir eine Tasche voll christlicher Bücher und gingen von Geschäft zu Geschäft, um sie für ein

Der Weitblick für die offene Tür

geringes Entgelt anzubieten. (Dieses Prinzip beruht auf der Tatsache, dass die Menschen im Allgemeinen etwas mehr wertschätzen, wenn sie es bezahlen müssen, als wenn es kostenlos ist). Es war ermutigend dann zu sehen, wie viel Stück wir an einem Morgen verkauft hatten. Eines Tages fragte mich ein Mann, ob ich ihm ein Evangelium kostenlos geben könnte, da er das geringe Entgelt, welches wir verlangten nicht bezahlen wollte. Ich bestand darauf, dass er dafür zu bezahlen hätte, aber ich hatte ein schlechtes Gefühl, dass er etwas geplant hatte zu tun, um die Leute um ihn herum zu beeindrucken. Sobald er das Buch zu fassen bekam, rannte er damit in den nächsten Teeladen, griff sich eine große Kohlenpfanne, legte triumphierend das Evangelium hinein, um es öffentlich in der Mitte der Straße zu verbrennen. Ich war entsetzt, aber ich bemerkte, dass die Aktion bei den meisten Zuschauern keinen Anklang fand.

Wir hielten für gewöhnlich ein Treffen in unserer Garage ab, die sich zur Straße an unserem Haus hin öffnete. Niemals zuvor oder danach hatte ich an einer solchen Versammlung teilgenommen! Wir öffneten die Tore weit und meine Aufgabe bestand darin, Akkordeon zu spielen, sodass Menschen durch die Musik angezogen wurden. Ich wusste kaum, wie man eine Melodie darauf spielte, aber zumindest konnten sie hören, dass da etwas geschah! Mr. Budd, unser damaliger Leiter in Aden, versuchte das Evangelium weiterzugeben und verkündete es den Passanten.

Einmal kamen einige Männer und Kinder herein und saßen auf Kissen, die wir für sie vorbereitet hatten, auf dem Boden. Aber gerade als wir dachten, dass es ganz gut lief, verließen die, die nahe am Eingang saßen, fluchtartig die Garage und ließen uns mit der Frage nach dem Warum zurück. Dann fanden wir es heraus! Eine somalische Frau namens Elmo war mit einem Stock aufgetaucht! Obwohl sie klein und buckelig war, war sie

Der Weitblick für die offene Tür

zweifelsfrei wütend und bereit jeden mit dem Stock zu schlagen, der es wagte, in die Nähe des Garageneingangs zu kommen! Die Männer und Kinder schienen sie zu fürchten und sie schien zu glauben, dass es ihre Mission war, die Leute davon abzuhalten uns zuzuhören. Es war komisch, sie in der Mitte der Straße marschieren zu sehen mit ihrem Stock, während die Menge das Spektakel genoss. Mr. Budd und ich verließen die Garage und ich musste mein Liederbuch auf den Boden legen und mich hinknien, um mein Akkordeon zu spielen.

Gelegentlich flogen Steine, aber zu meinem völligen Erstaunen war die ganze Angelegenheit eher lustig als konfrontativ. Manche von uns machten immer noch ab und zu den Fehler bei der Aussprache der sehr kehligen Sprache und sagten: „Du benötigst einen neuen Hund" (arab. „Kalb") anstatt „Du benötigst ein neues Herz" (arab. „qualb")! Natürlich erwiderten die Leute, die auf der Straße zuhörten, dies mit brüllendem Gelächter. (Es ist sehr schwierig für Leute aus Westeuropa, die kehligen Anfangslaute dieser Wörter zu differenzieren, vor allem für Englisch Sprechende; für Deutsche ist es etwas einfacher).

Das Lustigste geschah, als wir das Garagentor geschlossen hatten und die Menge sich entfernt hatte. Da tranken Mr. Budd und Elmo ein Glas Zitronensaft zusammen und unterhielten sich freundlich, als ob ein paar Minuten zuvor nichts geschähen wäre! Nun ich nehme an, der Kampf war beendet, und ein kühles Getränk war die beste Art und Weise damit umzugehen. Und dies war ein regelmäßiges Ereignis!

Kapitel 10 - Die Saat ausstreuen

Als ich etwa neun Monate in Sheikh Othman war, hatte ich mich allmählich eingelebt. Wenn ich langsam sprach, konnte ich eine Unterhaltung in Arabisch führen. Doch je länger ich dort lebte, umso mehr fühlte ich, dass es nach menschlichem Ermessen unmöglich war zu erleben, dass ein Moslem zum Glauben an den Herrn kam. Sehr entmutigt und bedrückt durch das gesamte Umfeld ging ich vom Teeladen nach Hause. Wie froh war ich, dass ich mit dem Herrn darüber reden konnte und neuen Mut aus seinem Wort und durch die Arbeit des Heiligen Geistes erhielt.

Als es auf den Sommer 1963 zuging, wurde das Wetter noch heißer und feuchter und es war sehr staubig. Das war der arabische Monsun, der Sand anstelle von Regen brachte! Als die Feuchtigkeit zunahm, war es schwierig, das durch das Schwitzen verlorene Salz im Körper zu ersetzen. Es war eine Vorbereitung auf das, was noch auf mich zukommen sollte. Sandstürme fegten über Sheikh Othman hinweg und es gab vor dem Staub kein Entrinnen. Er kam durch die Türen und Fenster und bedeckte alles. Wir putzten unser Haus von oben bis unten aber trotzdem gelangte er in die Kommoden und wir knirschten auf Sand bei allem was wir aßen. Einmal war ich auf dem Markt, als ein Sandsturm aus der Wüste heranfegte und ich konnte meinen Weg nach Hause nicht finden, da es unmöglich war, weiter als ein paar Meter voraus zu sehen. Ich war so dankbar, als ein paar Männer an einer Bäckerei mich hereinriefen, damit ich dort Unterschlupf finden konnte.

Wann immer ich die Gelegenheit hatte, ging ich aus dem Haus und setzte mich an den Marktplatz. Langsam lernten mich die

Der Weitblick für die offene Tür

Menschen kennen, und ich begann eine Veränderung in ihrem Verhalten mir gegenüber wahrzunehmen. Solange meine Sprachkenntnisse begrenzt waren, waren die Menschen hilfreich, korrigierten mich und lachten gutgelaunt. Doch sobald ich die Sprache ausreichend beherrschte, dass ich versuchen konnte, über das Evangelium zu reden, reagierten sie sehr verletzend. Es schmerzte mich sehr, dass ich zunächst sehr freundlich aufgenommen wurde, nun aber auf offene Feindschaft traf. Einmal saß ich mit zwei Männern zusammen und erklärte ihnen das Evangelium, als eine andere Gruppe Männer zu uns trat. Sie begannen zu rufen: „Er ist ein Betrüger und lügt uns an!"

Es wurde ziemlich hässlich und ich war auf mich allein gestellt und mir meiner Schutzlosigkeit sehr bewusst. Hinzu kam noch, dass eine allgemeine Stimmung unter der Bevölkerung herrschte, dass die Briten Aden verlassen sollten. Alles was ich sagte, wurde verhöhnt und ich war froh wegzukommen und nach Hause zu gehen. Dies passierte jedes Mal, wenn die Stimme zum Gebet über die kraftvollen Lautsprecher aufrief. Manchmal überwältigte mich fast ein Gefühl der Schwachheit. Kein Zweifel, Satan versuchte, das Gefühl der Einsamkeit, welches über meine Seele fegte, dazu zu benutzen mich herunterzuziehen. Aber dann erinnerte ich mich daran, wie oft der Herr abgelehnt und verhöhnt wurde und ich wusste, dass ich nicht allein war, und mein Herz gewann Zuversicht. Ich spürte, dass viele zu Hause für mich beteten.

Dann, eines nachmittags auf dem Heimweg vom Markt rief mich ein junger, Mann mit Namen Ali und wollte mit mir sprechen. Aufgrund der Art und Weise, wie ich behandelt worden war, war ich etwas argwöhnisch, als er sagte, dass er Christ werden wollte, aber ich lud ihn in unser Haus ein. Wir setzten uns und er berichtete mir von seinem Verlangen, Frieden mit Gott zu finden. Er war der erste Mensch, den ich

64

kennen gelernt hatte, der wirklich ein Verlangen nach der Wahrheit hatte. Da mein Arabisch immer noch begrenzt war, bat ich einen jordanischen Christen sich zu uns zu setzen und den Weg des Lebens deutlicher zu erklären. Jeden Abend kam Ali, seine Seele dürstete danach, von dem Herrn zu erfahren, der ihn liebte. Nach ein paar Abenden erzählte er mir, dass seine Familie sehr feindlich gesinnt war, als sie feststellten, dass er sich mit dem „Kafir", dem Ungläubigen traf. Sein Leben wurde sehr schwierig und eines Abends erschien er nicht zum üblichen Bibelstudium. Er verschwand von der Bildfläche. Kurz danach musste ich nach Äthiopien gehen, und als ich zurückkam, erzählte mir Mr. Budd, dass Ali eines Tages vorbeigekommen war und nach mir gefragt hatte. Als er sprach, sah Mr. Budd dass zwei seiner Schneidezähne abgebrochen waren. Er hinterließ mir eine Nachricht: „Ja, ich glaube, dass das Evangelium die Wahrheit ist, aber es ist zu schwer ihm zu folgen, da die Verfolgungen für mich unerträglich sind."

Ich sah ihn nie mehr wieder. Es half mir zu verstehen, dass die Konvertierung nur der erste Schritt für diese Menschen ist. Christus nachzufolgen bedeutet Leiden und Verfolgung und manche geraten sogar in echte Lebensgefahr. Mit den Jahren hat sich diese Geschichte so oft wiederholt. Ich begann jetzt zu erkennen, wie wertvoll diese Geschwister sind, die einen hohen Preis dafür bezahlt haben, um dem Herrn in einer Art und Weise nachzufolgen, die den meisten von uns völlig unbekannt ist. Es war eine demütigende Erfahrung für mich.

Kapitel 11 - Sommer in Äthiopien! – Eine nette Abwechslung!

Wann immer es möglich war, machten Teammitglieder im Sommer eine Pause, um aus der Hitze Adens wegzukommen. In diesem Sommer im Jahr 1963 wurde ich von der Teamleitung angefragt, ob ich nicht für ein paar Monate nach Äthiopien gehen und dort eine Missions-Station aufbauen wollte. Diese sollte am Rand der Danakil-Wüste liegen mit dem Ziel, die Afar zu erreichen. Die Afar sind ein wilder, unabhängiger Stamm, der im Tiefland Äthiopiens, Eritreas und Djiboutis beheimatet ist – eine der lebensfeindlichsten Gegenden auf der Erde. Obwohl die meisten der Afar nominell Muslime sind, halten sie an ihrem eigenen Lebensstil fest. In der Gegend, die das Team anstrebte, gab es noch den Brauch, dass ein Mann beweisen musste, dass er einen anderen Mann umgebracht hatte, bevor er heiraten durfte. Warum die Leitung des Teams entschieden hatte, dass ich dort eine Arbeit beginnen könnte, obwohl ich weder die Sprache noch die Kultur kannte, weiß ich nicht sicher, aber es entwickelte sich zu einem ziemlich großen Abenteuer!

Zuerst flog ich nach Addis Abeba, wo ich mich mit Ron traf. Er und seine Frau lebten in Addis Abeba und leiteten dort die Team-Basis. Ron und ein einheimischer Christ namens Estefanos, der mir helfen sollte, nahmen mich in einem Bus mit, der hoch hinauf in die Berge fuhr. Die Straße wand sich in einer Serie von Haarnadelkurven sehr weit nach oben – manchmal war es gescheiter, die Augen zu schließen, als durch das Fenster auf den Steilhang zu sehen, welchen der Bus überwand! Am Nachmittag kamen wir, gut durchgeschüttelt von der Reise, in einer kleinen Stadt im Hochland in über

66

2000 m Höhe an. Hier fanden wir ein kleines Hotel, wo wir die Nacht über bleiben konnten, bevor wir uns für die Weitereise ins Inland vorbereiteten. Am nächsten Tag kauften wir zunächst einiges an Baumaterial – hauptsächlich Zement. Anschließend genossen wir eine Pause und ein lokal typisches Frühstück. Es bestand aus einem Stück Brot, gemacht aus Sauerteig, ähnlich wie ein Pfannkuchen. Es wurde „Injeera" genannt und man tauchte es in eine scharfe Chili-Soße! Das Essen war völlig anders als das in Arabien. Es war scharf! Sie schienen sich nicht darum zu kümmern, wie viele Chilis in die Soße kamen!

Am folgenden Morgen verließen wir die Hauptstraße und begannen unsere Reise ins Landesinnere. Dieses Mal mussten wir per Muli (Reitesel) reisen. Ich war noch nie zuvor auf einem Maultier geritten, oder gar auf einem Pferd, und nach einigen anfänglichen Minuten der Begeisterung wurde mir schmerzhaft bewusst, dass das Reiten auf einem Maultier wahrlich keinen Spaß machte! Oft entschied das starrköpfige Tier, einen anderen Weg einzuschlagen als den, den wir nahmen, daher war ich sehr froh, dass wir einige Einheimische dabei hatten, die uns halfen. Ein Nicht-Reiter wie ich fühlte sich sehr hilflos auf dem Rücken eines Muli.

Die Berge auf und ab, oft durch Buschwerk ging unsere Reise voran. Wir brauchten etwa acht Stunden, bis wir unser Reiseziel erreicht hatten, einen Ort namens Rassa Gubba, direkt am Rand eines Steilhangs. Wir hatten eine eindrucksvolle Aussicht über das Tiefland. Ich verstand bald, warum dieser Platz so strategisch war, um die Afar zu erreichen. Die Einheimischen des Dorfes waren eine Mischung aus Amhara, der dominierenden Stammesgruppe im Hochland, und Afar, welche in das Dorf gezogen waren.

Der Weitblick für die offene Tür

Ich war froh darüber, nicht alleine zu sein, nachdem Ron nach Addis zurückgekehrt war; hatte ich doch Estefanos als meinen Begleiter und Helfer. Obwohl er nicht die Sprache der Afar beherrschte, sprach er doch gut Amharisch. Eine Anzahl Einheimischer waren Moslems, aber kaum jemand sprach auch nur etwas Arabisch. Unser Heim befand sich außerhalb des Dorfes, eine Art Hütte aus Stöcken und Lehm, aber wir fühlten uns recht bald dort wohl. Nachts nutzten wir eine Kerosin-Lampe, um Licht zu haben. Es gab keinen Kontakt mit der Außenwelt, so dass wir in einem Notfall bis zur Hauptstraße zurückwandern mussten. Aber wir erwarteten keine Probleme – nun ja, das dachten wir jedenfalls!

Meine erste Aufgabe bestand darin, das Fundament für ein Gebäude zu legen, das eine Klinik werden sollte und für Notfälle auch Wohnquartiere enthielt. Ich heuerte ein paar Einheimische an, um einen Graben auszuheben, den wir mit Steinen und Mörtel füllten, um ein gutes Fundament zu haben. Das Problem war, dass das Wasser in Ziegenhäuten per Muli zum Bau gebracht werden musste von einer Stelle, die den Hügel hinab über eine Stunde entfernt lag. Wir versuchten auf unserer Seite nach Wasser zu graben, hatten aber keinen Erfolg. Nach einiger Zeit ging uns das Baumaterial aus. Wir hatten keine andere Wahl, als den achtstündigen Rückweg per Muli zur Stadt zu unternehmen.

Die Nacht hatte uns jedoch eingeholt, bevor wir die Stadt erreicht hatten, und wir hielten in einem Dorf, in dem die Leute uns freundlich einluden über Nacht zu bleiben. Es war viel zu gefährlich, bei Nacht zu reisen wegen der Banditen und der wilden Tiere. Wir wurden versorgt mit getrockneten Tierhäuten, auf die wir uns legen konnten, da der Boden nur gestampfte Erde war. Vorsichtshalber hatten wir unsere Schlafsäcke mitgebracht. Schließlich schlief ich ein, war aber bald wieder wach, da meine Füße juckten. Nach einer Weile

Der Weitblick für die offene Tür

wurde mir bewusst, dass es mich am ganzen Körper juckte! Schließlich zog ich meinen Schlafsack aus und untersuchte ihn mit einer kleinen Taschenlampe. Ich hatte selten so einen Schock in meinem Leben! Die Tierhaut, die sie mir zum Schlafen gegeben hatten, musste das Zuhause einer ganzen Wanzen-Armee gewesen sein, welche meinen Schlafsack überschwemmt hatten und nun eine andere Kost genossen als sonst. Mein Körper war mit Bissen übersät! Und sie brannten auch noch! Alles was ich tun konnte, war auf den Morgen zu warten. Aber ich konnte den Menschen, die uns beherbergt hatten, nicht die Schuld geben; sie hatten gegeben was sie konnten.

Als wir am nächsten Tag die Stadt und die Hauptstraße erreichten, organisierten wir uns zunächst einen Platz zum Duschen, und nachdem wir unsere Baumaterialien eingekauft hatten, machten wir uns auf die Rückreise nach Rassa Gubba. Ein paar Meilen von unserer Hütte entfernt trafen wir auf eine Gruppe trauernder Frauen und Männer in einer Beerdigungs-Prozession. Sie erzählten uns die tragische Nachricht von dem Toten, den sie mit sich führten, um ihn in der Nähe beizusetzen. Er war das erste Opfer eines Angriffs durch die Afar gewesen, die von den tiefergelegenen Landesteilen auf einer Art Kriegspfad in unsere Gegend gezogen waren. Gewöhnlich greifen sie kleinere Siedlungen und einsame Hütten während der Nacht an – Orte, die weniger gut geschützt waren als Dörfer.

Wir hatten solche Neuigkeiten nicht erwartet. Wie sollten wir unsere Missionsstation bauen, wenn kriegführende Banden um uns herum streiften? Wir entschieden uns jedoch, zurück zu unserer Hütte zu gehen, obwohl sie sich außerhalb des Dorfes befand und wir keinen Schutz und auch nichts zu unserer Verteidigung haben würden. Nachdem wir zurück kamen, besuchten uns verschiedene Leute aus dem Dorf. Sogar der

Der Weitblick für die offene Tür

Scheich oder das Dorfoberhaupt kam, um uns zu sehen. Er trug ein K-47-Maschinengewehr und hatte außerdem eine kleine Pistole an seinem Gürtel. Daher lachten wir beinahe, als er uns versicherte, dass alles in Ordnung sein würde! Da stand er, bis zu den Zähnen bewaffnet, auf dem Rückweg in sein Dorf, welches gut geschützt sein würde mit einem Zaun aus Dornbüschen.

Wir hatten unsere kleine Hütte gemocht, aber auf einmal hatte sie ihren Charme verloren. Obwohl wir unsere Haustür verschlossen, wussten wir, wie angreifbar wir waren. Wir wussten, dass die Wände unserer Hütte keine Kugel abhalten würden, welche durch die Wand geschossen wurde, was, wie wir hörten eine ihrer bevorzugten Angriffsmethoden war. Uns war erzählt worden, dass manche dieser „Krieger" einen Mann in seiner Hütte erschossen hatten, indem sie durch die Lehmwand nur nach seinem Atem lauschten und dann durch die Wand feuerten, ohne das Opfer überhaupt zu sehen! Wir wussten auch, dass die Nacht die günstigste Zeit für Angriffe war, und wir fragten uns beide, was wohl als nächstes geschehen würde. Es war gut, dass Estefanos da war, aber es war eine Sache, im Bett zu liegen und eine andere, sich keine Sorgen zu machen. Normalerweise bin ich ein guter Schläfer, also warum konnte ich nicht einschlafen? Hatte ich nicht oft von meiner Bereitschaft gesungen und gesprochen, dem Herrn zu folgen? Ich wusste, dass es Furcht war, die mich wach hielt – nichts worauf ich stolz sein konnte! Jedes Mal wenn ich irgendein Geräusch hörte, fragte ich mich, ob die Afar gekommen waren. Ich kann mich nicht erinnern, wie viel ich in dieser Nacht schlief, aber ich bezweifle, dass es viel war. Was für eine Befreiung, als das Tageslicht endlich anbrach!

Der Weitblick für die offene Tür

Wir konnten keinen Kontakt zum Team aufnehmen, um uns einen Ratschlag einzuholen, und der Gedanke einfach zu packen und abzureisen, ohne dass wenigstens das Fundament der Klinik fertig gestellt worden wäre, schien mir vollkommen falsch. Bei Tag konnten wir mit der Arbeit am Bau des Fundamentes fortfahren, aber was sollten wir nachts tun? Die Einheimischen rüsteten sich mit Waffen aus, um kämpfen zu können und sie schlugen vor, wir sollten uns auch Waffen beschaffen, um uns verteidigen zu können. Wir lehnten dies sehr höflich ab, und sagten ihnen, dass der Herr unsere Verteidigung wäre. Natürlich ist das leicht gesagt, wenn alles friedlich ist, aber wie dem auch sei, wie konnten wir als Botschafter des Friedens Waffen mit uns tragen und sie benutzen?

Afar-Krieger

Ein paar Tage später hörten wir, dass einer der Afar, der Kontakt zu dem nahegelegenen Dorf hatte, gekommen war. Wir wollten ihn sehen, da es schließlich unser Ziel war, diese Menschen zu erreichen. Als er unsere Hütte betrat, war es in der Tat ein Furcht einflößender Anblick! Aber er schien ein freundlicher Mann zu sein, trotz seines Krummsäbels, (langes Messer) der an seinem Ledergürtel hing. (Wir wussten, dass er scharf war – er war die gebräuchlichste Waffe bei den Afar-Männern. Seine Frisur war sehr interessant, da Kuhdung die Haare zusammenhielt (umweltfreundlicher als Haarspray!).

Der Weitblick für die offene Tür

Wir benötigten zwei Übersetzer, um uns mit ihm zu unterhalten, aber an einer Stelle spielten wir ihm eine Evangeliums-Aufnahme in seiner eigenen Sprache vor. Es war die Geschichte vom verlorenen Sohn aus dem Lukasevangelium Kapitel 15 und seine Reaktion überraschte uns. Er wollte wissen, was die Geschichte bedeutete. So gut wir konnten, erklärten wir ihm die Gute Nachricht von Gottes Liebe zu uns. Er hörte zu und antwortete, dass Gott ihn nicht lieben könnte. Als wir ihm bestätigten, dass gerade das die Gute Nachricht war, sagte er, dass er ein schlechtes Leben geführt hatte – er hatte schon sechzehn Männer getötet. An dieser Stelle zögerten wir etwas –schließlich war hier jemand mit einer Menge Blut an den Händen. Wir wussten, dass die Rächer hinter ihm her waren, dass er gejagt wurde, und wussten, dass seine Feinde (Verwandte seiner Opfer) nicht eher ruhen würden, bis ihr Blut gerächt wäre. Wie wunderbar das Evangelium doch ist! Für diesen Namens-Moslem gab es keine Hoffnung, aber nun hörte er zum ersten Mal von der Möglichkeit der Vergebung und es gab Hoffnung. Ich war verwundert über seine Reaktion auf das, was er gehört hatte, und ich war bestätigt worden in der Bedeutung dessen, was wir versuchen wollten zu tun, nämlich diese Menschen zu erreichen.

Wir haben nie wieder etwas von ihm gehört, nachdem wir unsere Hütte verlassen hatten. Wurde er danach umgebracht? Wir wissen es nicht. Die Unruhen hielten an und noch mehr Menschen wurden umgebracht. Eines Tages kam ein Beamter des Regierungsbezirks. Er hatte gehört, dass ein Ausländer in der Hütte lebte und bei den aktuellen Unruhen riet er uns, die Gegend zu verlassen und zu einem späteren Zeitpunkt zurückzukehren. Wir akzeptierten es und reisten bald danach ab; wir gingen zurück zur Hauptstraße, von wo aus Estefanos mit dem Bus nach Asmara fuhr, während ich nach Addis Abeba zurückkehrte. Ich bin froh sagen zu können, dass zu einem späteren Zeitpunkt an genau dieser Stelle eine Missions-Station, eine Schule und eine Klinik errichtet wurden.

Während ich in Addis Abeba war, ging ich mit Dr. Bryan Drever (der am „Church of Scotland Mission Hospital" in Aden arbeitete), zu einigen Treffen an denen der Bischof Festo über die Erweckung sprach, die damals gerade in Uganda stattfand. (Das war vor dem Terrorregime von Idi Amin). Es war während dieser Treffen, dass der Herr uns gnädig ansprach, indem er uns zeigte, wie er unser Leben sieht und niemals zuvor oder danach war ich mir meiner Sünde in meinem Leben so bewusst. Aber nach der Buße kam die herrliche Freiheit, wozu uns Christus freigekauft und erlöst hat. Nach meiner Bekehrung war dies die gewaltigste Glaubenserfahrung in meinem Leben. Ich wußte nun aufs neu, dass unsere Liebe zum HERRN das Wichtigste ist, auch in meinem Dienst.

Nach einem Urlaub in Äthiopien in einem sehr angenehmen christlichen SIM Gasthaus in der Nähe von Addis Abeba kehrte ich über Djibouti nach Aden zurück. Ein neues Wagnis wartete auf mich – der Bootsmissions-Dienst nahm Formen an.

Der Weitblick für die offene Tür

KAPITEL 12 - Wie man ein Boot nicht kauft

Der geschäftsführende Vorstand des Teams hatte im Sommer 1963 ein Boot gekauft, welches wir für die Bootsarbeit ausstatten und vorbereiten sollte. Es sollte entlang der Küste und für die küstennahen Inseln des Roten Meeres genutzt werden.

Ich musste immer noch mit dem Sprachstudium fortfahren und mein zweites Examen machen. Das Beste war aber, dass ich Beryl bald wiedersehen sollte, die in Kürze auf dem Weg nach Aden sein würde! Die Zukunft sah aufregend aus!

Das Boot, welches ausgewählt worden war, trug den Namen „Aggi Bababa" (St. Barbara) und kam ursprünglich aus Griechenland. Keiner von uns kannte sich mit Booten aus und so glaubten wir dem Besitzer, als er uns erzählte, es würde nur ein kleines Ersatzteil für den Motor benötigen. Dann würde es hervorragend laufen. Aggi Bababa lag im Hafen vor Anker und der Vorbesitzer hatte versprochen, an Bord zu bleiben und für uns auf das Boot achtzugeben, während das Ersatzteil erwartet wurde.

Eines Tages klingelte während der Mittagspause das Telefon und ich hörte, wie mein Kollege Ron den Anruf entgegennahm. Es hörte sich an, als ob etwas passiert wäre, nichts Gutes! Ron gab sehr überraschte Töne von sich und ich kam aus meinem Zimmer, um herauszufinden, was vor sich ging. Ron erzählte mir, dass jemand von der Royal Air Force (Königliche Luftwaffe) angerufen hatte – ein Boot trieb im Hafen und lief dabei Gefahr, mit den anderen verankerten Booten zu kollidieren. Ob wir hinauskommen wollten um

Der Weitblick für die offene Tür

Die S/S Aggi Baba, umbenannt in Noor al Hayat
„das Licht des Lebens;

nachzusehen, ob es unser Boot wäre? Es schien niemand an Bord zu sein, es gab niemand Antwort auf Zurufe. Wir waren etwa sechs Meilen vom Hafen entfernt und Ron setzte nach typisch englischer Manier den Kessel auf und wir tranken erst einmal eine Tasse Tee! Wir fragten uns, wie sie wohl darauf kamen, dass es unser Boot sein könnte.

Als wir am Hafen ankamen, mussten wir ganz beschämt feststellen, dass es tatsächlich die Aggi Bababa war, die sich gelöst hatte und in Gefahr war, mit einer der königlichen Barkassen zu kollidieren. Die RAF hatte ein weiteres Boot hinausgeschickt, um sie hereinzuziehen. Sie waren ziemlich verstimmt über die ganze Angelegenheit, erst recht, als sie entdeckten, dass Verbindungsstücke nur mit einem ungeeigneten Stück Seil befestigt worden war. Es gab keine ordentliche Ausrüstung an Bord und der RAF-Offizier, der die Aktion leitete, war sehr verärgert und betrachtete uns offensichtlich als „Leute, die keine Ahnung von Schiffen

Der Weitblick für die offene Tür

hatten". Wir versuchten, die Situation zu erklären, aber ich schämte mich zu sehr, um zu sagen, dass ich dafür vorgesehen war, der Kapitän dieses Bootes zu werden, zumal ich kaum wusste, welches der Bug und was das Heck war!

Es war klar, dass der Vorbesitzer das Boot verlassen und den Motor nicht repariert hatte. Das Gute an der Sache war, dass Mike, einer der RAF–Männer, der Christ war und mehrere Male an den gemeinsamen Gebetstreffen in Aden teilgenommen hatte, ein brillanter Ingenieur war. Er bot sich an, uns dabei zu helfen, die Aggi Bababa zu überholen und startklar zu machen. Ein paar der anderen RAF–Männer halfen auch noch mit. Zuerst brachten wir das Boot in einen ruhiger gelegenen Teil des Hafens und verankerten es sicher. Wir entschieden uns, ihm einen neuen Namen zu geben – „Noor al Hayat" („Das Licht des Lebens").

In meinem Leben entstand eine gewisse Regelmäßigkeit: Ich musste immer noch am Unterricht der Sprachschule teilnehmen und besuchte immer noch die Teeläden, um mit den Männern dort ins Gespräch zu kommen. (An diesen öffentlichen Plätzen waren immer nur Männer. Die Mitglieder unseres Frauenteams besuchten einheimische Frauen in deren Zuhause und waren in der Regel willkommen.) Außerdem verbrachte ich so viel freie Zeit wie möglich unten im Hafen und half, die „Noor al Hayat" auseinanderzunehmen und ihren Rumpf neu zu streichen. Das Boot war ca. 18 Meter lang und hatte einen irgendwie bauchigen Rumpf, besonders nach vorne hin, und ein sehr großes Segel. Es gab eine Hauptkabine mit Kommoden und einer Koje – trotzdem planten wir, wegen der Hitze an Deck zu schlafen. Im Bug gab es eine kleine Kabine, die hauptsächlich als Lagerraum genutzt wurde, und im Heck war der kleine Maschinenraum.

Beryls Ankunft in Aden

Es wurde schnell klar, dass wir vom vorhergehenden Eigentümer betrogen worden waren, als wir dank der Fähigkeiten von Mike herausfanden, dass der Motor defekt war und wir einen neuen kaufen mussten. Das war ein herber Rückschlag, aber wir fuhren mit der Arbeit zügig fort mit Hilfe der tollen Jungs von den Streitkräften, die so viel freie Zeit für uns investierten. Wir kratzten den Rost ab, strichen neu an, bauten einen großen Wasserspeichertank und einen neuen Motor sowie einen Treibstofftank ein. Wir hatten große Hoffnungen und es war nicht nur harte Plackerei; es hatte auch Vorteile, in Aden direkt am Meer zu sein, dachte ich jedenfalls.

Ich genoss das Schwimmen und eines Tages, als ich unten am Hafen war, entschied ich mich, mich abzukühlen, indem ich quer hindurch schwimmen wollte. Es war eine ziemliche Distanz und als ich durchschwamm, schoss mir plötzlich der Gedanke durch den Kopf, dass Haie im Wasser sein könnten! In Aden war es nichts Ungewöhnliches, wenn man von Haiangriffen auf Menschen im Wasser hörte. Die Frau eines Offiziers war von einem Hai angegriffen und getötet worden, während sie in einem nicht abgesperrten Gebiet schwamm! Aber ich war schon auf halbem Weg, als mir das alles einfiel! Ich war fast gelähmt vor Angst – und wie ich betete! Irgendwie

Der Weitblick für die offene Tür

erreichte ich die andere Seite und zitterte vor Erleichterung, als ich ans Ufer kletterte!

Im Herbst 1963 kam Beryl's Schiff in Aden an und ich fuhr mit Mr. Budd, um sie und die andere junge Frauen, welche mit ihr gekommen waren, abzuholen. Beryl und ich hatten eine wundervolle Woche, in der wir unsere Freizeit gemeinsam verbrachten, und dann wurde sie hoch in die Berge nördlich von Aden nach Mukheiras geschickt zu einem Team aus zwei erfahrenen Frauen – eine Krankenschwester und eine Lehrerin – um mit ihrem Sprachstudium zu beginnen. (Ihre Abenteuer dort sind eine andere Geschichte!) Es war schade, dass ich sie nicht mehr jeden Tag sehen konnte, aber ich musste hart für mein Examen arbeiten und die Arbeit auf dem Boot nahm mir einen großen Teil meiner Zeit. Wir schrieben uns häufig und wir waren unserer Hochzeit einen Schritt näher. Es gab so viel Aufregendes für mich.

Trotz all der Mühen, die wir hinein investierten, begannen manche Zweifel zu äußern, dass die „Noor al Hayat" die richtige Art von Schiff für den ihr zugedachten Zweck war. War es wirklich geeignet für die seichten Gewässer der Küstengegend und den Inseln? Immer noch dachten wir, wir müssten mit der Arbeit fortfahren und unser Bestes tun. (Wir realisierten kaum, dass dies ein Boot für den Einsatz im Mittelmeer war und dass das Rote Meer völlig andere Bedingungen stellte.) Während der nächsten dreizehn Monate verbrachten wir so manche Stunden Arbeit darauf. Wir beteten viel für die Arbeit, die Vorbereitung des Bootes im Hafen von Aden und seine zukünftigen Reisen. Die Christen aus den Streitkräften, die in Aden stationiert waren, waren brillant! Wir jubelten darüber, dass bald der Dienst entlang der Küste und den Inseln beginnen würde.

Der Weitblick für die offene Tür

Ich fühlte mich gut! Das war ein komplett neuer Dienst und ich würde der Kapitän sein! Als der 17. September 1964 nahte – das Datum unseres geplanten Auslaufens aus Aden – war ich voller Optimismus. Davor kam Beryl aus Mukheiras und wir verbrachten einen gemeinsamen Urlaub an einem wunderschönen Ort – Bishoftu in Äthiopien. Sie würde für ihr zweites Jahr des Sprachstudiums in Aden leben. Meine guten Freunde, Peter und Margaret, gerade frisch verheiratet, die für ein paar Monate nach Eritrea gehen sollten, würden mit mir segeln. Da wir die Küste nicht kannten, heuerten wir einen einheimischen „Nakhuda" (Steuermann) an, der mit uns kommen und uns helfen sollte, den Weg zu finden.

Bevor wir ausliefen, wurde ein Weihgottesdienst an Deck der „Noor al Hayat" gehalten, an dem viele Freunde teilnahmen. Ich wusste, wie hart es für Beryl war, mich abfahren zu sehen, in dem Wissen dass es mindestens neun Monate dauern würde, bis wir uns wiedersehen würden. Sogar jetzt kann ich noch ihre blauen Augen sehen, nass von Tränen. Ich wusste, dass es für Beryl schwerer sein würde als für mich, da ich zu einem Abenteuer aufbrach. Obwohl Peter, Margaret und ich wussten, dass manche Gefahren vor uns lagen, war unser vorrangiger Gedanke, dass wir medizinische Hilfe und das Evangelium zu Menschen bringen würden, die noch nie davon gehört hatten. Gott war mit uns … das war unsere Gewissheit und Sicherheit. Aber ich bin froh, dass niemand von uns ahnte, wie abenteuerlich die Reise werden würde – und wie gefährlich!

Der Weitblick für die offene Tür

Kapitel 13 - Segeln mit dem „Licht des Lebens"

Die erste Schwierigkeit kam, als wir den Anker lichten und den Hafen verlassen wollten. Wir konnten den Knoten im Seil nicht lösen, welches an der Boje festgemacht war. Ich musste ins Wasser springen, zur Boje schwimmen und den Knoten lösen, bevor wir schließlich fertig zum Auslaufen waren! Aber es war ein herrlicher Morgen! Die See war ruhig und das Boot glitt ruhig dahin. Wir mussten uns einfach gut fühlen und Spaß haben.

Unser Plan war, in westlicher Richtung entlang der Küste des Jemen zu segeln und uns dann nach Norden zu wenden aus dem Golf von Aden in das Rote Meer. Ich konnte unseren Kurs an Hand der Karte bestimmen, obwohl der Steuermann den Weg kannte. Wir wechselten uns mit dem Steuern des Bootes ab, was bei der ruhigen See einfach war. Der 17. September 1964 war beinahe der einzige Tag der ganzen Boots-Saga, an dem wir keine Probleme hatten! Am Nachmittag sahen wir ein Dorf und konnten vor Anker gehen, mit dem Beiboot an Land rudern und mit den Menschen reden. Sie waren erstaunt uns zu sehen, hießen uns aber willkommen.

Am folgenden Tag, als wir uns Bab Al Mandab am Eingang zum Roten Meer näherten, kontrollierte ich den Motor (einer meiner wichtigsten Aufgaben war, den Motor am Laufen zu halten), und stellte fest, dass die Bolzen, die den Motor hielten, lose waren. Ich konnte sie so gut es ging festziehen, aber ich hatte ein unbehagliches Gefühl dabei. Während wir westwärts segelten, wurden wir vom Land geschützt, aber als wir ins Rote Meer kamen, erschwerte uns ein Sturm das Vorwärtskommen. Eigentlich kamen wir überhaupt nicht voran. Wir hatten

Der Weitblick für die offene Tür

geplant, zur Küste Eritreas hinüber zu kreuzen und dann nach Norden zum Hafen von Massawa zu segeln, eine Entfernung von etwa 300 Meilen. Aber da Wind und Wellen heftig gegen unser Boot schlugen, entschieden wir uns dafür, so schnell wie möglich in einen Hafen zu kommen. Assab war der nächstgelegene Hafen an der Küste Eritreas, aber als der Abend hereinbrach, nahm der Sturm zu und uns wurde bald klar, dass wir nicht so weit kommen würden. Wir konnten die Insel Perim sehen, daher dachten wir, wir sollten besser dort Schutz suchen. Aber dort gab es keinen sicheren Hafen für ein so kleines Schiff wie unseres. Wir hofften, da die Nacht kam, der Sturm würde in seiner Intensität nachlassen. Wir mussten noch lernen, dass, wenn der Sturm, den man „Shamal" (Nordwind) nennt, begann, es fast Mitternacht sein würde, bevor er zur Ruhe kam. Wir trieben auf die Felsen zu und es schien sicher, dass wir auf jeden Fall an den Felsen zerschellen würden, egal, was wir taten. Ich gebe zu, dass sich mein ganzer Nervenkitzel und die Freude, Kapitän zu sein, in Nichts auflösten. Ich begann zu erkennen, wie naiv ich gewesen war und wie wenig ich wusste. Wir warfen einen zweiten Anker aus, aber es machte nur einen geringen Unterschied. Unser Boot, das uns so stark erschienen war, dass es allem Stand halten konnte, war nur wie eine kleine Nussschale, die in diesen Wellen hin- und hergeworfen wurde. Wir fuhren in den Sturm hinein und kamen kaum ein Stück voran. Aber es war gerade genug, uns von den Felsen fernzuhalten, bis der Shamal schließlich gegen Mitternacht erstarb.

Am Morgen setzten wir unsere Reise bei ruhiger See in Richtung Assab fort. Eritrea war zu diesem Zeitpunkt Teil von Äthiopien, daher wussten wir, dass wir bei der Einfahrt in den Hafen die äthiopische Flagge hissen mussten. Wir hatten kein Funkgerät mit uns, daher fuhren wir ganz langsam in den Hafen und nahmen einen freien Liegeplatz. Dann sagte uns der Kapitän eines anderen Bootes, welches direkt hinter uns in den

Der Weitblick für die offene Tür

Hafen einlief, leise, dass wir die äthiopische Flagge verkehrt herum gehisst hatten! Ein kriminelles Vergehen! Wir korrigierten unseren Fehler in größter Eile!

Wir blieben in Assab, machten einige Reparaturen und konnten unsere Freunde in Aden und Asmara anrufen, sowie die Gemeinschaft mit einigen christlichen Freunden genießen, die im medizinischen Bereich arbeiteten.

Wir verließen Assab zwei Tage später im Laufe des Vormittags und nahmen erneut Kurs auf Massawa. Die See war ruhig und wir waren erfreut über unsere Fortschritte, als wir entlang der Küste segelten. Wir planten, wenn nötig, küstennahe Orte anzulaufen und Schutz zu suchen vor eventuellen weiteren Stürmen. Natürlich geschah dies um die Mittagszeit, als der Shamal erneut begann und die See rauer wurde. Wir segelten fast genau nach Norden, kamen aber kaum voran und am Ende des Nachmittags, als es noch schlimmer wurde, kamen wir vier mit dem Boot keinen einzigen Meter mehr vorwärts. Unser einheimischer Steuermann hielt weiterhin treu das Boot gegen den Wind, der nie nachließ, und Peter, Margaret und ich lagen auf dem Deck und hofften, dass wir nicht seekrank wurden. Ich begann mich zu fragen, ob ich mit dieser Art von Wetter zurechtkäme.

Aber erneut gegen Mitternacht legten sich Wind und Sturm und wir waren froh, bei einem kleinen Dorf Zuflucht zu finden, wo wir ankerten und die Nacht über ausruhten. Als die Sonne am nächsten Morgen aufging, war die See wieder friedlich und wir brachen früh auf, in der Hoffnung, diesmal ein ganzes Stück weiter segeln zu können. Wir waren erneut fröhlich und enthusiastisch – es war erstaunlich, wie unsere Emotionen mit den Wetterverhältnissen schwankten! Wir begannen auch zu fischen! Wir fingen Barrakudas, einige von ihnen waren nahezu fünfzig Zentimeter lang und brachten Abwechslung in unseren

Der Weitblick für die offene Tür

Speiseplan. Wir kamen gut voran, solange es ruhig war, aber gegen Mittag wurde der Wind erneut stärker und die Wellen höher. Wir versuchten ein Dorf namens Edd zu erreichen, wo Peter einige Leute kannte, und laut unserer Karte schien es nur ein paar Meilen entfernt zu sein. Aber mit der Zeit wurde uns klar, dass wir Edd niemals erreichen würden, solange der Sturm anhielt. Daher sahen wir uns nach einer möglichen Zuflucht um und erblickten bald in der Nähe der Küste eine Gruppe von Felsen. Wir dachten, dass wir hinter ihnen in Deckung gehen könnten. Als wir näher kamen, entdeckten wir hocherfreut eine kleine Bucht, die ideal zu sein schien, um dort Schutz zu finden.

Aber natürlich gab es da ein Problem. Um in die Bucht einzufahren, würden wir uns scharf nach links wenden müssen, was bedeutete, dass die Wellen auf die Bootsseite treffen würden und uns ganz leicht umkippen konnten. Als wir die Bucht erreichten, war ich im Maschinenraum und versuchte verzweifelt, den Motor am Laufen zu halten. Plötzlich schlug eine große Welle gegen unser Boot und eine große Menge Wasser schwappte hinein und durchnässte mich. Hatte ich Angst? Die Antwort war ein klares „Ja"! Dann erstarb der Motor – aber wenigstens war das Boot nicht umgekippt! Wir konnten nicht weiterfahren, daher ließen wir hastig die Anker herab und fragten uns, was als nächstes passieren würde.

Anfangs war es nicht so schlimm – wir waren nicht weit entfernt von Edd und die Einheimischen hatten gesehen, was passiert war. Sie kamen heraus und zogen uns in ihren Hafen; sie waren freundlich und hatten Mitleid mit uns. Aber sie glaubten nicht, dass dieses Problem eilig angegangen werden sollte, nachdem sie uns erst einmal in Sicherheit gebracht hatten, da wir überdies genügend Nahrungsmittel und Wasser hatten. Aus unserer Sicht sahen die Dinge sehr schlimm aus – wir hatten keine Möglichkeit, irgendjemanden zu kontaktieren,

Der Weitblick für die offene Tür

inklusive unseres Teams, wir waren also gestrandet. Das Meerwasser hatte den Motor beschädigt und nun stellten wir fest, dass die Batterie leer war, so dass wir den Motor nicht starten konnten, selbst wenn wir ihn hätten reparieren können.

Natürlich begannen wir zu beten! Wir waren sicher, der Herr war mit uns. Aber hier waren wir, Peter, Margaret und ich, nicht nur um uns selbst besorgt, sondern auch um das Team im Hauptquartier und die liebe Beryl. Wir sollten zu diesem Zeitpunkt unseren Bestimmungsort erreicht haben, aber da wir kein Funkgerät hatten, wussten unsere Leute nicht, was mit uns passiert war, ob wir gesunken waren oder in welchen Schwierigkeiten wir steckten!

Als wir beteten, schien es uns, wir sollten versuchen weiterzukommen und die Segel zu nutzen. Der Einzige mit Segelerfahrung war Peter, der in Australien ein kleines Boot gesegelt hatte. Sollten wir es wagen? Wie würden wir uns im nächsten Sturm auf offener See schlagen? Als wir den Einheimischen unsere Pläne mitteilten, starrten sie uns ungläubig an und warnten uns, dass wir in ernste Schwierigkeiten kommen würden, wenn wir versuchen würden ein Boot zu segeln, welches vollkommen ungeeignet für diese Art von Wetter war und noch dazu ohne Motor. Unser Steuermann, der seit der Abfahrt in Aden bei uns gewesen war, lehnte es jetzt ab, uns weiter zu begleiten! Aber irgendwie hatten wir die Gewissheit, dass der Herr mit uns sein würde und sagten das den Einheimischen, auch wenn sie unseren Glauben nicht teilten.

Als der Sturm wie gewöhnlich gegen Mitternacht erstarb, warteten wir bis tief in die Nacht, bevor wir zum Boot gingen, um es startklar zu machen. Und dann stellten wir fest, dass sich die Ketten der beiden Anker ineinander verheddert hatten und wir sie nicht an Bord ziehen konnten. Wir hatten keine andere

Der Weitblick für die offene Tür

Idee, um das Boot freizubekommen, als die Ketten per Hand durchzusägen, was Stunden in Anspruch nahm. Margaret versorgte uns mit Getränken, während Peter und ich uns beim Sägen durch den harten Stahl abwechselten. Schließlich befreiten wir das Boot von den Ketten, obwohl wir dabei beide Anker verloren! Wenigstens hatten wir noch einige kleinere Anker an Bord.

Es muss etwa 2 Uhr nachts gewesen sein, als wir endlich startklar waren. Wir wussten, dass am frühen Morgen eine sanfte Brise vom Land her aufkam, die uns helfen würde. Wir hissten die Segel und der Wind trug uns in die ruhige See hinaus. Es fühlte sich wunderbar an, so ruhig zu segeln ohne Motorengeräusch. Dann, als der Morgen anbrach, bekam ich eine besondere Zusage. Ich las in Jesaja 43, Vers 2: „Wenn du durch das Wasser gehst, werde ich mit dir sein."

War das nicht eine Zusicherung, dass wir richtig handelten, indem wir das Risiko auf uns nahmen, ohne Motor weiterzufahren? Also würde alles gut werden.

Erst später verstand ich wirklich das Wort des Herrn für uns an diesem Morgen.

Der Weitblick für die offene Tür

Kapitel 14 - Abenteuer – und keine Fortschritte!

Der Wind hatte uns weit hinaus aufs Meer getragen, obwohl wir immer noch die Küste sehen konnten und ich mir sicher war, dass die Einheimischen uns beobachteten. Es war alles sehr friedlich und wunderschön, aber nur für eine kurze Weile, bis der Wind begann sich zu drehen und langsam an Kraft zunahm. Bis zum späten Vormittag (am 23. September), war es unmöglich, das Boot zu steuern, und in dieser Situation waren unsere Segel unbrauchbar. Erneut waren wir wie eine Nussschale, die von der wütenden See hin- und hergeworfen wurde, und der Sturm bewegte uns immer weiter nach Süden – und nicht dorthin, wo wir hin wollten! Jetzt erkannten wir die Gefahr für uns, da dieser Küstenabschnitt bekannt ist für seine Korallen und Felsen knapp unter der Wasseroberfläche.

Plötzlich, direkt vor uns, sah ich eine fast glatte Stelle im Wasser, was nur eines bedeuten konnte – Felsen! Und wir steuerten direkt darauf zu! Erneut fühlte ich meine Hilflosigkeit und hatte Angst. Dann drehte plötzlich der Wind und zu unserem Erstaunen, unserer Freude und Dankbarkeit wurde das Boot weg von den Felsen gewirbelt und wir passierten sie auf unserer rechten Seite. Bald danach drehte der Wind wieder in seine ursprüngliche Richtung zurück.

Wir wussten, dass wir irgendwann an den Strand gespült würden, falls nicht noch weitere Felsen im Weg waren, aber plötzlich kam schon die nächste Bedrängnis. Der Knoten am Beiboot, welches wir mit uns führten, löste sich und wir sahen unser Beiboot, unsere einzige Hoffnung für den Fall, dass unser Boot auf einen Felsen auflaufen würde, wie es von den Wellen weggetragen wurde. Der Panik nahe rief ich Peter zu: „Was sollen wir tun?"

Er rief zurück: „Der Herr ist mit uns!" Das stimmte, aber in diesem Augenblick sah ich nur, wie unsere Rettungsleine verloren ging.

Es war nun gegen Mittag. Die See war hoch und die heiße Sonne brannte auf uns herab. Wir konnten sehen, dass wir auf das Festland zu trieben, aber etwa zehn Meilen südlich von dem Dorf, wo wir abgelegt hatten! Als wir hilflos hin- und hergeworfen wurden und der Küste näher kamen, fragten wir uns, ob sie wohl felsig wäre und fürchteten, in noch größere Schwierigkeiten zu kommen. Schließlich sahen wir zu unserer großen Erleichterung, dass wir uns auf einen Sandstrand zu bewegten. Da jede Welle das Boot anhob und uns näher ans Ufer brachte, schafften wir es gerade noch, den Anker auszuwerfen, bevor wir im Sand auf Grund liefen. Ich sprang hinaus ins Wasser, es war etwa achtzig Zentimeter tief.

Wir waren an dem allerschönsten Strand angekommen, den man sich nur vorstellen konnte. Kilometerweit weißer Sand, Sanddünen weiter landeinwärts und keine Menschenseele in Sicht. Die meisten Westeuropäer würden sich privilegiert fühlen, einen solchen Strand ganz für sich allein zu haben bei diesem strahlenden Sonnenschein und unter diesem klaren, blauen Himmel! Aber wir setzten uns nicht sofort hin und amüsierten uns! Ich ließ Peter und Margaret mit dem Boot zurück und machte mich zu Fuß auf den Weg, um zu sehen, ob ich unser verlorengegangenes Beiboot ausfindig machen könnte. Während ich am Strand entlang lief, dachte ich traurig darüber nach, was für ein trostloses Ende dies für die Bootsmission war. Warum ließ der Herr das zu? Dann sah ich plötzlich in der Ferne vor mir einen weißen Gegenstand, der an den Strand gespült worden war. Ich kam näher und sah, dass es

Der Weitblick für die offene Tür

unser eigenes „verlorenes und gefundenes" Beiboot war. Ich lief hin, berührte es und pries den Herrn. Dies hier war ein Zeichen, dass er immer noch mit uns war, genau hier, wo wir verloren waren. Ich zog das Beiboot höher auf den Strand, um es sicher zu verwahren, so dass ich, wenn die See wieder ruhiger war, zurückkommen und es zur „Noor al Hayat" rudern konnte.

Ich lief zu den anderen zurück und wir bereiteten uns darauf vor, am Strand zu zelten. Am frühen Abend tauchten ein paar Leute aus Edd mit einer kleinen, motorisierten Dhau (arabisches Segelschiff) auf. Sie waren sehr höflich und machten uns keinen Vorwurf, weil wir ihren Rat nicht angenommen hatten. Vielleicht waren sie erstaunt, uns alle wohlbehalten vorzufinden. Wir würden etwa zwanzig Männer brauchen, um die „Noor al Hayat" wieder ins Fahrwasser zu bringen, wenn der Wasserstand am Höchsten war. Aber dies bedeutete, dass einer von uns mit den Einheimischen nach Edd zurückkehren musste, um zu versuchen, noch mehr Männer zu überreden mitzukommen und uns zu helfen. Klar, dass ich derjenige war, der das tun musste. Ich sprang in ihr Boot und bald schon waren wir weg.

Wir waren nur ein paar Meilen weit gekommen, als ihr Motor erstarb! Sie beschlossen, das Boot hochgezogen am Ufer zurückzulassen und den Rest des Weges bis zum Dorf zu laufen. Inzwischen war die Nacht schnell hereingebrochen. Ich trug die „Futah" und ein Shirt, hatte aber keine Schuhe. Das war bis dahin auch kein Problem gewesen, aber als wir unseren Fußmarsch begannen, erkannte ich, dass meine Füße keinen Schutz hatten vor Steinen, Dornen, Skorpionen oder Schlangen. Ich hatte keine andere Wahl, als mit den Dorfbewohnern mitzuhalten, und bald waren meine Füße wund, und da es dunkel war, konnte ich nicht sehen, welche Verletzungen entstanden waren. Sogar in dieser Situation war der Herr nahe bei mir und auf einmal überreichte mir einer der

Der Weitblick für die offene Tür

Einheimischen seine Laufsandalen, die Art von Strandsandalen, die überall im Mittleren Osten getragen werden. Auch wenn sie nicht alle meine Probleme lösten, waren sie mir doch eine große Hilfe. Als wir schließlich das Dorf erreichten, bekam ich eine Hütte und etwas zu Essen. Ich muss dann vor Erschöpfung zusammengebrochen sein. Aller Stress und die Anspannung der vorausgegangenen schlaflosen Nacht überwältigten mich und ich schlief wie ein Stein, bis ich am Morgen aufwachte und mich ein ganzes Stück besser fühlte.

Jetzt musste ich mehr Männer zusammenbekommen, um mit ihnen zu Peter und Margaret und unserem gestrandeten Schiff zurückzukehren. Natürlich waren wir total in ihrer Hand und dass wussten sie. Feilschen war noch nie meine Stärke gewesen, aber ich musste es jetzt versuchen, da sie einen ziemlich hohen Lohn für ihre Hilfe verlangten. Wie dem auch sei, bald brach ich mit einer Gruppe Männer in einer anderen Dhau auf. Während wir uns dem wunderschönen Strand, an dem unser Boot lag, näherten, bekam ich einen ziemlichen Schock. Als das Wasser zurückgegangen war, war das Boot auf die Seite gekippt. Peter und Margaret waren eifrig damit beschäftigt, das Boot so weit wie möglich zu räumen und alle unsere Habseligkeiten an den Strand zu bringen. Als die Flut zurückkam, hatte sich das gestrandete Schiff anscheinend mit Wasser gefüllt. Es war ein sehr entmutigender Anblick. Wir waren nicht so sehr über unsere persönlichen Sachen besorgt, welche durch das Salzwasser kaputt gingen, aber alle Medizin, die wir mit uns führten, war nass geworden. Es schien das Ende der Bootsmission zu sein.

Die Männer aus dem Dorf warteten und als wir den Wasserstand für hoch genug hielten, versuchten wir alle, das Boot zurück ins Meer zu schieben. Aber wir konnten es nicht vom Fleck bewegen, da viel zu viel Wasser im Schiff war.

Der Weitblick für die offene Tür

Es war ein wunderschöner Strand, aber
wir waren völlig gestrandet!

Nachdem wir es über Stunden versucht
hatten, gaben die Männer auf und ließen
uns drei am Strand zurück.

Als wir ihnen zusahen, wie sie nach Edd
zurückkehrten, fiel es uns schwer nicht
zu verzweifeln. Was konnten wir nun
tun? Sollte einer von uns versuchen,
Hunderte von Kilometern zu laufen, um
Hilfe zu holen? Das war kaum machbar,
so abgeschieden wie wir waren. Wir
wussten, dass sich unsere Freunde, die
schon so lange keinerlei Nachrichten

wie unsere Rettungsleine

von uns erhalten hatten, große Sorgen machen würden. Ich
dachte immerzu an Beryl und was sie durchmachen würde.

Da es nichts anderes zu tun gab, luden wir die letzten Kisten
mit Medizin aus, die im Meerwasser unbrauchbar geworden
waren, als das Boot umgekippt war. Wir schätzten kaum die
Schönheit des Strandes, die Kilometer weißen, klaren Sandes
und das tiefe blaue Meer, als wir die nächsten zwei oder drei
Tage in der Nähe des Bootes zelteten. Als das Meer ruhig war,
fragten wir uns, ob dies alles ein Traum war – bis der Sturm
jeden Nachmittag oder Abend aufkam und unsere

Der Weitblick für die offene Tür

Niedergeschlagenheit sich in Dankbarkeit wandelte darüber, dass wir noch am Leben waren und ähnlich starke Stürme überstanden hatten. Gelegentlich tauchte ein einheimischer Stammesangehöriger auf und als er die ganzen Kisten mit Medizin am Strand liegen sah, bat er uns, ihm ein paar davon zu geben. Hier gab es ein weiteres Problem. Wir waren besorgt, dass einige der Medikamente in die falschen Hände geraten würden, da wir auch nicht alles die ganze Zeit über im Auge

Obwohl wir gestrandet waren, stellten Peter und Margaret alle Dinge vom Boot sicher, die sie konnten und sortierten sie

behalten konnten.

So saßen wir drei Tage an diesem wunderschönen Strand herum und fragten uns, was wir tun sollten. Schließlich entschieden wir, dass wir die Männer aus dem Dorf bitten sollten, ob sie uns helfen würden, das Boot noch einmal zum Schwimmen zu bringen. So verließ ich Peter und Margaret

Der Weitblick für die offene Tür

noch einmal und marschierte den Weg zurück zum Dorf (diesmal mit Schuhen). Als ich dort angekommen war, hatte ich mich mit den üblichen Verhandlungen zu befassen, aber ich wusste, dass wir letztlich jeden Preis, den sie verlangen würden, zahlen müssten. Schließlich einigten wir uns auf einen Preis und ich blieb die Nacht über im Dorf. Ich hoffte, dass ich sie dazu bringen würde, sich so weit zu organisieren, dass wir am nächsten Morgen zum Strand aufbrechen konnten.

Während sie sich fertig machten, hörte ich jedoch das Geräusch eines Flugzeuges. Dann sah ich es. Es kreiste über dem Dorf, flog dann nach Süden. Ich bekam den Eindruck, dass sie nach etwas suchten. Konnte es irgendetwas mit uns zu tun haben, fragte ich mich?

Schließlich brachen wir alle in einer Dhau auf, diesmal waren etwa dreißig Männer bei mir. Als wir ankamen, war der Wasserstand ziemlich hoch und wir begannen sofort zu schieben, zu ziehen und zu rufen. Ich zweifelte immer noch, dass wir es schaffen könnten. Aber dann, als der Wasserstand am Höchsten war, gelang es uns, das Boot in eine aufrechte Position zu kippen. Mit vereinten Kräften hievten wir das Boot mit Seilen und schoben gleichzeitig; so brachten wir es schließlich zum Schwimmen. Ein Freudenschrei ertönte. Wir alle, Einheimische und Fremde, waren erleichtert, letztlich doch Erfolg gehabt zu haben! Unser Boot schwamm wieder.

Aber natürlich war unser Motor immer noch nicht funktionsfähig und die Batterie war immer noch leer. Daher erklärten sich die Einheimischen bereit, uns zum Dorf zurück zu schleppen, da dies nunmehr der einzige Weg zu sein schien, diesen abgeschiedenen Ort zu verlassen. Zuerst mussten wir alles Gepäck zurück an Bord bringen, dann wurde ein Seil von der Dhau mit unserem Schiff verbunden und wir bewegten uns!

Der Weitblick für die offene Tür

Sobald wir losgefahren waren, begann der Schiffsrumpf sich mit Wasser zu füllen! Wir hatten eine alte Handpumpe an Bord und wechselten uns alle mit dem Pumpen ab, um den Wasserstand niedrig zu halten. Es war harte Arbeit und wir konnten den Wasserpegel gerade so halten, wenn wir konstant wie wild pumpten. Das Boot musste Schaden genommen haben, als wir auf den Strand geworfen worden waren; irgendwo musste ein Leck sein, das wir übersehen hatten. Wir kämpften weiter, aber wir waren noch nicht weit gekommen, als wir sahen, dass der Motor der Dhau Probleme machte. Die Last, die sie zu ziehen hatte, erwies sich insgesamt als zu viel für ihren Motor. Unseres war ein größeres, schwereres Schiff, teilweise mit Wasser gefüllt, und bald sagten die Dorfbewohner, dass sie uns nicht weiter schleppen konnten. Sie sagten, sie würden zum Dorf fahren und mit einer größeren Dhau zurückkommen. Wir entschieden, dass Peter und Margaret mit ihnen gehen würden, während ich mit zwei einheimischen Männern auf der „Noor al Hayat" blieb.

So verließen sie uns und als es dunkel wurde, pumpten wir weiter das Wasser aus dem Schiffsrumpf. Aber trotz all unserer Bemühungen, stieg das Wasser weiter und es sah sehr danach aus, dass die „Noor al Hayat" sinken würde. Es war fast Mitternacht, als klar wurde, dass wir nicht länger weiter pumpen konnten – wir waren alle erschöpft. Wir brauchten ein Wunder. Mein Herz muss zum Herrn geschrien haben, denn plötzlich hörte das Wasser im Boot aus nicht erkennbarem Grund auf zu steigen! Warum? Bis zum heutigen Tag habe ich keine Antwort, außer dass es offensichtlich ein Wunder war. Mir gefällt die Vorstellung, dass ein Fisch in dem Loch feststeckte! Obwohl keiner von uns in dieser Nacht viel Schlaf bekam, mussten wir wenigstens nicht schwimmen!

Als der Morgen anbrach, war das Meer wunderbar ruhig und schließlich kamen die Dorfbewohner zurück mit einer stärkeren

Der Weitblick für die offene Tür

Dhau und zogen uns die Küste hoch, bis zum Hafen von Edd. Es war demütigend, hereingeschleppt zu werden mit einem beschädigten Rumpf, besonders da wir von unserer Zuversicht zum Herrn gesprochen hatten, als wir ein paar Tage zuvor weggesegelt waren. Als wir aufgebrochen waren, hatte der Herr durch sein Wort gesprochen: „Wenn du durchs Wasser gehst, werde ich mit dir sein." Warum war all dies geschehen? Dann begann ich zu verstehen, dass es nicht bedeutete, dass wir keine Probleme haben würden, sondern dass er bei uns sein würde in unseren Problemen. Das war sein Versprechen und wir erlebten es tatsächlich.

Der Weitblick für die offene Tür

Kapitel 15 - Die Rettung

Da waren wir also wieder in Edd und warteten, hofften und beteten über unsere nächsten Schritte. Soweit wir wussten, war niemandem außerhalb bekannt, was uns gerade passierte, und mit unserem beschädigten Schiff konnten wir auch nicht weiter reisen. Aber nach etwa drei Tagen fuhr zu jedermanns Erstaunen ein Jeep in das Dorf und Bruno, ein Mitglied unseres Teams, stieg aus! Er und sein Führer hatten diese sehr raue und schwierige Reise unternommen, um uns zu suchen. Wir waren überglücklich ihn zu sehen. Er berichtete uns, dass das Flugzeug, welches wir ein paar Tage zuvor gesehen hatten, tatsächlich von der US Air Force war. Nachdem unsere Teammitglieder in Asmara keine Nachricht erhalten hatten und sich immer mehr Sorgen machten, wandten sich einige Freunde an Männer von der Air Force–Basis in Asmara und baten sie, ob sie ein Flugzeug die eritreische Küste entlang schicken könnten, um uns zu suchen. Zu jedermanns Erleichterung sichteten sie uns an unserem einsamen Strand und es wurde beschlossen, dass Bruno die Küste herunterfahren sollte, um uns zu finden.

Nach dem üblichen Austausch von Neuigkeiten und Freudenausbrüchen beschlossen wir, die leere Batterie vom Motor die Küste hinunter nach Assab, dem ersten Hafen, an dem wir an der eritreischen Küste angelegt hatten, mitzunehmen. Wir ließen eine Wache mit dem Boot zurück und schichteten uns alle in den Jeep. Es war eine holprige Fahrt, da die Straßen in diesen Teilen wirklich nur Feldwege waren. Wir benötigten etwa einen Tag, um Assab zu erreichen, und blieben dort bei unseren guten Freunden, die überrascht waren, uns wieder zu sehen. Wie angenehm es war duschen zu

Der Weitblick für die offene Tür

können, kühles Wasser zu haben und endlich ein Bett zum Schlafen! Unsere Freunde vom Missionshaus waren überaus freundlich zu uns.

Als die Batterie wieder aufgeladen war, machten wir uns entlang der Küste auf den Weg zurück nach Edd. Diesmal schenkten wir der Landschaft mehr Aufmerksamkeit, die mehr wie eine Mondlandschaft aussah als alles andere, vollkommen trocken mit Felsen und endlosem Sand. Sie war größtenteils unbewohnt, mit

Funktionierender Motor, aber ein im Wasser treibendes Ruder!

Ausnahme der Afar, und wir stießen nur vereinzelt auf einige.

Gefangen! ... eine nette Abwechslung bei all den Schwierigkeiten auf See und unsere Verpflegung.

Wir waren froh, zurück nach Edd und zum Boot zu kommen und schlossen die Batterie bald wieder an den Starter an. Es dauerte seine Zeit, bis wir den Motor getrocknet und gereinigt hatten, aber schließlich brachten wir ihn zu unserer großen Erleichterung wieder zum Laufen. Wie wir uns freuten – doch plötzlich zogen an diesem Nachmittag neue Schwierigkeiten auf! Der Wind nahm zu und die See wurde sehr rau und obwohl wir im Hafen waren und dachten, wir hätten etwas Schutz, begannen die

Der Weitblick für die offene Tür

starken Wellen das Boot in Richtung des Flachwassers zu treiben. Der Anker konnte es nicht halten. Dann gab es ein knirschendes Geräusch, als ob das Boot an einen Felsen gestoßen sei – oder den Boden gestreift hätte. Doch als wir das Ruder im Wasser treiben sahen, wurde uns klar, dass das Geräusch daher gekommen war, weil es sich gelöst hatte. Jetzt hatten wir ein Boot mit Motor, aber nichts, mit dem wir steuern konnten! Ich fragte mich, ob wir wohl jemals wieder segeln würden! Mit Hilfe der Einheimischen jedoch, die uns alle möglichen guten Ratschläge zuriefen, und nach zahlreichen streit Gesprächen brachten wir es schließlich fertig, das Ruder in seiner alten Position wieder einzubauen.

Wir wussten, dass wir so bald wie möglich aufbrechen mussten. Bruno würde seinen Jeep zurück nach Massawa bringen, dem Hafen, an dem er stationiert war, und wir würden das Boot die Küste entlang segeln, in der Hoffnung, in ein paar Tagen dort zu sein. (Es war ein Trost zu wissen, dass unsere Lieben sich keine Sorgen mehr zu machen brauchten.)

Als wir Edd am frühen Morgen verließen, waren wir so dankbar, dass der Herr uns durch alle unsere Schwierigkeiten wohlbehalten hindurch gebracht hatte. Wir waren noch am Leben und unser Boot fuhr wieder. Wir hatten keine weiteren Verzögerungen und kamen irgendwann am Nachmittag in Thio an. Dies war Peter und Margarets Bestimmungsort. Das Team hatte eine Schule und eine Klinik in Thio und wir genossen die Gemeinschaft mit den beiden dort stationierten Frauen. Peter und Margaret sollten die nächsten sechs Monate mit ihnen verbringen und ich freute mich, da für sie die Abenteuer-Reise zu einem Ende gekommen war und sie sich nun zu einem „normalen" Leben niederlassen konnten.

Aber bevor ich Thio verließ, bemerkte ich, dass das Wasser im Boot erneut zu steigen begann. Offensichtlich würde ich das

Der Weitblick für die offene Tür

Boot trockenlegen müssen, um nach dem Rumpf zu sehen, bevor ich weiterfahren konnte. Nördlich von Thio gab es einen kleinen Hafen, namens Marsa Fatima und ich brachte das Boot während der Flut mit Hilfe einiger Einheimischer dorthin. Als das Wasser zurückging, befand sich der Rumpf größtenteils über dem Wasserspiegel und konnte untersucht werden. Wir konnten jedoch keine komplette Untersuchung durchführen. Jetzt musste ich entscheiden, ob ich das Risiko eingehen wollte, weiterzufahren in der Hoffnung, dass wir das Boot mit der Handpumpe und Eimern über Wasser würden halten können, falls es einen weiteren unentdeckten Schaden gäbe. Das war keine leichte Entscheidung, da wir nun an einem Küstenabschnitt mit vielen Felsen und Untiefen waren. Einige der Einheimischen wollten nach Massawa mitgenommen werden. Ich fragte mich jedoch, ob ich es wagen konnte, die Verantwortung für ein leckgeschlagenes Schiff zu übernehmen. Es gibt Zeiten im Leben, in denen wir eine Entscheidung treffen und den Konsequenzen dabei ins Auge sehen müssen. Ich beschloss, weiter nach Massawa zu fahren. Dies sollte die Ausgangsstation für die zukünftige Arbeit mit dem Boot sein. Dabei war mir bewusst, dass die Fahrt für alle an Bord gefährlich sein würde.

Da der Motor lief und wir gut vorankamen, war die Fahrt über Tag gar nicht so schlecht, solange wir die Küstenlinie sehen konnten und einen wachsamen Blick für Felsen hatten. Als jedoch die Nacht hereinbrach, wussten wir alle, dass es gefährlicher werden würde. Inzwischen konnte ich dem aufgeschnappten Wissen in Navigation bei meiner ersten Ausreise in den Mittleren Osten, ein wenig Erfahrung hinzufügen. So zeichnete ich unseren Kurs so gut ich konnte auf, wich markierten Felsen und Untiefen aus und steuerte anhand der Karte und des Kompasses, die wir an Bord hatten. Einige der Einheimischen schliefen, andere beobachteten uns ängstlich. Der Herr war gut zu uns, da der Mond herauskam

Der Weitblick für die offene Tür

und uns wenigstens etwas Licht gab. Aus den Seekarten hatte ich herausgelesen, dass, wenn wir auf dem richtigen Kurs waren, wir bald das Licht eines Leuchtturms sehen würden. Daher bat ich einen einheimischen Mann, sich in den Bug zu setzen und Ausschau nach dem Licht zu halten, wie schwach es auch sei.

Als die Zeit verging, bekam ich große Angst, meine Zweifel nahmen mit jeder Minute zu, da ich fürchtete, einen Fehler gemacht zu haben. Plötzlich rief der Wachmann, dass er ein Licht sähe und ich eilte nach vorn, um es selbst zu sehen. Was für eine Erleichterung! Wir waren auf dem richtigen Kurs und ich hatte mich nicht geirrt. Die Einheimischen freuten sich mit mir. In dieser Nacht bekamen wir nicht viel Schlaf. Wir passierten den Leuchtturm und setzten unseren Kurs auf den Hafen von Massawa, wo wir um etwa vier Uhr morgens

ankamen. Die Reise, die nur ein paar Tage hätte dauern

Unser Boot im Trockendock von Massawa und das
Ende der Bootsmission

Der Weitblick für die offene Tür

sollen, hatte tatsächlich über einen Monat gedauert!

Es war das Ende einer heldenhaften Reise für mich, aber es war auch der Anfang vom Ende der Bootsmission mit der „Noor al Hayat". Ein paar Tage später wurde sie zur Inspektion und Reparatur in ein Trockendock gebracht und das Leck im Rumpf wurde gefunden. Zuletzt war uns allen klar geworden, dass das Boot für seinen Zweck, soweit es unsere Arbeit betraf, ungeeignet war. Es war ursprünglich für die tiefen Wasser des Mittelmeers konstruiert worden und wir hatten es instabil gemacht, indem wir einen Aufbau an Deck mit einem Dach errichtet hatten, damit wir eher dort als in der Hitze der Kabinen schlafen konnten. Nachdem sie repariert war, blieb die „Noor al Hayat" vor Anker, während wir nach einem Käufer suchten, der sie uns abnahm.

Kapitel 16 - Leben in Massawa

Ich blieb nun in Massawa, lebte in dem vom Team angemietetem Haus mit Bruno, Martha und ihrer Familie. Sie hatten eine Wohnung im ersten Stock des Hauses und ich hatte mein eigenes großes Zimmer im Erdgeschoss. Ich musste mich an das völlig andere Leben in Massawa gewöhnen, aber auch nach dem im Hafen vor Anker liegenden Boot sehen, bis es verkauft war. So war es sehr angenehm einen Platz zu haben, an dem ich manchmal meine Ruhe hatte, und dann auch wieder die Gemeinschaft mit meinen deutschen Kollegen haben konnte.

Massawa war früher einmal Teil der italienischen Kolonie Eritrea gewesen und die Häuser waren im italienischen Stil gebaut worden mit großen Räumen und hohen Decken. Die einheimische Bevölkerung war sehr gemischt. Dort wurden über sieben verschiedene Sprachen gesprochen und die ganze Atmosphäre war völlig anders als die, die ich von Aden gewohnt war. Wir lebten in der Nähe des Hafens, dem Haupthafen Eritreas, und es ging dort ziemlich rau zu! Bars und Bordelle zogen sich entlang der Hauptstraße. Prostituierte liefen öffentlich auf der Straße herum, auf der Suche nach Kunden. Es konnte sehr unangenehm sein, wenn man in der Stadt unterwegs war, denn es kam vor, dass eine Frau nach deiner Hand griff und versuchte, dich in ihr Zimmer zu zerren, und du musstest dich entziehen. Einmal sah ich einen jungen Seemann die Straße entlang gehen, als eine dieser Frauen seine Hand zu fassen bekam, und obwohl er wirklich nicht mitgehen wollte, war er nicht entschlossen genug und sie nahm ihn erfolgreich mit zu sich „nach Hause". Nach dem Jemen war dies ein echter Kulturschock für mich. Die meisten dieser sogenannten „Ladies" kamen aus dem Hochland und waren nominell „Christen" aus einem koptischen Hintergrund. Natürlich waren die Moslems schnell dabei, uns auf ihren unmoralischen Lebenswandel hinzuweisen, wenn wir versuchten, ihnen das Evangelium weiterzugeben.

Bruno ging oft auf medizinische Einsätze an abgelegene Orte und es machte mir große Freude, ihn und seinen einheimischen Führer zu begleiten. Er nutzte seinen Jeep als mobile Klinik. Er war kein Arzt, aber hatte einen Kurs an der Schule für Tropenmedizin in London absolviert und sich außerdem eine Menge Wissen durch praktische Erfahrung angeeignet. Als wir in ein Dorf kamen, öffnete er die Rückseite des Jeeps, wo er ein Schränkchen mit Medizin und Ausrüstung hatte; das war sein „Behandlungs-Zentrum" für eine Vielzahl an Beschwerden und Erkrankungen. Damals lernte ich eine Menge von Bruno und dies erwies sich für meine spätere medizinische Arbeit als sehr hilfreich.

Der Bedarf war so immens groß, angefangen von Würmern, Husten, Atemwegserkrankungen, offenen Wunden, Zähnen, die gezogen werden mussten, bis hin zu Malaria und Tuberkulose. Unterernährung bei Kindern und Babys war ziemlich alltäglich, sowie gynäkologische Erkrankungen bei den Frauen. Natürlich waren unsere Einsatzmöglichkeiten begrenzt. Wir gaben in der Regel Ratschläge, Spritzen und Tabletten; wir nähten sogar Wunden. Wenn wir entschieden, dass der Patient in ein Krankenhaus gehen sollte, versuchten wir die Familie zu überzeugen, ihn dorthin zu bringen. Ich stellte fest, dass, wenn der Kranke ein Mann war, er eine bessere Chance hatte, ins Krankenhaus gebracht zu werden, als wenn es eine Frau war. Ich fragte mich, ob dies ein Indiz für den Wert eines Mannes im Vergleich zu einer Frau war.

Der Weitblick für die offene Tür

Unsere „Klinik" in She'eb

Nördlich von Massawa, an einem Ort namens „She'eb" mietete Bruno eine kleine hölzerne Hütte, das wurde seine „Klinik" und hier konnten wir über Nacht bleiben. Doch wenn wir zu unseren wöchentlichen oder zweiwöchentlichen Besuchen kamen, mussten wir zuerst sauber machen, bevor wir mit unserer medizinischen Arbeit beginnen konnten! Gewöhnlich blieben wir etwa zwei Tage, so dass sich die Nachricht vom Kommen des „Doktors" oder „Hakims" herumsprechen konnte. In dieser Region gab es hauptsächlich saisonale Landwirtschaft. Die Menschen zogen in diese Gegend, wenn der Regen des Hochlandes wertvolles Wasser brachte und große Gebiete bebaut werden konnten und eine reiche Ernte an Mais und einer Art Weizen („ber") brachten. Sie sprachen einen einheimischen Dialekt, aber die Männer verstanden meistens auch etwas Arabisch. Wir nahmen üblicherweise einige Exemplare der Evangelien mit uns und wenn wir jemanden trafen, der lesen konnte, versuchten wir, ihm das Wort Gottes weiterzugeben. Das Bedürfnis nach medizinischer Versorgung war so groß, dass Menschen immer noch ankamen und nach Hilfe fragten, wenn wir schon zum Aufbruch zusammenpackten.

Der Weitblick für die offene Tür

Ein- oder zweimal im Jahr packte Bruno den Jeep und fuhr in Richtung Inland los, fast eine Tagesreise von Massawa entfernt, durch sandiges, raues Terrain, wo man leicht den Pfad verlieren konnte. Wenn ich mit Bruno fuhr, musste ich feststellen, dass nichts den feinen Sand hindern konnte, in meine Nase und Augen zu gelangen, trotz des ganzen Schutzes, den ich trug. Als wir gegen Abend durstig und verschwitzt in Badda ankamen, breitete sich eine große Ebene vor meinen Augen aus. Sie sah unfruchtbar aus und doch floss das Wasser von den Bergen in diese Gegend. Dies war eine der anderen Regionen mit saisonaler Landwirtschaft, wo Menschen vom Hochland und von anderen Gegenden für ein paar Monate hinkamen, hauptsächlich in der Regenzeit. Wenn das Wasser die Berge herunter floss, füllte es das Bassin, verdunstete und es bildeten sich große Salzflächen, aus denen Karawanen aus dem Hochland Stücke herausschnitten und mitnahmen, um damit zu handeln. Es war ein sehr schwieriger Ort, um eine Woche lang dort zu leben! Es dauerte nicht lange und ich konnte meinen Durst nicht mehr stillen, egal wie viel ich trank! Badda liegt etwa dreihundert Meter unter dem Meeresspiegel, was es zu einer der heißesten Gegenden auf der Erde macht!

Bruno und ich blieben in einer Hütte und die Leute kamen zu uns mit ihren vielen verschiedenen Krankheiten und Problemen, da es keine andere medizinische Hilfe in dieser Region gab, und das nächste Krankenhaus etwa hundertfünfzig Kilometer entfernt war. Ich sah, dass viele Menschen an Blutarmut zu leiden schienen und sich über Schmerzen im Unterleib beklagten, die wahrscheinlich durch Hakenwürmer verursacht wurden. In dieser Gegend waren Hakenwürmer weit verbreitet. Sie wurden mit dem Wasser, das die Menschen tranken und zum Waschen benutzten, aufgenommen. Wir behandelten die Leute mit einem Beutelchen Medizin, die in einem Glas Wasser aufgelöst eingenommen wurde, und danach mit einer Reihe von Tabletten, aber natürlich hatten sie sich bis zu unserem nächsten Besuch durch ihre Lebensweise schon wieder neu infiziert. Ein weiteres allgemeines Bedürfnis bestand in der Behandlung von Zähnen und sie schätzten unsere Fertigkeiten im Zahnziehen sehr.

Wir behandelten eine Vielzahl anderer Erkrankungen, einschließlich Malaria und Atemwegserkrankungen, aber wenn ein Krankenhausaufenthalt nötig wurde, mussten die Leute etliche Tage reisen, um weitere Hilfe zu bekommen – nahezu in eine andere Welt. Es war entsetzlich, sie leiden zu sehen, und wie so oft waren die Frauen diejenigen, die am meisten unter dem Trauma der Krankheit litten. Im Vergleich zu den Bedürfnissen der Menschen schienen unsere Dienste sehr begrenzt und unbedeutend wenn unsere Woche zu Ende war und wir zur Abfahrt bereit waren, machte sich die intensive Hitze bei uns bemerkbar und wir waren froh, in ein milderes Klima und etwas mehr Komfort, wie fließendes Wasser, zurückzukehren!

Wenn wir nicht auf medizinische Einsätze gingen, versuchte ich einen Weg zu finden, die einheimischen Männer zu erreichen. Die Besuche der Teeläden war in Massawa aufgrund der Mischungen von Sprache und Kultur nicht so effektiv wie in Aden, aber nach einiger Zeit fand ich heraus, dass es eine Anzahl entlegener Ortschaften gab, in denen die Menschen überwiegend aus einem muslimischem Hintergrund kamen. Obwohl nicht weit entfernt vom Zentrum Massawas, war das Leben an diesen Orten weit primitiver und es gab kaum Strom. Die Häuser waren nur Holzhütten und die Einrichtung war sehr einfach – Tisch und Stühle waren oft nur aus Holzbrettern gemacht – sehr unbequem! Doch wenn ich die Menschen mit dem Evangelium erreichen könnte, war Bequemlichkeit nicht wichtig. Für gewöhnlich ging ich am späten Nachmittag hinaus, es war etwa eine halbe Stunde Fußmarsch, obwohl ich

Der Weitblick für die offene Tür

manchmal auch einen örtlichen Transport zu den Dörfern bekommen konnte.

Nach einiger Zeit fand ich, dass das Reden in den Teeläden schwierig war für einen Fragenden oder jemanden, der am Evangelium interessiert war, aus Angst vor all den Menschen drum herum. Daher entschloss ich mich, eine Holzhütte für einen Treffpunkt zu mieten. Es war nur ein Raum mit einem unebenen Erdboden. Er war möbliert mit einem wackeligen, hölzernen Tisch und einer Öllampe darauf, es gab ein oder zwei Stühle und eine Holzbank (die aussah, als würde sie bald zusammenbrechen, besonders wenn ein paar Männer auf ihr saßen). Wenn ich auf dem Markt Menschen traf, die Interesse zeigten, lud ich sie zu „mir nach Hause" ein. Ich saß dann am Nachmittag oder Abend mit ein paar Bibeln auf dem Tisch und wartete darauf, dass Menschen kamen. An manchen Abenden kam niemand, während ein anderes Mal eine ganze Gruppe hereinkam. Es waren überwiegend Muslime und einige sprachen sogar etwas Englisch. Manche konnten sich auf Arabisch unterhalten, auch wenn es begrenzt war. Aber nach nur ein paar Monaten wurde dieser Ort geschlossen – der Grundbesitzer wollte den Platz zurück oder wollte mich raus haben; es kam auf dasselbe heraus. Natürlich hatte es sich herumgesprochen, dass ein Ausländer, der arabisch sprach, den Ort nutzte, um über das Evangelium zu reden. Meine Zeit in Massawa zeigte mir, dass es entlang der Küste des Roten Meeres große Landflächen gab, die ohne medizinische Dienste mit dem Evangelium unerreicht blieben. Es gab so viele Menschen mit tiefen geistlichen und körperlichen Bedürfnissen, die über Land erreicht werden konnten – aber da waren immer noch die unberührten Inseln. Was für eine Herausforderung lag vor uns!

Außerdem hatte ich auch einige emotionale Kämpfe zu überstehen, während ich in Massawa lebte. Ich war nun schon

Der Weitblick für die offene Tür

seit mehr als zwei Jahren im Team und ich wartete noch immer auf meine liebe Beryl. Sie fand das Leben in Sheikh Othman nicht einfach, wo sie das zweite Jahr ihres Sprachkurses absolvierte. Mein Herz sehnte sich ständig nach ihr und in mir baute sich allmählich Groll gegenüber dem Team auf, weil sie uns warten und warten ließen. Noch nicht einmal ein Datum war erwähnt worden, an dem wir planen konnten zu heiraten. Nach den Teamgrundsätzen musste Beryl zwei volle Jahre auf dem Missionsfeld sein. Ich fragte mich ständig: „Warum?" – Es schien fast zu viel, so lange warten zu müssen!

Schließlich setzte ich mich hin und schrieb einen Brief und es war nicht gerade freundlich, wie ich meine Beschwerde formulierte! Doch aus irgendwelchen Gründen hatte ich keinen Frieden darüber, den Brief in den Briefkasten zu stecken. Ich hatte bereits erlebt, dass es nicht immer weise oder richtig ist, für sich selbst zu kämpfen. Ich hatte das Prinzip immer wieder überprüft: „Wenn ich für mich kämpfe, wird der Herr nicht für mich kämpfen." Es lief alles darauf hinaus, ob ich dem Herrn vertrauen würde, dass er es für mich richten würde. Daher zerriss ich schließlich den Brief und übergab alles unserem Herrn. Und dann begann sich alles zu klären!

Der Weitblick für die offene Tür

Kapitel 17 - Der große Tag - endlich!

Völlig unerwartet trat die Teamleitung mit der Frage an uns heran, ob wir bereit wären, im Sommer zu heiraten, da ein Paar benötigt wurde für die Station in Massawa, um den Platz von Bruno Herm und seiner Familie zu übernehmen, die im Sommer 1965 auf Heimaturlaub fuhren! Sie schlugen sogar vor, dass die Hochzeit in der ersten Juliwoche sein sollte. Ich war ganz außer mir vor Freude, aber Beryl fand es ein bisschen schwierig, dass sie noch nicht einmal ihr eigenes Hochzeitsdatum wählen konnte! Doch wir fuhren mit unseren Planungen so gut es ging fort. Natürlich war die Verständigung nicht ideal! Es konnte zwischen zwei und drei Wochen dauern, wenn ich einen Brief an Beryl schrieb, bis ich eine Antwort bekam. Es war nicht leicht, eine Hochzeit in einem fremden Land vorzubereiten, wenn man weit weg von seinen Familien und Freunden war.

Beryls Kleid war fast fertig – eine der Frauen, die mit ihr Arabisch studiert hatte, fertigte es an. Mary war eine geschickte Schneiderin und Aden war ein wunderbarer Ort, um Material einzukaufen; es gab jede Menge wunderschöner, glänzender Satin- und Seidenstoffe. Es gab während dieser Zeit eine große Anzahl Einwanderer in Aden und Geschäfte in einer Gegend namens Khormaksa, die alles vorrätig hatten, was sie gebrauchen konnten. Sie konnten ein Schnittmuster kaufen und Knöpfe überziehen lassen, die im traditionellen Stil den ganzen Rücken entlang auf das Kleid genäht wurden. Es war nicht einfach, ein rein weißes Kleid zu nähen, da Sheikh Othman ein so staubiger Ort war, und die Frauen mussten weiße Leinentücher benutzen, um den Stoff in jedem Stadium der Herstellung zu schützen.

Der Weitblick für die offene Tür

Wir vereinbarten, in Asmara im „Gospel Centre", das von der SIM (Sudan Inland Mission) geleitet wurde, zu heiraten und der Empfang sollte nach dem Gottesdienst im Italienischen Club stattfinden. Ich fragte Bruno, ob er mein Trauzeuge sein wollte, und seine zwei Töchter sollten die Brautjungfern sein. Da Beryls Vater bereits 1961 nach langer Krankheit verstorben war, übernahm Mr. Budd die Aufgabe, Beryl zum Altar zu führen. Dann entschied sich Beryls Mutter zu unserer großen Freude herzufliegen – ein großes Unterfangen für sie. Ich glaube nicht, dass sie vorher schon einmal in einem Flugzeug gewesen war.

Der Plan war, dass Beryl ein paar Wochen vor unserer Hochzeit nach Asmara kommen sollte, so dass wir noch etwas Zeit hatten, die Details abzuklären. Ich weiß nicht, wie ich durch die letzten Wochen kam, in denen ich auf ihre Ankunft wartete. Die lange Trennung hatte sie mir noch kostbarer werden lassen.

Aber endlich kam der große Tag, an dem ihr Flugzeug ankommen sollte. Ich war so aufgeregt. Ich backte einen besonderen Kuchen, kaufte einige wunderschöne rote Rosen und ging zum Flughafen, um sie abzuholen. Das Flugzeug landete – aber was für ein Schock! Beryl war nicht im Flugzeug! Ich war schrecklich enttäuscht.

Schließlich erfuhr ich, was passiert war:

Beryl hatte vor einiger Zeit ein Arbeitsvisum in Äthiopien beantragt. Diese Dinge brauchten gewöhnlich viele Monate, aber zu jedermanns Überraschung war Beryls Visum innerhalb von ein paar Wochen bewilligt worden. Das Problem war, sobald das Visum erst einmal in ihrem Pass war, sie es innerhalb von ungefähr zehn Tagen in Anspruch nehmen und in Äthiopien einreisen musste, was allerdings viel zu früh war, da sie immer noch ihr Arabisch-Studium beenden und das

109

Examen machen musste. Die Botschaft willigte ein, das Visum für sie aufzubewahren, bis sie bereit für die Reise war. Aber als Mr. Budd ein paar Wochen vor der Hochzeit zur Botschaft ging, um das Visum zu holen, konnte es nicht gefunden werden! Er ging Tag für Tag erneut dorthin, in der Hoffnung, es wäre mittlerweile aufgetaucht, und Beryl schloss ihre Reisevorbereitungen ab und war zur Ausreise bereit. Das Visum wurde nicht gefunden und Beryl musste den Flug verpassen – sie hatte keine Möglichkeit, es mir mitzuteilen. Schließlich fiel jemandem in der Botschaft eine Lösung ein – oder vielleicht waren sie auch die Belästigungen leid – sie schlugen vor, sie solle ein Touristen-Visum beantragen, das dann in Asmara in ein dauerhaftes Visum umgeschrieben werden konnte, sobald wir verheiratet waren.

So wartete ich eben noch ein bisschen länger und ging schließlich erneut zum Flughafen und traf mein wunderbares walisisches Mädchen. Als sie aus dem Flugzeug stieg, sah sie für mich noch schöner aus als sonst! (Ich hatte ein paar frische Blumen gekauft, aber der „Willkommens-Kuchen" war inzwischen gegessen!)

Wir hatten nicht mehr viel Zeit bis zu unserem großen Tag und es waren noch viele Dinge zu entscheiden. Meine Schwester Gisela hatte in letzter Minute beschlossen, zur Hochzeit zu kommen, so hatten wir wenigstens ein Mitglied aus jeder Familie dabei. Ich fragte mich, wie Gisela unter den Missionaren zurechtkommen würde, die auf der Hochzeit sein würden. Sie war und ist immer noch eine einzigartige Frau – sie kleidet sich überaus schick und supermodern. Ich fragte mich, wie sie auf das Team wirken würde, die sie eher aufsehenerregend finden mochten! Aber tatsächlich wandte sich alles zum Guten dank der Freundlichkeit der Teammitglieder und Gisela selbst, die wirklich liebenswert ist und sich für andere Leute interessiert. Ich wurde etwas

Der Weitblick für die offene Tür

verlegen, als sie ein Sonnenbad nehmen wollte! Ein Missions-Hauptquartier im Mittleren Osten ist nicht unbedingt ein Platz für „Sonnenanbeter" und wir waren sehr darauf bedacht, keinen Anstoß bei den Einheimischen zu erregen. Also musste eine Lösung gefunden werden. Ein Teil des Gartens wurde mit einem Sichtschutz aus Stühlen und Decken abgesperrt, so dass Gisela in völliger Privatsphäre etwas brauner werden konnte! Ich glaube nicht, dass das Team jemals zuvor vor einer solchen Herausforderung gestanden hatte!

Was für eine Freude war es, als Beryls Mutter nach einem abenteuerlichen Flug ankam – sie war in demselben Flugzeug wie der indische Ministerpräsident, der bis nach Kairo geflogen war. Spezielle Sicherheitsmaßnahmen waren notwendig gewesen, daher war für Beryls Mutter der erste Flug ein Erlebnis, das sie nie vergaß.

Alles verlief ganz nach Plan, dachten wir, bis wir die Nachricht erhielten, dass die Termine geändert worden waren und die Linienschiffverbindungen für die Rückreise der Familie Herm nach Deutschland nun zehn Tage früher von Massawa aus gingen als vorgesehen. So verloren wir mit einem Schlag unseren Trauzeugen und die Brautjungfern! Es blieb uns nichts anderes übrig, als sich darauf zu verlassen, dass Mr. Budd die Lücken irgendwie füllen würde!

Zwei Tage vor der Hochzeit verließen wir das Einwanderungsministerium, während Beryl plötzlich fast ohnmächtig wurde, als wir in den Jeep steigen wollten! Sie hatte sich eine Magen-Darm-Infektion zugezogen und es gab einige besorgniserregende Momente. Aber durch die Gnade Gottes und der fürsorglichen Pflege der Teammitglieder einschließlich Dr. Gurney war sie bis zum „großen Tag", an dem unsere Hochzeit stattfinden sollte, weitgehend genesen, obwohl sie sich immer noch sehr schwach fühlte.

Der Tag begann mit der standesamtlichen Trauung im Britischen Konsulat, welche mich sieben Schilling und sechs Pence kostete – ein geringes Entgelt! Die Beamtin des Konsulats, die durch die Zeremonie führte, schien etwas Schwierigkeiten zu haben, meinen Namen auszusprechen. Gisela schien dabei zu weinen. Später erzählte sie uns, dass sie versucht hatte, ihr Lachen zu unterdrücken bei der fehlerhaften Aussprache der Konsulatsbeamtin! Da die kirchliche Trauung erst nachmittags war, hatten wir nach der standesamtlichen Trauung noch ein bisschen Zeit und ein sehr schönes Mittagessen in einem italienischen Restaurant mit Beryls Mutter, Gisela und Mr. Budd. Dann trennten wir uns, um uns für den Gottesdienst am „Gospel Centre" umzuziehen.

Ich hatte meinen Hochzeitsanzug aus England mitgebracht, als ich nach Aden kam. Und obwohl ich ihn bei meinen Sachen auf der „Noor al Hayat" hatte, war er vor einer Wäsche im Roten Meer bewahrt geblieben, als das Wasser ins Boot drang, da ich ihn an einem sicheren Ort verwahrt hatte. Ich freute mich darauf Beryl zu sehen, die in ihrem weißen Kleid und Schleier noch schöner aussah. Als das „Gospel Centre" sich mit unseren Gästen zu füllen begann, wartete ich ungeduldig auf die Ankunft meiner Braut. Sie hatte mir versprochen, sich nach fünf Jahren des Wartens nicht zu verspäten, aber die Uhr tickte und wir fragten, uns, was geschehen war. Ich erfuhr es später.

Der Fotograf wartete außerhalb des Missions–Hauptquartiers, während Beryl mit Hilfe ihrer Mutter und ihrer zukünftigen Schwägerin das wunderschöne weiße Kleid über den Kopf zog und dabei auf einem Leinentuch stand. An den Ärmeln mussten viele Knöpfe geschlossen werden, sowie etwa vierzig, die in kleine Schlaufen den ganzen Rücken herunter gesteckt werden mussten. Mutter und Gisela arbeiteten fleißig daran, während Mr. Budd im Nebenzimmer wartete. Es war fast drei

Der Weitblick für die offene Tür

Uhr, als sie erklärten: „Das war's, wir sind fertig!" Und dann: „Oh nein!... Beryl... wir sind um einen Knopf verrutscht!"

Hastig, fast schon in Panik, knöpften sie alle Knöpfe auf und begannen von vorn. Mittlerweile war es nach drei Uhr und Mr. Budd erkundigte sich nach dem Grund der Verzögerung, während Beryl begann, sich meinetwegen Sorgen zu machen, da ich zum Warten in der „Gospel Hall" verpflichtet war. Dann meinte Mr. Budd: „So, ihr zwei geht rüber zur Kirche und ich übernehme das hier."

Als Beryls Mutter mit Gisela in ihrem großen Hut und dem kurzgeschnittenem Kleid heraus eilte, begann der Fotograf, der am Tor gewartet hatte, Aufnahmen zu machen (was Gisela sicherlich sehr genoss). Keiner von beiden fiel auf, dass er Gisela für die Braut hielt! Er folgte ihnen zur Kirche und machte dort weitere Aufnahmen!

So wurde Mr. Budd zur Brautjungfer und mit den flinken Fingern eines Maschinenschreibers beendete er den „Knopf-Job", wurde dann zum „Brautvater" und begleitete Beryl nach draußen. Da war kein Fotograf in Sicht! Daher gingen sie zum „Gospel Centre", mit nur fünfzehn Minuten Verspätung! Als „Brautjungfer" richtete Mr. Budd Beryls Schleier (den ihr ihre Schwester Margaret aus Wales geschickt hatte); als „Vater" führte er sie dann in der Kirche den Gang entlang, wo sie sich neben mich stellte. Danach wechselte er auf die rechte Seite, um mein Trauzeuge zu sein. In einer missionarischen Gesellschaft muss man immer bereit sein zu improvisieren!

Es war ein schöner Gottesdienst, den viele Freunde mit gestalteten. Danach gingen wir zu dem Italienischen Club zum Empfang, zu dem eine große Zahl unserer Freunde kam, hauptsächlich christliche Mitarbeiter, aber auch Einheimische. Wir hatten ein wundervolles Essen vom Buffet. Am Ende der Feierlichkeiten betete Dr. Gurney für uns – ein Satz in seinem

Der Weitblick für die offene Tür

Gebet war, dass der Herr uns eines Tages führen sollte, die Arbeit im Jemen aufzunehmen. Dies stellte sich als ein prophetisches Wort heraus!

Am 07.07.1965 waren wir nach fünf Jahren glücklich verheiratet;
Mutter neben Mr. Budd und Gisela neben Beryl

Am Ende fühlten wir uns müde, aber dankbar, dass der Tag so gut verlaufen war. Die erste Nacht unserer Flitterwochen verbrachten wir in einem örtlichen Hotel und am nächsten Tag begannen wir unsere Reise nach Äthiopien, wo wir unseren Aufenthalt in dem wunderschönen Ferienzentrum in Bishoftu südlich von Addis Abeba verbrachten. Es war eine Drei-Tages-Reise, aber das machte nichts aus, wir waren verheiratet und nach fast fünf Jahren des Wartens zusammen! Der Herr hatte über uns gewacht und durch seine Güte konnten wir nun unser gemeinsames Leben im Dienst beginnen.

Der Weitblick für die offene Tür

Kapitel 18 - Arbeit in Massawa

Wir verbrachten die ersten drei Wochen unseres gemeinsamen Lebens zur Erholung am See Bishoftu und wohnten in einem kleinen Haus auf dem Grundstück des SIM-Gästehauses. Unsere Mahlzeiten nahmen wir im Hauptgebäude des Gästehauses ein (sie hatten eine sehr gute Küche!) und sonst waren wir frei, unsere Flitterwochen zu genießen. Wer könnte sich einen schöneren Platz vorstellen? Wenn wir mehr Gesellschaft wollten, waren Mitarbeiter aus allen umliegenden Ländern da, die ihren Urlaub im SIM-Gästehaus verbrachten. Der See war gut geeignet zum Schwimmen und wir dachten nicht viel an die vor uns liegende Arbeit. (Obwohl es mir gelang, ein paar arabische Schulbücher in unser Gepäck zu schmuggeln!)

Nach dieser glücklichen Zeit begannen wir unsere Rückreise nach Asmara und dann weiter nach Massawa, von wo aus wir arbeiten sollten. Wir hatten von Freunden und unserer Familie zur Hochzeit Geld bekommen und dieses dafür verwendet, Brunos Jeep zu kaufen. Damals wusste man nie, wie lange Reisen dauern würden auf den langen, staubigen Straßen, auf denen Fahrzeuge regelmäßig zusammenbrachen und umherziehende Tiere eine große Gefahr darstellten. Auf unserer Fahrt nach Bishoftu hatte ich einen Esel gerammt! Auf dem Weg lief plötzlich ein Esel mitten auf die Straße, ich konnte nicht mehr rechtzeitig bremsen und stieß mit ihm zusammen. Ich fühlte mich furchtbar, stoppte und blickte zurück – der Esel lief einfach weiter, als ob nichts geschehen wäre! Das war eine große Erleichterung für uns und vermittelte mir auch einen großen Respekt vor dem Esel!

Der Weitblick für die offene Tür

Aber abgesehen von dem meilenweiten Staub kehrten wir ohne größere Probleme zurück nach Asmara und nahmen dann den Einkauf einiger Vorräte in Angriff, bevor wir hinunter nach Massawa fuhren. Es dauerte zwei Stunden, um von einer Höhe von zweitausend Metern auf Meeresniveau zu gelangen. Die Italiener hatten diese Straße gebaut, sie verlief serpentinenartig in Haarnadelkurven, und je tiefer wir kamen, desto stärker konnten wir die immense Hitze spüren, die von der Stadt aus zu uns aufstieg. Lange bevor wir in die Stadt kamen, rann uns der Schweiß in Strömen herab und ich fragte mich, ob meine liebe Frau in der Lage wäre, den Sommer hier auszuhalten. Als wir das Haus erreichten, in dem ich zuvor gelebt hatte, zweifelte ich ernsthaft an der Wahl des Wohnortes. Es lag mitten in der Altstadt und es gab so gut wie keinen Wind – es war, als würde man in einem Ofen leben! Nach unseren kühlen, wunderschönen Flitterwochen war unser neuer Wohnort ein äußerst unangenehmer Kontrast. Von Zeit zu Zeit kühlten Sandstürme die Luft, hinterließen aber so viel Schmutz, den man wieder wegputzen musste. Beryl tat mir leid, für sie war die Stadt neu, aber sie beklagte sich nie. Tagsüber benutzten wir Ventilatoren, mit denen wir die Luft etwas abkühlen konnten, und nachts versuchten wir auf dem Dach zu schlafen, obwohl wir in durchgeschwitzten Bettlaken erwachten. Jetzt begann ich zu verstehen, warum die Arbeiter für gewöhnlich während des Sommers ins Hochland gingen!

Irgendwie kamen wir durch diese ersten Wochen an der Küste des Roten Meeres und fragten uns, wie wir die Situation für uns verbessern konnten. Wir hatten angenommen, unser altes Haus wäre kühler, da es näher am Wasser lag, aber da alle Häuser so dicht zusammenstanden, wurde jede kleine Brise von den anderen Gebäuden blockiert und konnte uns daher nur begrenzt erreichen. Wir sahen uns nach einem besser geeigneten Haus um und fanden schließlich einen Holzbungalow außerhalb der Stadt in der Nähe des Wassers -

Der Weitblick für die offene Tür

der Hafen lag zwischen uns und der Stadt. Die Wände des Bungalows bestanden hauptsächlich aus Holzbrettern, sodass jedes kleine Windchen durch das Haus wehen konnte. Das war um einiges kühler und wir fühlten uns bald viel wohler.

Der Nachteil war, dass Straßengeräusche uns in jeder Ecke des Hauses erreichten, aber egal, wir waren dort sehr glücklich. Natürlich hatte es sich schnell herumgesprochen, wo wir nun wohnten! Brunos Jeep war sehr bekannt und es dauerte nicht lange, bis Einheimische mit den unterschiedlichsten Krankheiten schon gleich am frühen Morgen zu uns an die Tür kamen. Wir hatten keine Klinik, aber es fiel uns schwer, ihnen nicht zu helfen. Obwohl das Krankenhaus direkt am Ende der Straße lag, zogen sie es trotzdem vor, zu uns zu kommen, da wir eine größere Auswahl an Medikamenten hatten. Sie vertrauten uns Ausländern mehr als den Ärzten in ihrem eigenen Krankenhaus. Wenn sie von einem außerhalb gelegenen Dorf kamen, sagten wir ihnen, dass wir sie auf unserer nächsten Reise in ihre Gegend besuchen würden.

Wir waren sehr dankbar, dass wir ein junges Mädchen namens Medhin hatten, die uns im Haus half. Sie putzte den ganzen Staub und Sand, der hineingeblasen wurde, weg und erledigte auch andere Hausarbeiten. Sie war ein liebenswürdiges christliches Mädchen aus Asmara und gehörte bald zur Familie. Wenn die Hitze und Feuchtigkeit zu intensiv wurden, benutzten wir unseren Deckenventilator, da wir damals noch keine Klimaanlage hatten, und zur Abwechslung fuhren wir nach Asmara, wo es so viel kühler war. In der Regel erledigten wir dort unsere Einkäufe, da es in Massawa nicht alles zu kaufen gab. Doch zurück auf Meeresniveau, fühlten wir uns, als ob wir wieder einen Glutofen betreten würden! Keine Frage, wir sehnten uns nach der kühleren Jahreszeit, welche von Oktober oder November bis April oder Mai dauerte.

Der Weitblick für die offene Tür

Wie ich bereits erwähnt habe, ist Massawa der Haupthafen Eritreas und der Küstenregionen nördlich und südlich der Stadt. Damals hatte das Team eine Station mit Klinik und einer Schule in Thio, einem Ort etwa über hundertfünfzig Kilometer südlich von Massawa, wo wir zuvor schon mit unserem Schiff, der „Noor al Hayat" gewesen waren. Es gab keine Straße nach Thio, nur einen Feldweg, der zeitweise fast nicht mehr sichtbar war! Da in dem Ort nahezu keine eigenen Lebensmittel angebaut wurden ‑ es gab nur den vor Ort gefangenen Fisch ‑ wurden alle Waren auf dem Seeweg geliefert. Einmal im Monat sollte ein Boot die Küste entlang kommen, aber niemand war sich sicher, ob es wirklich fahren würde! In unserem Hauptquartier in Asmara konservierten sie so viele Produkte wie sie konnten in Gläsern – frisches Obst und Gemüse, sogar Fleisch, und packten es alles in große Kisten, sobald wir hörten, dass ein Schiff innerhalb der nächsten drei Tage auslaufen würde. Eier waren sehr rar in Thio, daher kauften und packten wir an die hundert auf einmal ein. Jedes einzelne musste mit Vaseline eingerieben, dann zuerst in Pergamentpapier, anschließend in Zeitungspapier eingepackt werden. Es war mühsam und zeitraubend, aber Teil unserer Fürsorge für unsere Geschwister, die in Thio arbeiteten.

Diese Kisten wurden fertig gepackt nach Massawa hinunter geschickt, um auf das Schiff geladen zu werden, und wir hatten die Aufgabe, sie durch den Zoll zu bringen. (Obwohl sie das Land nicht verließen, mussten sie durch den Zoll.) Beim ersten Mal stellte ich fest, dass es ein Problem war, die letzte Unterschrift für die Verschiffung zu bekommen, und ich konnte nicht verstehen warum. Wir hatten einen einheimischen Agenten, der unsere Ladung durch den Hafen und den Zoll bringen und alle Unterschriften vor der Verladung besorgen sollte. Ich fragte ihn, warum die Kisten im Hafen gestapelt und noch nicht auf dem Schiff waren, wo sie doch sein sollten? Der Agent lächelte. Zweifellos dachte er, wie

118

naiv doch der Ausländer war, und erklärte mir, dass ein Bestechungsgeld erwartet würde! Ich war schockiert, als ich verstand, dass nichts den Hafen verlassen würde ohne ein unter der Hand gezahltes Entgelt und bestand darauf, dass wir das niemals tun würden. Er schien zu verstehen, aber lächelte noch immer!

Schließlich wurden unsere Kisten verladen und die Rechnung des Agenten zeigte, dass kein zusätzliches Geld geflossen war. Eines Tages erzählte ich ihm, dass ich froh war, dass wir niemals Bestechungsgelder gezahlt hatten und er bemerkte: „Ich habe sie für euch gezahlt."

Ich war bestürzt, aber letztlich dämmerte es mir, dass er Bestechungsgelder zahlen musste, um unsere Kisten verschifft zu bekommen, ansonsten wären die Lebensmittel einfach am Kai verfault. Natürlich war in dieser Gesellschaft Bestechung weitverbreitet und als Lebensstil akzeptiert, aber da er unsere Prinzipien kannte, hatte er uns vor dieser Zwickmühle bewahrt.

Manchmal, nur ein paar Stunden, bevor das Boot auslaufen sollte, erfuhren wir plötzlich, dass die Fahrt annulliert worden war. Die Kisten waren im Hafen, verzollt und bereit zum Verschiffen nach Thio. Dann begann ein Wettlauf mit der Zeit, da das frische Gemüse und Obst nicht lange in der gleißenden Sonne am Kai halten würden. Uns wurde gesagt: „Vielleicht nächste Woche!" Dann mussten wir alle Waren einlagern, die sich hielten, und alles frische Obst und Gemüse verbrauchen, indem wir es selbst aßen oder mit anderen teilten. Oft war die Verzögerung so lang, dass wir sogar die Eier aufbrauchen und von vorn beginnen mussten, welche vorzubereiten!

Die medizinische Arbeit nahm einen großen Teil unseres Lebens ein. Wir behandelten Kranke in unserem Haus und genauso gingen wir auf Reisen, um Dörfer in der Umgebung zu besuchen. Die Leute kamen aus Nah und Fern, wenn sie

Der Weitblick für die offene Tür

hörten, dass der „Hakim" (Doktor) gekommen war – weil ich ein Mann bin, wurde ich als „der Doktor" angesehen, während Beryl, die genauso qualifiziert war, wenn nicht noch besser, „die Krankenschwester" war, die einfach den Anweisungen folgte und Spritzen verabreichte! Von Tag zu Tag nahm die Anzahl der Patienten zu. Sie kamen schon früh am Morgen, daher mussten wir am Tag unserer Abreise schon sehr früh aufstehen, bevor der Ansturm begann. Einmal, als wir gerade im Aufbruch waren, rannte eine Mutter mit einem Baby auf unseren Jeep zu. Ich stoppte und sah, dass das Baby sehr krank war, aber was sollte ich tun? Wenn ich sie zurück zur Klinik brachte, würde ich an diesem Tag nicht mehr wegkommen, da noch mehr Menschen zu uns kommen würden. Ich fühlte, ich musste hart sein und sagte daher der Mutter, dass wir ihr jetzt nicht helfen konnten, da wir gehen mussten. Sogar heute kommt mir das Bild dieser flehenden Mutter wieder in den Sinn. Ich hatte meinen Kopf über mein Herz regieren lassen – Planung ging vor Mitleid.

Es gab oft schwierige Fragen und die Bedürfnisse der Menschen waren emotional erschütternd. In einem Dorf brachte ein Mann einmal ein junges Mädchen zu uns und bat mich, ihre Schwangerschaft zu beenden, da das Baby nicht von ihrem Ehemann war. Ich fühlte, dass ich das nicht tun konnte, obwohl sie nach ihren Bräuchen höchstwahrscheinlich umgebracht würde. Manchmal konnten wir einem Patienten nicht helfen, der dringend ins Krankenhaus gemusst hätte, eine Reise von vielen Kilometern – viel zu teuer für ihn. Sie lebten jeden Tag von der Hand in den Mund, wussten oft nicht, woher sie die nächste Mahlzeit nehmen sollten, und es war wahrscheinlich, dass der Kranke zum Sterben ins Dorf zurückgebracht wurde. Ich wünschte, wir hätten einen Krankenwagen gehabt, aber ich glaube, es hätte immer zu viele bedürftige Menschen gegeben.

Der Weitblick für die offene Tür

Es gab jedoch auch viele Gelegenheiten, wo wir uns freuen konnten, dass unser Dienst eine Hilfe gewesen war. Besonders

Überhitzter Motor in einer Gegend, die einer Mondlandschaft
glich...Warten bis der Motor sich abgekühlt hat

war dies der Fall, wenn wir stark infizierte Zähne zogen. Da es über viele Kilometer außerhalb der Stadt keinen Zahnarzt gab, hatten wir viele Patienten mit verfaulten Zähnen. Ich erinnere mich an einen Mann, der eine Schwellung am Kinn hatte, die ich zunächst für TB hielt, aber damals hatte ich gerade einen Arzt zu Besuch bei mir. Er bat den Mann, den Mund zu öffnen und da war er - ein vereiterter und verfaulter Zahn, der eine schwere Infektion verursacht hatte. Wir zogen den Zahn und gaben ihm ein Antibiotikum. Bei unserem nächsten Besuch traf uns der glückliche Patient und erzählte uns, wie gut es ihm jetzt ging.

Gelegentlich planten wir Routen zu entfernten und unerreichten Gegenden. Das Auto durfte keine Panne haben, denn in dieser Wüstengegend gab es für viele Kilometer keine Werkstatt, keine Hilfe und keinen Funkkontakt. Einmal bei

Der Weitblick für die offene Tür

einer Tagesreise südlich von Massawa verlor das Auto plötzlich an Leistung und wir wussten nicht warum. Wir entschieden, langsam weiter zu fahren, wohl wissend, dass wir jeden Moment

Unsere treue Transportmethode war alles andere als zuverlässig.... Aber normalerweise brachte sie uns an unser Ziel

eine Panne haben könnten, was zu diesem Zeitpunkt schlimm war, da wir Beryl und Medhin dabei hatten. Wir waren so froh, als wir es bis Thio schafften. Ich hatte angenommen, das Problem mit dem Auto würde an der Kupplung liegen. Ich hatte noch nie eine Kupplung gewechselt, aber unter den wenigen Ersatzteilen, die ich ihm Jeep dabei hatte, war eine Kupplung. Thio war ein Dorf, in dem es nur wenige Autos gab, aber ich fand ein paar einheimische Männer, die mir halfen, das Getriebe auszubauen, und irgendwie konnten wir die Ersatzkupplung einbauen. Zu unserer großen Freude fuhr das Auto wieder, aber irgendetwas stimmte noch immer nicht. Keine Frage, wir konnten nicht im Dorf bleiben, da wir keine Helfer kontaktieren konnten, und so entschieden wir, uns auf den Heimweg zu machen und fuhren langsamer als gewöhnlich.

Der Weitblick für die offene Tür

Irgendwo in der Nähe des Roten Meeres, direkt am Strand mussten wir wieder anhalten, weil ich feststellte, dass wir einen Motorschaden hatten, den ich in der Situation kaum reparieren konnte. Da wir ein paar Planen hatten, spannten wir sie so gut wir konnten auf und versuchten, etwas Schatten zu bekommen. Aber wir fragten uns, wie lange wir sitzen und warten konnten, da niemand wusste, wo wir waren. Die Landschaft war wunderschön und viele Menschen hätten liebend gern einen Urlaub dort verbracht, doch für uns war es nicht so lustig mit einem liegengebliebenen Jeep. Wir fragten uns, wie lange unser Wasser ausreichen würde. Am Ende beschlossen wir die Weiterfahrt zu versuchen; ganz langsam über viele Meilen, unsicher, ob der Motor durchhalten würde. Wir brauchten mehrere Stunden, aber am Ende kamen wir doch zu Hause an. Was für eine Freude, endlich unter die Dusche zu können und dann in unsere Betten!

Der Weitblick für die offene Tür

Beryl und Medhin im Schatten bei dem defekten Auto

Der Weitblick für die offene Tür

Kapitel 19 - Die unerreichten Gebiete an der Küste

In der ersten Zeit in Massawa erlebten wir beinahe täglich etwas Neues. Eines Morgens sammelte sich eine große Menschenmenge vor unserem Haus und die Armee, sowie die Polizei trafen ebenfalls ein. Wir fragten uns, was da wohl vor sich ging. Dann sickerte die Nachricht durch, dass der Kaiser von Äthiopien, Haile Selassie, an unserem Haus vorbeikommen würde. Wir holten eine Kamera, standen an unserem Tor und warteten auf sein Kommen. (Der Kaiser hatte die Angewohnheit, Münzen in die Zuschauermenge zu werfen.) Natürlich bekamen wir kein Geld, aber ich versuchte, ein paar Fotos zu machen – bis die Sicherheitskräfte mich entdeckten. Sie nahmen mir die Kamera weg und konfiszierten den Film, aber da sie die leere Kamera zurückgaben und sonst nichts weiter unternahmen, hatte ich keinen Grund mich zu beschweren!

Wir hörten auch von Unruhen durch Rebellen im Landesinneren – das erste Anzeichen für die Schwierigkeiten, die noch kommen sollten. Aber wir fühlten uns relativ sicher, da wir ja in der Stadt lebten und das Problem so weit entfernt zu sein schien. Etwa zu derselben Zeit kamen wir in Kontakt mit einem jungen Mann namens Joseph, ein Christ, der von einem Stamm aus den westlichen Tiefebenen Eritreas kam – ein Teil des „Beja"-Volkes, das hauptsächlich im Ostsudan und im Westen Eritreas lebte. Diese Menschen waren Moslems und nie war mir zu Ohren gekommen, dass einer aus diesem Volk zum Glauben an den Herrn gekommen war. Wir wussten nicht viel über Joseph, aber fast täglich kam er zu uns und sah sehr bedrückt aus. Es war offensichtlich, dass er sehr einsam war und als Konvertit stigmatisiert. Aber damals konnten wir nur schwer nachvollziehen, welchen Preis ein Mensch zahlen musste, wenn er dem Herrn Jesus nachfolgen wollte. Manchmal wollte er, dass wir einfach nur mit ihm beteten und Gemeinschaft mit ihm hatten. Wir studierten auch in der Bibel mit ihm und versuchten ihn zu ermutigen. Da er gut Englisch sprach, gab es keinerlei Verständigungsprobleme. Was wir nicht wussten, war, dass er damals in ständiger Angst um sein Leben war; wir konnten die Gefahr, in der er lebte, zu diesem Zeitpunkt nicht vollständig erfassen. Erst später verstanden wir den Grund für seine Angst.

Einige Zeit später, als wir gerade nicht in Massawa waren, erhielten wir durch einen unserer Mitarbeiter die Nachricht, dass er umgebracht worden war. Wir erfuhren, dass er zum Schlafen auf das Dach seines Hauses gegangen war, als einige Männer ihn von dort herunter warfen. Er fiel über zehn Meter tief. Er lag auf der Straße und zunächst kam niemand, um ihm zu helfen. Als er schließlich in das örtliche Krankenhaus gebracht wurde, war er tot. Er hatte viele Feinde (und er wurde sogar für einen Spion gehalten), aber sein Christsein war wohl der eigentliche Grund für seine Ermordung. Er war der erste Mensch, den wir kannten, der für seinen Glauben starb.

In der Gegend nördlich um Massawa zog ein Nomadenstamm, die „Rashaida" mit ihren Kamelherden umher; zu diesem Stamm hätte ich gerne Verbindung aufgebaut. Ursprünglich kamen sie aus Saudi-Arabien und unterschieden sich sehr von der einheimischen Bevölkerung. Die Frauen waren anders gekleidet; sie trugen Schleier, die mit kleinen Knöpfen überzogen waren, die meistens aus Muschelschalen gemacht waren. Hin und wieder kamen die Rashaida nach Massawa, oft auch mit ihren Kamelen. Eine ihrer Hauptbeschäftigungen war der Schmuggel, was für sie kein Problem war, da sie mit ihren Zelten frei zwischen Eritrea und dem Sudan hin- und herzogen und auch manche ihrer Waren aus Saudi-Arabien zu erhalten

Der Weitblick für die offene Tür

schienen. Wir hatten schon mehrfach versucht, mit ihnen in ihren vorübergehenden Lagern in Kontakt zu kommen, aber sie waren nicht sehr aufgeschlossen und manchmal unfreundlich, obwohl sie unsere Medikamente gerne annahmen. Da sie die ganze Zeit umherzogen, war die Asche ihrer Feuerstellen häufig der einzige Hinweis, dass sie an einem Platz gewesen waren. Zahlreiche unserer Kollegen hatten das gleiche Anliegen, diese Menschen mit dem Evangelium zu erreichen, und wir fragten uns, ob es uns jemals gelingen würde, sie kennenzulernen und ihnen vom Evangelium zu erzählen.

Eine Frau der Rashaidas

Eines Tages bepackte ich meinen Jeep mit Medikamenten und auch einem einfachen Projektor, der über die Autobatterie lief, um eine Rashaida-Siedlung zu besuchen, sofern ich eine ausfindig machen konnte. Ich wollte ihnen mittels einiger Dias die Geschichte von Jesus erzählen. Zu diesem Einsatz kam Beryl nicht mit und so fuhr ich nur mit Abdullah, meinem Mitarbeiter, in Richtung Norden los, in der Hoffnung, einige dieser lieben Menschen zu finden. Sie sprachen einen arabischen Dialekt, mit dem ich aber zurechtkam. Wie gewöhnlich besuchten wir unterwegs einige Dörfer, um dort medizinische Hilfe zu leisten und mit den Menschen zu reden. Schließlich kamen wir zu einer Gruppe von Zelten und am Abend bauten wir unseren Projektor auf und hofften, dass ein paar der Leute kommen würden, um sich

Der Weitblick für die offene Tür

die Dias anzusehen. Aber sie luden uns noch nicht einmal zum Teetrinken ein, was für die Menschen im Mittleren Osten sehr grob und ungastlich ist - gegen das Gesetz der Gastfreundschaft. Sie zeigten keinerlei Interesse an dem, was wir ihnen mitteilen wollten und schließlich packten wir unsere Sachen ein und kampierten die Nacht über beim Jeep. Ich gebe zu, dass ich mich schrecklich entmutigt fühlte. Warum öffnete der Herr keine Tür für uns? War es unmöglich, einen Zugang zu ihnen zu bekommen?

Am nächsten Tag besuchten wir weitere Dörfer, wo wir schon zuvor gewesen waren und die Menschen uns kannten. Wie üblich behandelten wir die Kranken, sprachen mit den Männern und versuchten, ihnen das Evangelium weiterzugeben, indem wir Exemplare der Heiligen Schrift an die verteilten, die lesen konnten. Nach zwei oder drei Tagen war es an der Zeit nach Hause aufzubrechen, da ich Beryl versprochen hatte, bis Freitag wieder zurück zu sein. Wir waren ungefähr sechzig Kilometer nördlich von Massawa und ich beschloss, noch ein weiteres Dorf zu besuchen, bevor wir uns auf den Rückweg machten. Unterwegs bemerkten wir plötzlich, dass wir uns in weichem Sand befanden – langsam gruben sich die Räder hinein, bis wir feststeckten. Bisher war das nie ein Problem gewesen, da ich ein Auto mit Allrad-Antrieb hatte und nur den Rückwärtsgang einzulegen brauchte, um herauszukommen. Ich begann rückwärts zu fahren, aber plötzlich merkte ich, dass der Jeep mit erheblicher Kraft gegen etwas gestoßen war. Ich stieg aus, um die Sache zu untersuchen und sah, dass ich gegen einen Baumstumpf gestoßen war, der im Sand steckte und herausschaute. Das allein war schon schlimm genug, aber die Lage verschlechterte sich noch, als ich versuchte, vorwärts zu fahren und den Rückwärtsgang nicht mehr herausbekam! Wir wären ernsthaft in Schwierigkeiten gekommen, wenn wir den ganzen Weg nach Hause im Rückwärtsgang hätten fahren müssen! Ich hatte niemals zuvor

Der Weitblick für die offene Tür

von einem solchen Fall gehört und wusste nicht, was zu tun war. Ich fühlte mich so niedergeschlagen, dass mir Tränen in die Augen traten. Mein Führer und Helfer Abdullah versuchte ruhig zu bleiben, war aber auch sehr besorgt. Es würde Tage dauern, bis Hilfe käme.

Wir konnten nicht einfach ruhig sitzen bleiben und auf Hilfe warten, da wir nicht erwarten konnten, dass auf diesem einsamen Weg ein Auto vorbei kam, und wir mussten schnell vorankommen, bevor die Sonne ganz aufgegangen war und ihre volle Kraft entwickelte. Wir würden einfach versuchen müssen rückwärts zu fahren! Wir öffneten die rückwärtige Leinwand des Jeeps und begannen unsere Heimfahrt. Nach nur kurzer Wegstrecke begann mein Nacken zu schmerzen und der Motor sich zu überhitzen. Der Rückwärtsgang ist der Kleinste von allen Gängen und verbraucht am meisten Benzin und ich war mir überhaupt nicht sicher, ob wir genügend im Tank hatten. Ganz abgesehen davon, dass wir nicht in der Lage waren, die Schlaglöcher und den Pfad richtig zu sehen, sowie mit verdrehtem Nacken zu fahren, waren die zwei, drei Kilometer, die wir rückwärtsfuhren, gelinde gesagt, extrem anstrengend! Plötzlich bemerkte ich, dass wir vom Weg abgekommen waren und dem Meer viel zu nahe kamen. Jetzt hatten wir uns nicht nur verirrt, nun fürchtete ich auch, dass der Motor versagen und wir vollkommen festsitzen würden.

Dann sah ich zu unserer Überraschung, dass einige Männer auf uns zuliefen, und ich bemerkte, dass wir in der Nähe einer Rashaida-Siedlung waren. Sie fragten, was passiert war, und zeigten echte Besorgnis. (Sie hatten niemals ein Kamel gehabt, das nur rückwärts lief!) Als ich ihnen unsere Schwierigkeiten schilderte, luden sie uns beide tatsächlich in ihr Zelt zum Kaffeetrinken ein. Während wir im Schatten des Zeltes im Sand saßen, konnte ich ihnen zum ersten Mal eine Geschichte aus der Bibel erzählen. So lange hatten wir versucht, in

Der Weitblick für die offene Tür

Kontakt mit ihnen zu kommen, und nun saßen wir hier, dank eines Jeeps, dessen Rückwärtsgang sich festgesetzt hatte! Die Wege des Herrn sind wirklich unerforschlich.

Jedenfalls versuchten wir wieder weiterzufahren, nachdem wir etwas Zeit mit ihnen verbracht hatten. Aber mir wurde bald klar, dass es unmöglich war, viel weiter zu kommen. Es war nun fast Mittag und wurde ziemlich heiß. Trotzdem versuchte ich, das Getriebe auseinanderzubauen, um wenn möglich den Schaden zu reparieren, und das im Sand!

Ich sah den Hebel und versuchte, ihn in eine andere Position zu drücken, aber während ich arbeitete, schwitzte ich sehr viel. Ich wusste, dass mein Körper rasch an Salz verlor, da ich meinen Durst nicht stillen konnte, egal wie viel ich trank. Ich erkannte, dass ich in ernsthafter Gefahr war ohnmächtig zu werden, und musste schnellstmöglich etwas tun. Daher wählte ich ein kalkulierbares Risiko, rannte mitten ins Meer hinein und trank Meerwasser! Ein paar Minuten später fühlte ich mich besser und nahm die Arbeit am Jeep wieder auf. Ich kann natürlich niemandem empfehlen, auf dem Sand liegend am offenen Getriebe zu arbeiten – es ist unmöglich den Staub und Sand draußen zu halten! Irgendwie brachte ich es schließlich fertig, den inneren Hebel des Getriebes zu bewegen, was mich ermutigte, weiter am Getriebe zu arbeiten und nun den Schaltknüppel zu bewegen. Entsetzt musste ich feststellen, dass der Jeep nun im Leerlauf feststeckte und wir weder vor noch zurück fahren konnten!

Ich ärgerte mich sehr über mich selbst, wusste aber auch, dass Abdullah meine Reaktionen beobachten würde. Es war immer noch sehr heiß und wir mussten entscheiden, was als Nächstes zu tun wäre. Ich hatte keinerlei Möglichkeit, Beryl wissen zu lassen, was passiert war, und wir waren immer noch über fünfzig Kilometer von Zuhause entfernt. In der Ferne sahen wir ein

Der Weitblick für die offene Tür

Dorf. Daher lief Abdullah dorthin, während ich beim Jeep blieb, da er nicht abgeschlossen werden konnte. Schließlich kam Abdullah mit einem Kamel zurück. Wir luden alle wertvollen Dinge auf das Kamel und gingen zum Dorf zurück. Die Leute dort waren sehr freundlich und boten uns Tee an. Als wir uns erkundigten, wie häufig ein Fahrzeug in das Dorf kam, lachten sie sicherlich insgeheim – es konnte Tage, sogar Wochen dauern, bevor irgendein Fahrzeug die Strecke entlang der Küste in Richtung Massawa fuhr! In solchen Situationen trinkt man Tee und unterhält sich! Ich war viel zu besorgt und verärgert, als dass ich über das Evangelium hätte sprechen können. An diesem Abend aßen wir etwas und versuchten, uns die Hütte im Dorf (die für Reisende am Dorfrand aufgestellt worden war) so komfortabel wie möglich einzurichten.

Dann, einige Zeit später hörten wir, wie sich ein Motorengeräusch dem Ort näherte. Das Fahrzeug hielt fast vor unserer Hütte an! Eine Gruppe einheimischer Männer kletterte heraus und erzählte uns, dass sie hofften, später in der Kühle der Nacht in Richtung Massawa weiterfahren zu können. Sie waren bereit uns mitzunehmen, solange wir bereit waren ohne viel Gepäck mitzufahren. Aber der Gedanke, dass wir zurückkommen könnten nach Massawa und ich zu meiner lieben Beryl, war alles, was zählte.

Es muss gegen Mitternacht gewesen sein, als wir aufbrachen. Es war eine sehr holprige Fahrt. Wir waren etwa zwei Stunden unterwegs, als die Männer sich entschieden anzuhalten und am Straßenrand mitten im Sand zu schlafen. Es gab Schlangen und Skorpione in dieser Region und ich war mir anfangs nicht sicher, was ich tun sollte. Da ich nicht die ganze Nacht über wach bleiben und im Jeep sitzen wollte, hatte ich keine große Wahl. Ich bemerkte, dass Sand ein ideales Bett formte, da er sich dem Köper anpasste. Man durfte nur nicht über die Schlangen und Skorpione nachdenken. Ich glaube nicht, dass

Der Weitblick für die offene Tür

ich viel geschlafen habe. Ich lag wach und sah mir den wunderschönen Nachthimmel an und versuchte nicht, an unsere Lage zu denken! Noch vor der Morgendämmerung machten wir uns für die Weiterreise fertig. Natürlich gab es einen Grund dafür, dass die Einheimischen es vorzogen bei Nacht zu fahren. Viele ihrer Fahrzeuge waren wirklich alt, und der Motor läuft dann weniger Gefahr zu überhitzen.

In Massawa kamen wir am frühen Morgen an. Ich muss schlimm ausgesehen haben! Unrasiert seit Tagen, die Haare ungekämmt und meine Kleidung schmutzig und verknittert. Aber es war Sonntagmorgen und als ich mich dem Haus näherte, begann ich die Melodie eines Chorals zu pfeifen. Es gab eine herzliche Begrüßung und ein freudiges Wiedersehen! Beryl hatte sich Sorgen gemacht und fragte sich, was uns wohl zugestoßen sein mochte. Aber das war jetzt alles wieder vergessen. Wir waren wieder beieinander.

Später fuhr mich ein Mechaniker aus einer Werkstatt zurück zum Jeep. Er brachte die Gänge wieder in die richtige Position, so dass man vorwärts fahren konnte. Ich fuhr das Auto zurück und folgte dem Mechaniker. Die Werkstatt reparierte den Jeep und es dauerte nicht lange, bis wir wieder unseren alltäglichen Gewohnheiten nachgehen konnten.

Der Weitblick für die offene Tür

Kapitel 20 - Rebellen und ein Vogel Strauß

Eines unserer Hauptziele war, den Menschen Bibeln zum Lesen zu geben. Aber wie ich bereits erwähnt habe, war die Sprachvielfalt immer ein Problem in Massawa. Es wurden dort nicht weniger als sieben Sprachen gesprochen und viele Menschen konnten überhaupt nicht lesen. Nur eine Minderheit konnte Arabisch sprechen oder lesen; trotzdem konnten wir unsere Schriften verteilen. Manchmal verkauften wir sie günstig von der Ladefläche des Jeeps aus – so wie in Aden. Wir wussten, dass die Menschen Dinge mehr wertschätzten, wenn sie dafür bezahlt hatten, und sie waren dann eher bereit, die Bücher zu lesen. Ich erinnere mich, wie ich eines an zwei Leprakranke verkauft hatte. Ich beobachtete sie, wie sie sich in der Nähe niederließen und etwa eine Stunde darin lasen. Ich war tief bewegt. Ein anderes Mal kamen wir mit einem Geschäftsmann auf dem Marktplatz ins Gespräch, der offen seine Angst vor dem Jüngsten Gericht zugab. Er hörte zu, als wir ihm unsere Botschaft von der großartigen und fabelhaften Erlösung erklärten. Später besuchte er uns zu Hause – das war der nächste Schritt für einen Fragenden.

Beryl führte auch einen Dienst unter Frauen fort, den unsere „Schwester" Julie vor unserer Ankunft begonnen hatte. Nur wenige Frauen konnten lesen, sogar aus den wohlhabendsten Familien. Wenn Beryl sie besuchte, lehrte sie sie das Lesen mit Hilfe von einfachen arabischen Erzählungen, die auf dem Leben Jesu basierten. Manche von ihnen verließen nie ihr Zuhause, liebten es aber, wenn sie Besuch bekamen. Daher brauchte Beryl nicht erst auf eine Einladung zu warten. Bisweilen traf sich eine Gruppe, die Englisch lernen wollte, am Samstagnachmittag in unserem Haus. Am Ende der Einheit las

Der Weitblick für die offene Tür

Beryl ihnen dann noch einen Abschnitt aus der Bibel in Arabisch vor.

Unsere Besuche in entlegeneren Gegenden wurden während der kalten Jahreszeit einfacher. Doch etwa im Februar 1966 hörten wir von Rebellenaktivitäten aus einigen Regionen, in denen wir gewesen waren. Als ich zur Regierungsbehörde ging, wurde mir mitgeteilt, dass das Reisen in diese Gegenden untersagt sei. Das war beunruhigend – ich glaubte, dass es noch so viel zu tun gäbe, bevor wir im Sommer unseren ersten Heimaturlaub antraten. Im März veränderte sich das Wetter, die richtig heiße Jahreszeit brach an, was bedeutete, dass wir auch so viel weniger Energie haben würden. Ich war unruhig und besorgt darüber, dass dies das Ende für unseren mobilen Dienst bedeuten würde. Wir begannen zu beten.

Als ich das nächste Mal nachfragte, hieß es, dass die Buri-Halbinsel (südlich von Massawa) wieder zugänglich wäre, und es wurde uns der Schutz von vierzig Kommandos (Spezialeinheiten der Polizei) angeboten, um uns auf diesem Einsatz zu begleiten! Wir konnten es nicht einmal in Erwägung ziehen dies anzunehmen; niemals könnten wir vierzig Männer mit uns in diese armen Dörfer nehmen und von der Bevölkerung erwarten, dass sie sie verpflegen würden. Der Regierungsbeamte meinte, dass wir auch auf eigene Faust gehen könnten, aber sie würden keinerlei Verantwortung für unsere Sicherheit übernehmen. Ich hoffte, nicht in die Kämpfe verwickelt zu werden, doch ich wusste, dass mein Leben in Gottes Hand lag.

Während Beryl in Massawa blieb, kam Abdullah, mein Führer und Assistent, mit mir. Solange wir am Meer entlangfuhren, schien alles friedlich zu sein. Nach ein paar Stunden erreichten wir das erste Dorf und begannen wie gewöhnlich mit unserem Dienst. Wir behandelten die Kranken und sprachen mit den

Der Weitblick für die offene Tür

Männern des Dorfes. Gegen Mittag standen wir gerade beim Jeep und versorgten dort Patienten und gaben Medizin aus, als wir das Geräusch eines sich nähernden Flugzeuges hörten. Es flog sehr tief und es kam mir in den Sinn, dass es eine Maschine der äthiopischen Luftwaffe sein könnte, die nach Rebellen Ausschau hielt. Bevor wir uns entschließen konnten, was wir tun sollten, hielt das Flugzeug direkt auf uns zu. Abdullah rief: „Schnell! Lauft in eine der Hütten! Sie werden schießen!"

Innerlich zitterte ich wie Espenlaub, schrie aber zurück: „Nein! Bleibt beim Jeep!"

Ich dachte, dass Weglaufen die Situation nur verschlimmert hätte, da sie uns dann fälschlicherweise für Rebellen hätten halten können. Als die Maschine fast über unseren Köpfen war, flog sie wahrscheinlich nicht mehr als vierzig Meter über der Erde. Das Motorengeräusch reichte aus, um uns erzittern zu lassen. Ängstlich standen wir still und nur Sekunden später flog sie zu unserer großen Erleichterung über uns hinweg. Sie zog hoch und setzte die Suche nach Rebellen weiter fort. Ich bin mir nicht ganz sicher, warum sie nicht auf uns schossen, aber ich vermute, dass der Pilot den weißen Jeep als eine Art Krankenwagen erkannt hatte. Wir hatten das Richtige getan, beim Auto stehenzubleiben, so dass er uns sehen konnte. Aber es waren ein paar schrecklich beängstigende Minuten gewesen. Ich denke, dass er auch wusste, dass Rebellen auf ihn geschossen hätten. Die Dorfbewohner waren nun besorgt darüber, dass die Regierung vielleicht Kommando-Einheiten schicken könnte. Daher baten sie mich, ihnen ein Schreiben aufzusetzen, das sie den Truppen vorlegen konnten als Nachweis, dass der „Hakim" sie besucht hatte.

Ein Erlebnis gab es auf diesem Einsatz, das in mir heute noch Schuldgefühle erzeugt! Während wir von Dorf zu Dorf zogen, um nach den Kranken zu sehen und mit den Leuten zu reden,

Der Weitblick für die offene Tür

sahen wir viele Wildtiere. Sie lebten in den flachen Halbwüsten der Halbinsel – Gazellen, Wildesel und Strauße. Normalerweise blieben sie ein gutes Stück auf Distanz zu uns, da ihnen das Motorengeräusch Angst machte. Einmal sahen wir einige ausgewachsene Strauße, darunter auch eine Mutter mit sieben Jungen. Mir kam der Gedanke in den Sinn, dass ich versuchen wollte, eines dieser Jungen zu fangen. Wie sie rennen konnten! Doch es gelang uns, zwei der Kleinen von ihrer Mutter zu trennen. Die Mutter verfolgte unseren Jeep in etwa zwanzig Metern Abstand. Wir wussten, dass ein ausgewachsener Strauß einen Menschen mit seinen starken Füßen töten konnte, aber das Motorengeräusch hielt die Mutter fern. Am Ende fingen wir ein Junges, brachten es in den Jeep und nannten es „Sheikh Habib". Aber als wir ins nächste Dorf kamen, bekam ich ein schlechtes Gewissen. Was hatte ich getan? Ein Baby von seiner Mutter gestohlen. Ich wollte es an den Ort zurückbringen, an dem ich es gefangen hatte, aber die Einheimischen sagten mir, dass ein Straußenjunges von seiner Mutter nicht mehr angenommen wird, wenn Menschen es angefasst hatten. Ich fühlte mich beschämt und verwirrt. Mir blieb nichts anderes übrig als ihn mit uns nach Hause zu nehmen (ich nehme mal an, dass es ein „Er" war). Was würde Beryl zu diesem Familienzuwachs sagen? Natürlich hatten wir keine Ahnung, wie wir ihn füttern mussten, hofften aber, dass er sich von Gras und Blättern ernähren würde. Keine Chance! Er lehnte es ab, überhaupt irgendwelches Futter anzunehmen.

Nach ein paar weitern Fahrten durch die Halbinsel machten wir uns auf den Rückweg nach Massawa und Beryl hieß uns freudig willkommen. Ich sagte zu ihr: „Ich habe etwas für dich im Auto."

„Ein Geschenk! Was das wohl ist?"

Wir erzählten ihr: „Es ist ein Strauß."

Der Weitblick für die offene Tür

Zuerst dachte sie, es sei ein Witz, aber als sie ihn sah, nahm sie das Präsent sehr erfreut an! Mit Draht zäunten wir ein Stückchen Garten ein und stellten ihm Blätter und Wasser hinein – aber ohne Erfolg. Es schien, als hätten wir ihm seinen Lebenswillen genommen, als wir ihn von seiner Mutter wegholten. In den wenigen Tagen, die er noch lebte, hatten wir ihn alle ins Herz geschlossen. Da fasste ich den Entschluss, niemals wieder ein Tier aus der Wildnis zu holen.

Nach einigen anderen Einsätzen, als wir uns gerade auf dem Rückweg nach Massawa befanden, bemerkten wir, dass unser Pfad direkt ins Meer führte. Abdullah musste wohl vergessen haben, dass die Flut wieder kam! Als wir ins Wasser fuhren, es sah ganz seicht aus, begannen wir zu sinken! Verzweifelt versuchte ich den Motor auf voller Kraft am Laufen zu halten, um uns wieder herauszubringen. Aber wir sanken immer tiefer und der Motor begann auszusetzen und erstarb schließlich ganz. Wir steckten im Wasser fest! Ich war ärgerlich auf Abdullah, hatte aber den Eindruck, dass er meine Reaktion beobachtete. Was sollten wir jetzt tun? Klar, es war Salzwasser im Motor und wir befanden uns in einer hoffnungslosen Situation, vierzig Kilometer von Zuhause entfernt in einem abgelegenen Gebiet – doch wie gut ist der Herr!

Nicht weit entfernt war ein kleines Gebäude, das gelegentlich von einigen Freunden genutzt wurde, wenn sie diese Gegend besuchten. Gerade zu dieser Zeit waren sie dort und wir konnten ihnen eine Nachricht zukommen lassen. Nach einiger Zeit, in der wir im Wasser stehenden Auto gesessen hatten, kam unser Freund in seinem Fahrzeug vorbei und brachte ein Abschleppseil mit. Er zog uns aus dem Wasser und schleppte uns den ganzen Weg nach Massawa in einer Wolke aus Sand und Staub! Wir waren zutiefst dankbar. (Damals arbeiteten eine Reihe von Missionsgesellschaften in Eritrea und die

Gemeinschaft unter uns war großartig, wann immer wir uns in Asmara trafen. Wir waren eine Familie – die Familie Jesu.)

Unser erstes Jahr in Massawa neigte sich dem Ende zu. Jetzt freuten wir uns darauf, nach Hause zurückzukehren in unseren Heimaturlaub. Zunächst musste eine Menge gepackt werden. (Mit den Jahren wurden wir immer besser im Einpacken unserer persönlichen Sachen, in der Hoffnung, eines Tages zurückzukehren.) Bevor wir jedoch den Mittleren Osten verließen, verbrachten wir noch sechs Wochen mit weiterführenden Studien der arabischen Sprache an einer renommierten Sprachschule in Jordanien. Wir konzentrierten uns jetzt auf Vokabeln im geistlichen Bereich. Für uns war es etwas völlig Neues, arabische Kirchen zu besuchen, und der Aufenthalt in Amman war uns sehr zum Segen. Am Wochenende besuchten wir manchmal Orte, die in der Bibel erwähnt sind. Dies waren für uns großartige Erlebnisse.

Dann war es schließlich an der Zeit, unsere Reise fortzusetzen – zuerst nach Deutschland und dann nach Wales. Die grandiose Neuigkeit war, dass Beryl unser erstes Kind erwartete. Wir mussten vor Beginn des siebten Monats fliegen.

Kapitel 21 - Unser erstes Kind

Als wir in Deutschland ankamen, wurden wir aufs Herzlichste von unserer Familie begrüßt und gleich vom Flugplatz zu einem Haus am Wald gefahren. Wir durften dort einige schöne Tage verbringen. Es war so herrlich und kühl und wir genossen unseren Urlaub dort in vollen Zügen. Eine Woche später kehrten wir nach Bad Kreuznach zurück und hatten eine schöne Zeit mit der Familie und Freunden, obwohl es für Beryl nicht so einfach war, da sie damals noch wenig Deutsch konnte. Wir verbrachten drei Wochen mit meinen Eltern und flogen dann nach Großbritannien. Dort gab es ein weiteres fröhliches Wiedersehen mit Beryls Familie und Freunden.

Wir ließen uns in Blackwood nieder. Zu dieser Zeit hatte Beryl Probleme mit stark schwankendem Blutdruck. Daher musste ich den Reisedienst für die Mission übernehmen und sie der Fürsorge ihrer Mutter überlassen. Ich fuhr nicht zu weit. Hauptsächlich besuchte ich Gemeinden in Süd-Wales. Beryl ging zehn Tage vor der Geburt von Roland, unserem Sohn (bei der Geburt wog er etwa 2.900 Gramm) in die Klinik. Ich war bei der Geburt dabei (er kam im Glossop Terrace Entbindungskrankenhaus in Cardiff zur Welt), daher konnte ich unser liebes Baby noch im Arm halten, bevor ich zu einem Gottesdienst musste. Meine Schwägerin Margaret berichtete: „Er kam die Straße hoch und rief: Ich habe einen Jungen!"

Das war am 13. November 1966.

Es scheint mir, dass das Glaubensleben für jeden von uns unterschiedlich ist, dennoch haben wir das gleiche Ziel – unseren Herrn mit der Zeit immer besser kennenzulernen.

Der Weitblick für die offene Tür

Eines Tages, als ich im Bibel-Kolleg in Wales war, wo ich bei einem der Treffen sprechen sollte, erlebte ich beim Gebet in meinem Zimmer die tiefe Liebe meines Herrn und ein starkes Verlangen, ihn anzubeten. Plötzlich bemerkte ich, dass ich in einer mir unbekannten Sprache betete. Ich betrachte mich eigentlich nicht als besonders emotionale Person, empfand diese Erfahrung aber als eine sehr segensreiche Zeit.

Wir blieben mit Beryls Mutter bis zum Frühjahr in Blackwood. Ich reiste weiterhin umher und sprach auf verschiedenen Veranstaltungen. Ein Grundsatz unserer Missionsgesellschaft war, dass wir niemals Spendenaufrufe machten oder irgendjemanden unserer Unterstützer um Geld baten (außer den Herrn). Aber während unseres Heimataufenthaltes erhielten wir viele großzügige Spenden und so konnten wir, bevor wir Großbritannien verließen, unseren alten Jeep durch einen neuen Land-Rover ersetzen. Den Jeep hatten wir verkauft, bevor wir Eritrea verließen. Nun hatten wir sogar einen Dachgepäckträger auf dem Auto. Es war ein Modell mit einem langen Radstand und einem Dieselmotor. Ihn direkt in der Fabrik in Solihull in Empfang zu nehmen war ein aufregendes Erlebnis. Was für ein Vergnügen, ein brandneues Fahrzeug zu lenken! Wir hatten uns zwei Schränke anfertigen lassen, die genau in den Kofferraum passten. Diese füllten wir mit unseren persönlichen Sachen. Auf diese Weise kamen wir ohne Koffer aus und hatten ein paar Möbelstücke, die wir mit zurücknehmen konnten.

In der Zeit unseres Heimat-Urlaubes, mussten wir uns im Mildmay Missionskrankenhaus in London untersuchen lassen. Sie teilten mir mit, dass ich eine Zyste im Nacken hätte, die entfernt werden müsste. Noch einmal ließ ich Beryl bei ihrer Mutter in Blackwood und ging ins Krankenhaus, um mich dort operieren zu lassen. Ich musste ein paar Tage dort bleiben und sprach oft mit einem jungen Mann, der auf der gleichen Station

Der Weitblick für die offene Tür

lag wie ich. Er hatte früher einmal Kontakt zu anderen Christen gehabt, war aber irgendwie vom Weg abgekommen. Natürlich hatte er eine Menge Probleme, aber mit der Zeit sprach er auf Gottes Freundlichkeit an und traf eine neue Entscheidung, dem Herrn Jesus zu folgen. Es ist immer eine Freude, wenn wir andere auf unseren großen Erlöser hinweisen können. (Als wir ihn jedoch viele Jahre später wieder trafen, war ich traurig darüber, dass sein Leben weiter schwierig verlaufen war, und noch trauriger darüber, dass ich quasi keinerlei geistliches Leben in ihm entdecken konnte.) Oftmals dürfen wir anderen dabei helfen, ihren Weg mit dem Herrn zu beginnen, aber nach einer Weile nehmen die Sorgen und Nöte dieser Welt überhand und der Wunsch IHM zu folgen schwindet langsam. Das ist vielleicht ein Grund, warum ich nicht gerne darüber spreche, wie man „Menschen zu Christus führt".Es ist SEIN Werk, dass sie IHN kennenlernen und auch bei IHM bleiben.

Wir kehrten Anfang Juni nach Eritrea zurück. Ende Mai hatten wir einen zweiten Abschiedsgottesdienst in Gloucester mit unseren lieben Freunden von der „Trinity Baptist Church". Danach verließen wir Großbritannien. Wir fuhren mit Beryls Mutter nach Deutschland, die uns auf diesem Stück der Reise begleitete.

Der Weitblick für die offene Tür

Kapitel 22 - Krieg und Kampfgerüchte – wohin jetzt?

Am 01. Juni 1967 verabschiedeten wir uns von unseren lieben Familien in Deutschland. Beryls Mutter war mit uns aus Wales gekommen und musste nun mit dem Flugzeug zurückkehren. Wir waren ihr sehr dankbar für ihre Unterstützung bei der Versorgung unseres kleinen Roland, der inzwischen krabbelte. Die lange Reise würde für ihn nicht einfach werden, zuerst im Auto und dann noch zwei Wochen auf dem Frachtschiff!

Die Rückreise nach Eritrea werden wir niemals vergessen! Zuerst dachten wir, wir könnten nach Djibouti gehen, einem winzigen Land unter französischer Regierung, an der Küste zwischen Äthiopien, Eritrea und Somalia gelegen. Wir hatten in aller Eile angefangen, etwas Französisch zu lernen. Dann wurde dieser Plan verworfen und wir gingen zurück nach Massawa! Wir buchten eine Passage auf einem Frachtschiff von Genua nach Massawa, so dass wir mit dem Land-Rover reisen konnten und hatten vor, über die Schweiz nach Italien zu fahren.

Wir fuhren durch Deutschland in die Schweiz und fanden ein Zimmer mit Frühstück nahe Luzern, wo wir für eine Nacht blieben. Am Morgen ging es weiter durch die südliche Schweiz nach Italien. Genua erreichten wir am frühen Nachmittag. Keiner von uns war jemals zuvor dort gewesen und wir fuhren ständig im Kreis auf der verzweifelten Suche nach einem Parkplatz. Das war sehr frustrierend, zumal niemand von uns italienisch sprach und wir auch kein Hotel ausmachen konnten. Inzwischen musste Roland etwas zu essen bekommen

Der Weitblick für die offene Tür

und Bery wurde entsprechend unruhig. Es war eine große Erleichterung, als wir endlich ein Hotel fanden.

Am nächsten Morgen ging ich zum Schiffsmakler, um die Verladung des Land-Rovers zu arrangieren und um weitere Details unserer Reise zu klären. Beryl war froh, in Ruhe mit Roland im Hotel bleiben zu können. Nach dem Mittagessen fuhren wir zu den Docks, regelten die Formalitäten und beobachteten, wie unser Auto aufs Deck hochgezogen wurde. Als uns die Kabinen gezeigt wurden, waren wir jedoch erstaunt, dass die meisten Passagiere von Bord gingen. Bald fanden wir heraus, dass wir die einzigen verbliebenen Passagiere waren! Wir hatten Gerüchte über einen möglichen Krieg zwischen Israel und den arabischen Nationen gehört (und sie ignoriert); wir hatten nicht den Eindruck, dass es uns in irgendeiner Weise betreffen könnte oder ein Anlass wäre, unsere Pläne zu ändern. Nun schien der Krieg gefährlich nahe zu rücken und die anderen Reisenden fürchteten sich. Wir verstanden nicht wirklich, wie ernst die Lage war. Krieg im Mittleren Osten schien unmittelbar bevorzustehen.

Am nächsten Tag bekamen wir eine zusätzliche Kabine für Roland, da auf dem Schiff so viel Platz war. Doch in den Abendnachrichten hörten wir, dass jeglicher Schiffsverkehr durch den Suez-Kanal gestoppt worden war. Der Kapitän teilte uns mit, dass wir wahrscheinlich eine Reise von sechs bis acht Wochen um das Horn von Afrika vor uns hätten und wir begriffen, dass unsere Einreise-Visas abgelaufen wären, bevor wir Eritrea erreichten!

Zu diesem Zeitpunkt fuhr unser Schiff nach Neapel, und so beschlossen wir, dort von Bord zu gehen. Nur der Land-Rover sollte auf dem Schiff die lange Reise zurücklegen. Wir wollten versuchen, einen Flug nach Eritrea zu bekommen vom nächsten Flughafen, den wir finden konnten, so dass wir vor

Ablauf der Visas ankämen. Wir konnten die meisten unserer Sachen im abgeschlossenen Land-Rover belassen, daher packten wir hektisch um; wir wollten die Dinge, welche wir am ehesten brauchten, herausholen.

Als wir nach Neapel kamen, erreichte uns die Nachricht, dass wirklich Krieg im Mittleren Osten ausgebrochen war. (Es war der berühmte Sechs-Tage-Krieg.) Dann teilte uns der Kapitän mit, dass er gerade eine Mitteilung seiner Reederei erhalten hatte, dass sie den Land-Rover nun doch nicht mitnehmen konnten!

Uns blieb nun nichts anderes übrig, als wieder nach Norden, nach Deutschland und dem dortigen Hauptquartier des Teams zurückzufahren. Wir konnten einfach nicht verstehen, warum uns all das passierte. Wir fanden in der Nähe von Florenz ein Zimmer mit Frühstück für die erste Nacht, aber am nächsten Tag mussten wir über den St. Bernard-Pass in die Schweiz fahren.

Wir sagten uns, da wir im Sommer reisten, gäbe es keinen Grund, warum dies eine schwierige Reise werden könnte. Immer weiter fuhren wir am nächsten Morgen höher in die Ausläufer der Berge hinauf. Dabei kamen wir an sonnenbeschienenen Seen vorbei. Aber je weiter hinauf wir kamen, desto nervenaufreibender wurde die Straße durch die Alpen; der Land-Rover mit seinem langen Radstand war in den Haarnadelkurven schwer zu manövrieren und das Fahrzeug schaukelte viel. Wir machten uns Sorgen um den kleinen Roland auf dem Rücksitz. Dann auf der Höhe wurden wir von einem feinen Nebel und Wolken verschlungen. Als wir schließlich den Pass hinter uns hatten und hinunter ins Sonnenlicht fuhren, freuten wir uns, dass der Herr uns sicher durchgebracht hatte.

Der Weitblick für die offene Tür

Am folgenden Tag erreichten wir unser Hauptquartier in Süddeutschland und konnten mit den anderen Teammitgliedern dort besprechen, wie wir weiter vorgehen sollten. Wir kamen überein, einen Flug zurück nach Asmara zu buchen und den Land-Rover in Deutschland zu lassen, um ihn zu einem späteren Zeitpunkt per Schiff in den Mittleren Osten bringen zu lassen, wenn sich die Lage dort entspannt hätte. Wieder mussten wir alles umpacken, diesmal in dem Bemühen, so viel wie möglich mitzunehmen. Es war eine zermürbende Aufgabe und wir fragten uns, ob wir zu viele Sachen hätten. Sie machten uns eine Menge Umstände. Kaum war uns bewusst, dass es ein ganzes Jahr dauern würde, bis wir unseren Land-Rover wiedersehen würden!

Beryl mit Roland in Asmara, Frühjahr 1967

Bald waren wir wieder auf dem Weg und flogen über Athen und Addis Abeba nach Asmara. Es tat so gut anzukommen und zu wissen, dass wir eine Zeitlang keine Betten mehr zu wechseln brauchten nach dieser abenteuerlichen Reise! Während der heißen Jahreszeit mussten wir in Asmara bleiben, da dies gesünder für das Baby wäre, aber ich hoffte, verschiedene Besuche unten an der Küste machen zu können, um dann in der kühleren Jahreszeit mit der Familie nach Massawa hinunter zu ziehen. Im Sommer war das Hauptquartier sehr stark belegt mit verschiedenen Teammitgliedern, die aus dem Tiefland Eritreas und auch aus Aden anreisten, um hier Urlaub zu machen und der Hitze zu entfliehen. Manchmal war es eher wie in einem Hotel oder

Der Weitblick für die offene Tür

Gästehaus. Beryl half Mrs. Dickinson bei der Speise- und Getränkeausgabe im Hauptquartier mit und sah außerdem nach dem kleinen Roland. Wir konnten eine kleine Wohnung direkt neben dem Hauptquartier mieten. Dadurch hatten wir etwas Zeit für uns, was wir sehr genossen. Die Gemeinschaft im Hauptquartier war großartig und Asmara, eine moderne Stadt, war ein guter Urlaubsort. Es gab dort auch andere christliche Gemeinden und eine anglikanische Kirche. Das bedeutete für manche Mitarbeiter, die an entlegenen Orten ohne andere Christen in der Nähe gelebt hatten, sehr viel.

Während dieses ausgefüllten Sommers tat sich für uns ein Dienst im Gefängnis in Asmara auf. Die meisten Gefangenen waren eritreische Rebellen, die gegen die äthiopische Regierung gekämpft hatten und gefasst worden waren. Manche waren schwer verletzt und ans Bett gebunden. Die Behörden erlaubten uns, ins Gefängnis zu gehen, wo wir den Gefangenen die Botschaft auf einem großen Flur weitergaben. Die Botschaft wurde in Tigrynja übersetzt, den gebräuchlichsten einheimischen Dialekt. Wir erfuhren, dass einige der anwesenden Gefangenen bereits zum Tode verurteilt waren. Wie dankbar war ich, dass ich die Chance hatte, diesen verurteilten Männern die Botschaft der Hoffnung und Errettung zu bringen!

Während wir noch in Asmara waren, besuchte Dr. Gurney uns eines Tages und fragte: „Könntet ihr euch vorstellen, in den Iran zu ziehen und dort eine Arbeit zu beginnen?"

Das war eine Überraschung! Wir kamen gerade gut mit unserem Arabisch voran und wenn wir dem zustimmten, müssten wir von vorn beginnen in einer anderen Sprache und mit anderen Gebräuchen, als die, an die wir uns nun gewöhnt hatten. Wir beteten gemeinsam über diese Sache und kamen zu dem Entschluss, dass wir nicht nein sagen konnten, da es die

Der Weitblick für die offene Tür

Leitung war, die uns anfragte. Die jüngeren Mitglieder des Teams sagten für gewöhnlich zueinander, dass es im Team heißt: Bereit sein, Fest stehen, heute gehen.

Die Ratsversammlung des Teams entschied, Dr. Gurney und mich in den Iran zu einer Erkundungsreise zu senden. Beryl und ich hatten noch eine Menge praktischer Fragen: ob das Team irgendwelche finanziellen Mittel für dieses Projekt bereitstellen würde und wie wir unseren Land-Rover dorthin bekommen würden? Diese Dinge waren zweitrangig für diese neue Aufgabe – und Beryl fing wieder an zu packen!

Der Weitblick für die offene Tür

Kapitel 23 - Gottes Wort erreicht die Küste und die Inseln

Während wir immer noch in Asmara aushalfen und darauf warteten, in den Iran zu gehen, mussten Mr. und Mrs. Dickenson aus gesundheitlichen Gründen nach Kanada zurückkehren. An uns wurde nun die Anfrage gestellt, ob wir in Asmara bleiben könnten und „vorübergehend" die Aufgaben im Hauptquartier übernehmen würden. In dem Wissen, dass die Wege des Herrn vollkommen sind, nahmen wir dieses Angebot an. Zu diesem Zeitpunkt wussten wir noch nicht, dass wir die nächsten drei Jahre in Eritrea verbringen würden, zunächst im Hauptquartier in Asmara und später wieder in Massawa.

Beryl kümmerte sich um die Gäste, die ins Hauptquartier kamen, um dort zu wohnen, und ich versuchte, wann immer es möglich war, an die Küste hinunter zu fahren. Ich fragte mich immer noch, wie wir die Menschen in den Küstendörfern und nahen Inseln nördlich und südlich von Massawa erreichen konnten. Eines Tages kam mir der Gedanke in den Sinn, dass ich vielleicht die Dhau: eines Einheimischen mieten könnte, um zu einigen dieser Orte zu gelangen. Ich fragte mich, wie teuer wohl eine zehntägige Reise wäre. Bis dahin kannte ich schon einige Dhau-Besitzer, daher begann ich zu handeln – in etwa so:

Der Weitblick für die offene Tür

„Hallo Ahmed, wie geht es dir? Hast du viel zu tun? Wie geht es dir gesundheitlich?" „Mir geht es gut. Wie geht es dir? Kann ich irgendetwas für dich tun?" „Mir geht es gut. Hör zu: Ich

Ein Küstendorf entlang der Küste des Roten Meeres, welches nur per Boot erreicht werden konnte

würde gern einige Inseln und Ortschaften entlang der Küste besuchen, um kranke Menschen zu behandeln. Aber ich brauche ein Boot, um dahin zu kommen." „Kein Problem, Adel" (mein arabischer Name), „du kannst gerne mein Boot haben." „Aber ich möchte gerne bezahlen für die Miete des Bootes und der Crew – ich möchte etwas zahlen." „Nun, warum sagen wir nicht tausend Dollar?" (Das war viel Geld damals!) „Aber das ist ziemlich teuer, Ahmed!" „Also, ich muss den Treibstoff bezahlen, die Crew und die Hafengebühr." „Ich dachte fünfhundert Dollar wären ausreichend. Kannst du mir nicht ein bisschen entgegenkommen?"

Und so gingen die Verhandlungen weiter. Schließlich einigten wir uns auf siebenhundert Dollar. Das Gute an dieser Vereinbarung war, dass ich mich auf meine Arbeit und meinen

Der Weitblick für die offene Tür

Dienst konzentrieren konnte, da ich keine Verantwortung für das Boot zu tragen brauchte, während ich von einem Ort zum anderen gebracht wurde.

Am vereinbarten Tag packte ich ein paar Kisten mit Medikamenten, Früchte und einige persönliche Sachen. Zunächst musste ich mich mit der Crew vertraut machen - vier Männer einschließlich des Kapitäns. Dann brachen wir auf. Die Einheimischen benötigten nie einen Kompass, sondern konnten von einer Insel zur nächsten und entlang der Küste zu den Dörfern gelangen, ohne irgendeine Art der Navigation zu nutzen. Ich fragte mich oft, wie sie das machten. Während des Tages im

Bei dem Besuch eines Dorfes. Hoffentlich sind keine Haie in der Nähe!

grellen Sonnenlicht, wenn ich nur Wasser sah, schafften sie es immer, genau die Insel zu erreichen, zu der ich wollte! Eine Dhau ist ein ideales Boot für alle Wind- und Wetterbedingungen. Sie kann aufgrund ihrer Bauweise schmale Häfen erreichen, wo unser altes Boot niemals hätte vor Anker gehen können.

Bei diesem ersten Mal besuchten wir eine Insel nördlich von Massawa namens „Dehel", fünfzehn Kilometer vor der Küste. Das Dorf lag etwa einen Kilometer landeinwärts. Ich konnte ohne Probleme mit den Einwohnern sprechen. Sie waren Araber, die im neunzehnten Jahrhundert aus Saudi-Arabien eingewandert waren. Als wir ankamen, versammelten sich die Menschen um uns, die Frauen waren vollkommen unter ihrem Schleier verborgen. Sie hatten kaum Besucher und ein Ausländer war das Ereignis des Jahres! Immer wurden höfliche Grüße ausgetauscht.

Der Weitblick für die offene Tür

„As salam aleikum.“

„Wa aleikum was salam.“

(„Wie geht's?“ etc.)

Ich sagte ihnen, ich sei der „Hakim“ und wollte ihnen helfen und ihre verschiedenen gesundheitlichen Probleme behandeln. Sie hießen uns willkommen und bald fanden wir eine leer stehende Hütte, die wir nutzen konnten. Die Menschen, die aus den drei Ortschaften der Insel kamen, hatten alle möglichen Probleme. Durchfallerkrankungen bei Kindern war eine der am weitest verbreiteten Beschwerden. Dann gab es noch Atemwegserkrankungen, Würmer, Zahnschmerzen, Fieber, Unterernährung und natürlich Malaria.

Sie kamen auch mit ganz ungewöhnlichen Anfragen. Ein Scheich nahm mich beiseite und fragte mich, ob ich ihm etwas Benzin geben könnte. Das war ziemlich merkwürdig. Warum wollte er Benzin, wenn es doch keine Autos auf der Insel gab? Er sah meinen verdutzten Ausdruck und erzählte mir, dass er sich gerade eine neue Frau genommen hätte, ein junges Mädchen, aber er konnte ihr kein Ehemann sein! Ich sah ihn ungläubig an; er war ein alter Mann von etwa siebzig Jahren und nahezu zahnlos! Er hatte zahlreiche Frauen gehabt und hatte sich von vielen scheiden lassen und nun war er zutiefst frustriert! Er war sehr enttäuscht, dass ich ihm nicht helfen und ihm auch keine Medikamente geben konnte, die ihn wieder jung machten!

Der Weitblick für die offene Tür

Ein Crewmitglied hat Unterleibsschmerzen … Was ist sein Problem?

Wir wurden in eine Hütte eingeladen, konnten auf einer Bank Platz nehmen und bekamen Tee serviert. Während die Männer alle versuchten einen Sitzplatz zu finden, standen die Frauen am Eingang der Hütte. Jetzt endlich konnte ich versuchen ihnen vom Evangelium zu erzählen.

Sie fragten: „Warum bist du zu uns gekommen und hilfst uns mit unseren vielen gesundheitlichen Problemen?" „Die Regierung interessiert das nicht, also warum kommst du?" „Du wirst sicherlich von jemandem bezahlt – wie viel bekommst du?" und so weiter.

„Nein, ich komme nicht von der Regierung. Ich bin Christ – ich diene dem Herrn Jesus. Er liebt euch ebenso wie mich."

„Aber Christen sind keine guten Menschen! Wenn wir auf dem Festland in die Stadt gehen, sehen wir viele schlechte Frauen."

Sie meinten die Prostituierten von Massawa. Wie konnte ich ihnen erklären, was einen Christen wirklich ausmacht?

152

„Seht mal, Jesus kam, um uns von unserer Sünde zu erretten. Manche Menschen tragen einfach nur ein Kreuz um ihren Hals – aber sie glauben nicht wirklich an ihn."

Für diese Leute war das nicht leicht zu verstehen. Ich gab denen, die lesen konnten, ein Evangelium und betete darum, dass Gottes Licht in ihre Herzen scheinen sollte. Dann ging es zurück auf die Dhau und zum nächsten Ort. Alle Menschen, die ich traf, waren freundlich und dankbar für die medizinische Hilfe, die ich ihnen gab, aber das Evangelium schien keinerlei Eindruck auf sie zu machen. Man konnte leicht entmutigt werden.

Ein anderes Mal jedoch, während ich gerade aus einem Dorf kam, folgte mir ein Junge, etwa zehn Jahre alt. Als ich ihn fragte, warum er mir nachlief, sagte er mir, dass die Geschichte von Jesus etwas ganz Besonderes sei. Sogleich erklärte ich ihm das „Buch ohne Worte" und er schien wirklich zu verstehen. Es war ein kleiner Ermutigungsschimmer. Doch machte mir sein Vater bei meinem nächsten Besuch auf der Insel, als wir nach ihm fragten, klar, dass wir ihn nicht sehen würden. Hatte der Vater herausgefunden, dass sein Sohn wirkliches Interesse an der Geschichte von Jesus hatte? Ich wusste es nicht, aber es ermutigte mich mit der Arbeit fortzufahren, da ich nie wusste, wann wir unterwegs auf ein vorbereitetes Herz treffen würden. Jede Reise dauerte etwa fünf bis zehn Tage und wir schliefen im Schlafsack auf dem Boden oder im Boot.

Immer wenn wir zu einer neuen Insel kamen, lernte ich mehr über das Leben der Menschen dort, Dinge, die mich zum Nachdenken brachten. In einem Dorf wurde uns erzählt, dass alles Wasser von einer Quelle hergetragen werden musste – die über sechs Stunden entfernt lag! Natürlich war es die Aufgabe der Frauen, das Wasser auf dem Kopf herzutragen; wenn sie so wohlhabend war, dass sie einen Esel besaß, war ihr Leben ein

Der Weitblick für die offene Tür

ganzes Stück einfacher. War es ein Wunder, dass manche der Frauen alt aussahen, obwohl sie gerade mal zwischen zwanzig und dreißig Jahre alt waren? Nein, wirklich nicht, wenn man berücksichtigt, wie hart das Leben für sie unter diesen Bedingungen war.

Die Menschen der eritreischen Küstenregion und ihrer Inseln waren bisher unerreicht. Der Missionsdienst wurde möglich, indem wir die Dhau eines Einheimischen mieteten, dies war aber sehr kostspielig. Einmal versuchte ich es mit einer Segel-Dhau ohne Motor, um die Kosten niedrig zu halten. Anfangs lief es sehr gut, aber gegen Mittag ließ der Wind nach und das Meer wurde spiegelglatt, wir saßen einfach da und trieben in der Windstille. An Bord einer Dhau war es recht eng und das Leben musste weitergehen, auch die Benutzung des „Badezimmers". (Das war einfach eine Art Rahmen, der an einer Seite der Dhau überstand. Er bot kaum Privatsphäre. Solange das Wasser ruhig war, war es auch möglich, die „Toilette" zu benutzen, aber bei stürmischer See galt es aufzupassen. Die untere Körperhälfte konnte sehr nass werden! Ging es einem nicht gut, war das keine schöne Angelegenheit, obwohl die Spülung automatisch war, wenn eine Welle heranrollte!)

Ich war immer froh, zurück nach Asmara zu kommen, um wieder bei Beryl und Roland zu sein. Ein Freund bemerkte einmal, dass ich jedes Mal, wenn ich von einem Einsatz zurückkäme, das Gaspedal mehr durchtreten würde.

Beim Beobachten der Gischt … das Badezimmer auf einer Dhau

Wir warteten immer noch darauf, in den Iran zu gehen, aber das erschien immer fraglicher, je mehr Zeit verstrich. Am 25. März 1968 wurde unser zweiter Sohn Martin im Missions-Krankenhaus in Ghinda geboren, einer kleinen Stadt zwischen Asmara und Massawa. Wir erwarteten auch immer noch die Ankunft unseres Land-Rovers mit unseren Besitztümern! Darin enthalten waren Umstandskleidung und die Erstlingsausstattung, die Beryl sorgsam beiseitegelegt hatte. Nach echter missionarischer Tradition improvisierte sie. Obwohl sie aufgrund ihrer Probleme mit dem Blutdruck vorzeitig ins Krankenhaus gehen musste, wurde Martin geboren und alles war gut.

Im Sommer 1968 war für die meisten von uns klar, dass der Plan, eine Arbeit im Iran zu beginnen, zurückgestellt werden musste. Zur gleichen Zeit war die Tür entlang der Küste und auf die Inseln immer noch offen. Obwohl wir immer noch das Hauptquartier in Asmara kommissarisch leiteten, war es uns ein Anliegen, die Menschen entlang der eritreischen Küste zu erreichen, und wir wurden in zunehmendem Maße darüber unruhig. Es war nicht wirklich befriedigend, dass Beryl mit unseren beiden kleinen Kindern in Asmara lebte und sich um das Hauptquartier kümmerte, während ich in regelmäßigen Abständen in die Tiefebene fuhr, um den Dienst entlang der Küste zu tun. Die Rebellenaktivitäten hatten zugenommen, daher war unser Einsatz nördlich von Massawa eingeschränkt.

Der Weitblick für die offene Tür

Schließlich kehrten Mr. und Mrs. Budd von ihrem Heimaturlaub zurück und übernahmen die Arbeit in Asmara. Wir waren frei, um an die Küste zurück zu ziehen. Ich ging hinunter nach Massawa, um nach einem Wohnort zu suchen, und als ich ein passendes Haus für uns gefunden hatte, kamen Beryl und die Kinder nach. Das war im Oktober 1968. Sie reisten in einem kleinen Flugzeug, das der Mission Aviation Fellowship gehörte. Das Haus lag in der Nähe des Ortes, an dem wir zuvor gelebt hatten. Es war ein Bungalow mit zwei Wohnungen. In einer Wohnung wohnten unsere Krankenschwestern, die die Klinik in Amaterai am Rande Massawas leiteten, und unsere Familie lebte in der anderen. Wir begannen erneut mit unserem Reisedienst, waren aber durch die Sicherheitsbestimmungen der Regierung wesentlich mehr eingeschränkt. Die Wege über Land waren fast alle gesperrt, aber es war uns immer noch möglich, die Inseln und Gegenden entlang der Küste aufzusuchen.

Erkrankte Augen eines Einheimischen, die durch medizinische Hilfe behandelt werden konnten

Ein Junge mit Kopf Verletzungen

Im Dezember desselben Jahres führte ich zwei Zeltlager für Jungen durch – es war ein neues Unterfangen für mich. Die meisten der Kinder kamen aus einem christlichen Hintergrund.

Wir brachten sie zum Strand und spannten eine Zeltplane auf, damit wir tagsüber Schatten hatten und nachts einen Schutz. Wir kochten, machten Spiele und lasen gemeinsam in der Bibel. Wir sangen viel und ermutigten die jungen Leute, ihr Leben dem Herrn Jesus zu übergeben und ihm nachzufolgen. Bei dem ersten Zeltlager gab es ungewöhnlich viele und starke Regengüsse und wir wurden fast weggeschwemmt! Durch unsere Zeltplane drang Wasser, daher stellten wir ein Zelt darunter auf und es ging weiter. Es war eine großartige Zeit, vor allem für die jungen Leute; war es doch eine kolossale Abwechslung zu ihrem Alltag. Segensreich war für mich die Zeit abends, wenn wir um das Feuer herumsaßen und uns mit diesen jungen Menschen über die Herausforderungen des Lebens austauschten.

Etwa um diese Zeit wirkte Gottes Geist in so großem Maße, wie ich es bis dahin noch nicht erlebt hatte. Eines Tages fuhr ich mit dem Bus von Massawa nach Asmara. Plötzlich stand ein junger Mann auf und sprach in Tigrinya. Wie ich später erfuhr, erzählte er allen etwas über Jesus. Man konnte ihm seine Begeisterung und sein Feuer für den Herrn ansehen. Überall in Eritrea und Äthiopien gab es eine bemerkenswerte Bewegung! Und sie kam nicht aus protestantisch gegründeten Kirchen, sondern aus der koptischen Kirche, die eher als traditionell und formal gilt. Und doch war die Erweckung da, sie begann und wirkte hauptsächlich unter den jüngeren Leuten. Ich versuchte, zu einer kleinen koptischen Kirche zu gehen, aber mehrere tausend Menschen waren dort. Junge und Alte füllten die Kirche und die Menschenmenge ergoss sich bis auf die Straße. Ich konnte junge Menschen sehen, die ihre Freude im Herrn auf Treppenstufen oder Mauerabsätzen stehend lauthals zum Ausdruck brachten. Die Priester wussten nicht so ganz, wie sie mit dieser plötzlichen Bewegung umgehen sollten – zumal sie nicht durch sie entstanden war und außerhalb ihrer Kontrolle lag. (Ich kann sie nicht kritisieren, da wir das gleiche

Der Weitblick für die offene Tür

Dilemma gehabt hätten.) Es wurde gesungen, gepredigt und Zeugnis gegeben – es zog sich über Stunden. Ein junger Bruder erzählte mir, wie sie die ganze Nacht über gebetet hätten und Blinde geheilt worden wären und andere Wunder geschahen. Soviel stand fest: es war nicht von Menschen initiiert oder gesteuert. Bald waren auch andere Kirchen betroffen und dann breitete sich die Erweckung auch in der Tiefebene aus.

Nach Massawa zurückzukehren war, als ob man von einem geistlichen Gipfel herunter kommt. Jedoch war dies unser Platz und unser Dienst galt den Menschen in dieser Region. Außerdem warteten natürlich Beryl und die Jungen auf mich. Wir hatten vor, die Arbeit entlang der Küste fortzuführen. Aber dann wurde Martin krank. Wir hatten zuvor schon einige Probleme gehabt, doch diesmal sprach er auf die Medikamente nicht an. Er verlor Blut und die Ruhr wurde von Tag zu Tag schlimmer. Wir brachten die Jungen hinauf nach Asmara und Martins Gesundheitszustand schien sich zu verbessern. Zwei Wochen verbrachten wir in Asmara und kehrten dann nach Massawa zurück. Vier Tage nach unserer Rückreise ging es Martin wieder schlecht und erneut sprach er auf kein Medikament, das wir ihm gaben, an. Beryl kehrte mit den Kindern nach Asmara zurück und brachte Martin dort zu einem bekannten Arzt. Als er Martins Zustand und seinen Blutverlust im Stuhlgang sah, stellte er folgende Diagnose: „Ihr könnt ihn nicht zurück nach Massawa bringen – das Klima ist nicht geeignet für seine Genesung."

Also gut, jetzt gab es wieder eine Veränderung! Beryl musste mit Roland und Martin in Asmara leben. Wir mussten eine Wohnung finden und Beryl würde die überwiegende Zeit der Woche mit den Kindern allein sein. Sie war wieder schwanger und der Umzug zurück nach Asmara, um dort ohne mich zu leben, war wirklich hart für sie. Schließlich fanden wir eine Wohnung und organisierten den Umzug für die drei. Aber bis zum Hauptquartier war es ein Fußweg von zwanzig bis dreißig Minuten. Wann immer Beryl die Straße mit Roland an der Hand und Martin im Kinderwagen hinaufging, fand sie sich umgeben von einer Schar einheimischer Kinder! Das blonde Haar unserer Jungen war die Attraktion und die einheimischen Kinder liebten es, es anzufassen! Aber trotz der Schwierigkeiten, auf die Straße zu gehen, hatten wir eine wirklich schöne Wohnung und es war unser Zuhause. Die einzig fehlende Komponente war Papa – der so oft weg war. Ich setzte die Arbeit an der Küste fort, versuchte jedoch nach Möglichkeit am Wochenende bei der Familie zu sein. Wir gingen nicht davon aus, dass dies eine Lösung für die nächsten Jahre sein würde.

Der Weitblick für die offene Tür

Kapitel 24 - Türen schließen und öffnen sich

Nun war der Boots-Missionsdienst entlang der Küste und zu den Inseln wieder an der Reihe. Ein Schiffsingenieur hatte sich zur Aufnahme ins Team beworben. Damit würde ich dieses Mal nicht die Verantwortung für das Boot übernehmen müssen. Die Meinungen waren geteilt, ob wir ein solches Wagnis noch einmal eingehen sollten, aber schließlich wurde ein kleines Boot mit einem Außenbordmotor gekauft. Es war nur etwa sechs bis acht Meter lang und besaß eine kleine Kabine, aber für unser Vorhaben war es geeignet.

Unsere erste Fahrt führte zur Missionsstation in Thio und alles lief gut. Das Wetter war ausgezeichnet und wir waren innerhalb weniger Stunden dort. Auf unserem Rückweg jedoch kam starker Gegenwind auf und wir mussten hinter Felsen Schutz suchen. Es gab einige bange Minuten, als mein Kollege versuchte, unser kleines Boot in Richtung einiger Felsen zu steuern. Wir versuchten Zuflucht dahinter zu finden, ohne dass die stürmische See unser Boot zum Kentern brachte. Er schaffte es auch und wir waren froh, uns in ruhigerem Wasser wiederzufinden. Einige Zeit später blickten wir zu der Stelle zurück, an der wir das Boot gewendet hatten, und entdeckten dort zwei Haie, fast zwei Meter lang, auf der Suche nach Nahrung!

Der Weitblick für die offene Tür

Wir setzten unsere Reise fort, als das Meer ruhiger geworden war. Ich dachte, es wäre alles gut verlaufen. Doch wusste ich nicht, dass dies die einzige Fahrt war, die wir unternehmen sollten! Als wir nach Massawa zurückkamen, lag eine Nachricht für meinen Mitarbeiter vor, er solle sofort nach

Ein schönes Boot, aber niemand, der es steuern kann

Asmara zurückkommen. Kurz darauf kehrte er nach England zurück. Aus seiner Vergangenheit war etwas ans Licht gekommen und ihm blieb keine andere Möglichkeit, als umgehend das Land zu verlassen.

Nun standen wir da mit einem gut funktionierenden Boot, aber niemand konnte es fahren. Nachdem ich darüber nachgedacht und gebetet hatte, beschloss ich, es aus dem Hafen heraus zu fahren und zu versuchen, ob ich allein damit zurechtkäme. Also wurde das Boot eines Morgens von der Pier geschoben und ich startete den Motor. Alles lief gut, bis ich versuchte, die Geschwindigkeit zu drosseln, da mir das Boot zu schnell wurde. Aber ich schaltete in den Rückwärtsgang! Plötzlich gab es ein knirschendes Geräusch und es stellte sich heraus, dass die Kurbelwelle gebrochen war! Ich war völlig entmutigt und fragte mich, warum es einen Rückschlag nach dem anderen gab! Aber ich musste akzeptieren, dass der Boots-Missionsdienst so, wie er geplant war, zu diesem Zeitpunkt nicht durchführbar war.

Später entdeckten wir, dass der Herr einen anderen Plan für uns hatte: Er öffnete uns eine Tür zum Dienst in einem Land, welches bisher „verschlossen" war. Wir mussten nur noch eine

Der Weitblick für die offene Tür

kurze Zeit weiter ausharren in dieser nicht gerade perfekten Situation: unsere junge Familie in Asmara und ich, der häufig Touren nach Massawa hinunter machte. Danach sollte ein neuer Abschnitt in unserem Dienst beginnen. Es erreichten uns Nachrichten, dass es voraussichtlich bald möglich wäre, in den Jemen zu gehen – das Land, das für das Evangelium so lange Zeit verschlossen war. Und wir wurden angefragt darüber nachzudenken, ob wir dort eine Arbeit beginnen wollten. Peter hatte auf offizieller Ebene Kontakte geknüpft und den Vorschlag eingereicht, einige Kliniken zu eröffnen. Es gab nur wenige medizinische Dienste und die Regierung war sehr begierig, Hilfe zu bekommen. Der Bürgerkrieg war endlich vorbei und die Türen begannen sich für uns zu öffnen.

Wir erwarteten unser drittes Baby im Oktober 1969. Im Mai fand ich, es wäre an der Zeit für mich, eine Reise in den Jemen zu unternehmen, um mich dort umzusehen, bevor wir zur Geburt nach England zurückkehrten. Im Mai 1969 flog ich nach Ta'iz im Südjemen. Alles war neu und so ganz anders, als ich es aus meiner „Aden-Zeit" kannte. Aber die Freundlichkeit der Menschen fiel mir beinahe sofort auf. Ich buchte ein Zimmer in einem Hotel und ging dann in die Stadt, um mich unter die Menschen zu mischen. Ich kam ins Gespräch mit einem jungen Mann und war überrascht, wie bereitwillig er ein Evangelium von mir annahm. Er setzte sich in der Nähe hin und begann darin zu lesen – und las und las. Ich ging zurück ins Hotel und hoffte, er würde sich dazu entschließen, an einem weniger öffentlichen Ort zu lesen. Aber als ich eine halbe Stunde später wieder auf die Straße kam, saß er immer noch da und las im Evangelium. Es kam mir in den Sinn, dass er zum ersten Mal in seinem Leben das Wort Gottes sah und die Möglichkeit hatte, darin zu lesen. Ich war ziemlich nervös und befürchtete, dass es Ärger geben könnte. Ich hoffte sogar, dass er gehen würde, aber als er sich schließlich zum Gehen erhob, sagte er mir, dass er nur noch ein Kapitel zu lesen hätte. Er war

Der Weitblick für die offene Tür

Die Berge des Jemens

dankbar, dass er das Buch mitnehmen durfte. Da wusste ich, dass der Herr selbst uns diese Tür geöffnet hatte.

An diesem Nachmittag ging ich in einen Teeladen am Markt. Er war ganz anders als die Häuser in Eritrea und ich war erkennbar kein Jemenit.

„Wo kommst du her?", fragten sie, verwirrt über mein Arabisch.

„Bist du Moslem?", war die nächste Frage.

„Nein, ich bin Christ", sagte ich und ergriff die Gelegenheit. „Habt ihr jemals das christliche Buch „Injil" (arabisch für Neues Testament) gesehen oder gelesen?"

Erstaunlicherweise hatten manche ein Evangelium gesehen, aber im Allgemeinen konnte man es im Jemen nicht kaufen. Für gewöhnlich trug ich ein oder zwei Exemplare des Evangeliums in meiner Hemdtasche bei mir. Die Schriften wurden dankbar angenommen. (Da ich nie wusste, welche Reaktionen auf das Verteilen der Schriften erfolgten,

Der Weitblick für die offene Tür

verabschiedete ich mich dann meistens.) Während ich zum Hotel zurückging, war ich ganz hingerissen von dem Gedanken, dass dieses Land sich gerade öffnete und dass wir daran beteiligt sein würden.

Ich bereiste den Jemen etwa zehn Tage lang und jeder Tag brachte neue Überraschungen. Die Hauptstadt Sanaa faszinierte mich durch ihre befestigte Altstadt. Dort auf dem Markt herumzulaufen war wie eine Reise in die Vergangenheit. Für Autos war es fast unmöglich, durch die engen Straßen und zwischen den Häusern hindurch zu kommen. Die Gebäude waren vier oder fünf Stockwerke hoch. Ich war beeindruckt von der außergewöhnlichen Freundlichkeit der Menschen. Oft wurde ich in den Geschäften zu einer Tasse Tee eingeladen und es gab immer wieder Gelegenheiten bei sehr süßem Tee über das Evangelium zu sprechen. Die Freude der Jemeniten zu sehen, wenn sie eine Ausgabe eines Evangeliums erhielten, war wirklich bemerkenswert. Nun war ich mir sicher, dass dies der Platz für unsere zukünftige Arbeit war. Ich fragte mich jedoch, wie wir wohl als Familie dort zurechtkämen. In den Geschäften gab es nämlich nur sehr wenig zu kaufen, sogar von den grundlegendsten Dingen!

Obwohl unsere Freunde von den Südlichen Baptisten in den USA nur ein paar Jahre im Land gewesen waren, konnten sie viele der Vorurteile aufbrechen, die die Menschen über Christen hatten. Aufgrund ihrer Empfehlung bei der Regierung, durfte das Team das einst verschlossene Land betreten. Immer wieder hörte ich in Gesprächen von Dr. Young und dem Jiblah-Krankenhaus. Dieser Chirurg war nahezu überall bekannt und die Menschen reisten von weit entfernt an, um im Krankenhaus medizinische Hilfe zu erhalten.

Aus dem Hochland fuhr ich per Bus in die Tiefebene, „Tihama" genannt, und nahm mir in Hodaidah ein Zimmer in

Der Weitblick für die offene Tür

einem „Hotel", wobei ich nicht genau genug hingesehen hatte. Dann ging ich auf den Markt und versuchte Kontakte zu knüpfen und etwas vom Evangelium weiterzugeben. Erneut war ich gänzlich hingerissen von der offenen Tür vor mir. Als ich nach Ta'iz zurückkehrte, sah ich plötzlich einen Land-Rover vor dem Hotel stehen, aus dem ein Amerikaner ausstieg. Es stellte sich heraus, dass er vom Jiblah-Krankenhaus war, von dem ich schon so viel gehört hatte. Er lud mich freundlich ein sie zu besuchen. Die Fahrt dauerte etwa eineinhalb Stunden. Sie führte über staubige Schotterpisten, aber diese amerikanischen Freunde hießen mich aufs Herzlichste willkommen. Das Krankenhaus und das Gelände lagen an einem Hang und wurden immer noch erweitert. Ich kam mir sogleich vor wie in Amerika, bei so gutem Essen und einem sauberen, komfortablen Bett. Kein Wunder, dass diese warmherzigen Menschen solch einen Eindruck auf die Jemeniten gemacht hatten. Diese erste Begegnung war der Beginn eines jahrelangen Kontaktes mit den Mitarbeitern. Am nächsten Morgen begleitete ich Dr. Young bei seinen Rundgängen. Ich war erstaunt zu sehen, welche Arbeit dort geleistet wurde, sogar größere chirurgische Eingriffe wurden durchgeführt.

Bevor ich Abschied nahm, luden mich meine neuen Freunde vom Krankenhaus herzlich ein, mit meiner Familie so bald wie möglich zurückzukommen. Danach reiste ich weiter nach Aden - was nun unter dem Namen „Volksrepublik Südjemen" bekannt war - die Briten hatten das Land im 1967 verlassen. In der Folge bekämpften sich die rivalisierenden Gruppen, aber die „NLF" (Nationale Befreiungsfront) ging als Sieger daraus hervor. Ich frischte einige alte Kontakte mit den Freunden in Aden auf und ebenso mit einigen einheimischen Gläubigen. Außerdem konnte ich mit Peter unser weiteres Vorgehen besprechen, den Beginn einer neuen Arbeit im Jemen.

Der Weitblick für die offene Tür

Es war fünf Jahre her, seit ich aus Aden mit der „Noor-al-Hayat" gesegelt war. Was hatte sich dort doch alles verändert.

Der Weitblick für die offene Tür

Kapitel 25 - Säen, ernten und viel reisen

Von Aden aus flog ich nach Djibouti. Ich sollte herausfinden, ob sich das Land für einen missionarischen Dienst öffnen würde. Die Franzosen waren immer noch präsent, aber die Regierungsgewalt ging allmählich an die Einheimischen über. Ich musste mich mit dem Präsidenten treffen, um herauszufinden, ob er eine solche Arbeit unterstützen würde. Aber als ich zur Regierungsbehörde ging, um einen Gesprächstermin zu vereinbaren, gab es natürlich eine gewisse Wartezeit, in der sie Erkundigungen über mich einholten.

Da ich kein Französisch sprach, die offizielle Landessprache, war ich natürlich schon im Nachteil. Ich musste einige Tage warten, bevor ich den Präsidenten treffen konnte, und ganz plötzlich wurde mir bewusst, dass ich für solch einen Anlass kaum meine Trekking-Kleidung tragen konnte. Als ich mir meine Hose ansah, musste ich mir eingestehen, dass sie für die Audienz nicht geeignet war. Unverzüglich machte ich mich auf zum Markt, um mir eine neue Hose zu kaufen, die wir später die „Präsidenten-Hose" nannten! Sie war aus einem leichten, grauen Seidenstoff, der, wie ich fand, ziemlich gut aussah.

Am Morgen, als ich zum Präsidenten-Palast ging war ich sehr nervös, aber der Präsident hieß mich freundlich willkommen und es war auch ein Dolmetscher anwesend. Aufmerksam folgte er meinen Vorschlägen. Teil der Dienste, die wir seinem Land anbieten konnten, waren natürlich auch medizinische Arbeiten. Als ich ihn verließ, hatte ich den Eindruck, dass er wohlwollend zugehört hatte, aber er gab uns keine wirkliche Zusage, dass er unsere Bewerbung für eine Arbeit in Djibouti

Der Weitblick für die offene Tür

unterstützen würde. (Trotzdem begann das Team etwa vier Jahre später dort mit seiner Arbeit.)

Ein französischer Christ, der in Djibouti arbeitete, hatte mir eine Telefonnummer von einem einheimischen, christlichen Konvertiten gegeben. Ich rief Mahfood an und er besuchte mich in meinem Hotel. Was für eine Freude, diesen Bruder zu treffen! Er erzählte mir, dass es eine Gruppe Gläubige gab, die sich versammelten, wann immer sie konnten. Das waren großartige Neuigkeiten! Als dann einige dieser Gläubigen kamen, um mich im Hotel zu besuchen, war ich vor Freude überwältigt, wie Gott ohne Hilfe von außen am Werk gewesen war. Während ich auf meinen Termin mit dem Präsidenten wartete, verbrachten wir segensreiche Zeiten zusammen. Ein guter Ort, um sich zu treffen, war der Strand, da dort tagsüber so viele Leute waren, dass eine Gruppe singender und sich unterhaltender Menschen nichts Ungewöhnliches war. Dies war das erste Mal, dass ich eine ganze Gruppe ehemaliger Muslime sah, die sich bemühten, dem Herrn nachzufolgen. Wir verständigten uns hauptsächlich in Arabisch. Manchmal trafen wir uns in meinem Hotelzimmer, obwohl ich zugegebenermaßen etwas nervös war, ob die Polizei womöglich erfuhr, was dort geschah. Einer der Brüder riet zur Vorsicht, da wir in Schwierigkeiten geraten konnten; trotzdem fürchteten mehrere Brüder anscheinend nicht die möglichen Konsequenzen.

Nach ein oder zwei Tagen fragten sie mich, ob ich einen neuen Bruder taufen würde. Man sollte meinen, ich wäre nur allzu glücklich darüber gewesen und bereit, diesen besonderen Gehorsamsschritt dem Herrn gegenüber zu erfüllen. Nein, plötzlich stellte sich in meinem Herzen Angst ein. Was würde geschehen, wenn die Behörden Wind von der Sache bekämen? Ich erzählte meinen neuen Freunden nichts von meiner Angst, ich schämte mich zu sehr; und dieses eine Mal benutzte ich

Der Weitblick für die offene Tür

eine Ausrede. Als sie mich erneut mit der Frage bedrängten, antwortete ich: „Ich kann die Taufe nur nachts vollziehen, tagsüber ist es dafür zu heiß!"

Sie waren verwirrt. Nachts? Wäre ein Termin am späten Nachmittag nicht ausreichend? Sogar jetzt, mehr als vierzig Jahre später erinnere ich mich an meine schwache Ausrede und die Furcht, die dazu führte, vor ihnen nicht die Wahrheit zuzugeben: Ich hatte Angst. Ja - ich bin nicht immer kühn und furchtlos - wir Christen sind ganz normale Menschen! Trotzdem vereinbarten wir, dass die Taufe nachts durchgeführt werden sollte, wenn wir nicht mehr so leicht überwacht werden konnten. Außerdem sollte ich Unterstützung durch ein oder zwei Brüder bekommen.

Dieses Erlebnis werde ich nie vergessen – eine kleine Gruppe von Männern am Strand, und es war so dunkel, dass man kaum die Gesichter erkennen konnte. Drei von uns wateten ins Meer, der Rest blieb am Ufer stehen. Unser „neuer" Bruder stieg aus dem Wasser, nachdem er seinen Glauben bekannt hatte, und mein Helfer umarmte ihn mit einer Wärme und Herzlichkeit, wie ich es noch nie zuvor gesehen hatte. Wir kehrten ans Ufer zurück und diese Art der Begrüßung wiederholte sich. Jeder umarmte den neuen Bruder aufs Herzlichste. Später fand ich die Bedeutung dieses besonderen Willkommensgrußes einem neuen Bruder gegenüber heraus. Menschen, die aus muslimischem Hintergrund zum christlichen Glauben übertreten, müssen der Tatsache ins Gesicht sehen, dass sie von ihren Familien ausgestoßen werden, und durch diese warme, herzliche Begrüßung hießen die Christen einen frisch getauften Bruder in seiner neuen Familie willkommen.

Ein paar Tage später nahm ich Abschied von Djibouti und diesen Brüdern, die mir sehr ans Herz gewachsen waren. Allein der Gedanke, dass ein französischer Christ, der in Djibouti gearbeitet hatte, Gottes Werkzeug gewesen war, um diese Gruppe ins Leben zu rufen, ermutigte mich sehr. Der Herr kann für sein Werk jeden gebrauchen, der bereit ist.

Sanaa, die befestigte Stadt, welche unser neues Zuhause sein würde

Mit der Gewissheit, dass der Herr für uns im Jemen eine offene Tür geschaffen hatte, tat es gut, zur Familie nach Asmara zurückzukehren. Als die Regierung des Jemens uns die Erlaubnis erteilte, eine medizinische Arbeit in dem bislang verschlossenen Land zu beginnen, wussten wir, dass dieser Schritt nicht einfach sein würde. Wir hatten zwei kleine Kinder und ein Baby. Beryl und ich beteten darüber und waren uns sicher, dass wir mit einem Standort in der Hauptstadt Sanaa beginnen sollten. Dort waren alle wichtigen Regierungsbehörden. Die Stadt konnte auch als Versorgungsbasis genutzt werden.

Dann erfuhren wir, dass manche im Team es für klüger hielten, mit der Arbeit im Süden des Landes in Ta'iz zu beginnen. Irgendwie konnten wir über diesen Vorschlag keine Ruhe finden. Aber als wir gemeinsam in den Psalmen lasen, kamen wir zu Psalm 60 Vers 11: „Wer wird mich führen in die feste Stadt?"

Da glaubten wir beide, dass der Herr uns nach Sanaa, die befestigte Stadt, führen wollte. Wie wunderbar ist es, wenn der Herr durch sein Wort so zu uns spricht! Es gibt uns eine enorme Sicherheit und ist eine der größten Segnungen, die uns der Herr zukommen lässt, wenn wir uns seinem Wort zuwenden. Daher war es für uns keine große Überraschung mehr, als wir die Nachricht erhielten, dass das Team übereingekommen war, Sanaa als Ausgangsort zu nehmen.

Unsere Gedanken drehten sich immer mehr um den Jemen. Diese Herausforderung schien für uns zu groß zu sein. Aber gleichzeitig wussten wir auch, dass wir nichts anderes tun konnten, als im Vertrauen auf Gottes Ruf vorwärts zu gehen.

Im Verlauf des Sommers 1969 jedoch stellten sich bei Beryl erneut Probleme mit ihrem Blutdruck ein. Uns wurde geraten, dass es am besten wäre, nach Großbritannien zurückzukehren, wo sie die richtige medizinische Versorgung bekommen könnte. Außerdem sahen wir es als eine gute Möglichkeit, unseren Freunden zu Hause von unserem neuen in Aussicht stehenden Einsatzgebiet zu berichten. So kehrten wir nach Großbritannien zurück. Überwiegend verbrachten wir die Zeit bei Beryls Mutter, die uns immer so liebevoll umsorgte. Unser dritter Sohn Peter wurde am 22. Oktober in der Frauenklinik Glossop Terrace in Cardiff geboren. Unsere beiden älteren Jungen nahm ich am nächsten Tag mit ins Krankenhaus, um ihren neuen kleinen Bruder zu besuchen. Sie waren ganz hingerissen von ihm. Wir nahmen Beryl und das Baby mit nach Hause zurück zu „Nanna".

Zweieinhalb Monate später mussten wir zurück ans Rote Meer. Einige unserer Freunde waren besorgt darüber, dass wir ein so kleines Baby und die beiden kleinen Jungen in ein Land wie

171

den Jemen mitnehmen würden. Die Lebensbedingungen dort würden völlig anders sein. Als wir darüber nachdachten, wurde uns schon ein wenig bange und wir fragten uns, was wohl passieren würde, wenn eines unserer Kinder krank würde? In einem Land wie diesem gab es kaum medizinische Einrichtungen und sogar die Wasserversorgung würde von einem Brunnen im Garten abhängen. Grundnahrungsmittel, insbesondere für die Kinder, würden wir nicht immer beschaffen können. Trotzdem waren wir gleichzeitig so ermutigt und wir wussten, dass der Herr mit uns gehen würde, dass wir weiter voran gehen mussten. Und wieder erlebten wir die Treue Gottes, wie er für unsere Bedürfnisse sorgte. Diesmal zeigte sich seine Fürsorge in einem nagelneuen Land-Rover! Es war ein Modell mit einem kürzeren Radstand, das per Schiff direkt in den Jemen geliefert wurde. Die treue Unterstützung und Zuversicht unserer Gebetspartner ermutigte uns sehr.

Wir entschieden uns, vor Weihnachten wieder abzureisen. Weihnachten Zuhause zu verbringen und gleich danach in den Jemen zu fliegen wäre zu hart für uns und unsere Familien gewesen, so dachten wir. Meiner lieben Beryl bin ich sogar heute noch dankbar, dass sie dazu bereit war. Das Wohlergehen der Kinder war für sie von allergrößter Bedeutung und wir wussten nicht, was auf uns zukam.

Zuerst flogen wir nach Djibouti und konnten uns dort mit einigen der Brüder treffen, denen ich zuvor begegnet war. Danach ging es weiter nach Aden, was nun Demokratische Republik Südjemen genannt wurde (nicht zu verwechseln mit der Jemenitischen Arabischen Republik, dem eigentlichen Jemen, in dem wir nun arbeiten würden.) Peter und Margaret hießen uns herzlich willkommen. Für uns war es wie ein Nach-Hause-kommen, da wir diesen Teil des Jemens gut kannten.

Weihnachten in Aden war ein solcher Kontrast zu den Feierlichkeiten in unseren Heimatländern – in diesem Jahr war es ein ziemlicher Schock. Wir fühlten uns sehr wohl bei Peter und Margaret mit ihren Kindern und doch spürten wir sehr stark die Trennung von unseren Familien. Da gab es keinen Weihnachtsbaum – jedenfalls nicht, wie wir ihn gewohnt sind. Aber in Aden konnten wir einen Abstecher an den Strand zum Schwimmen machen!

Wenn wir an unseren nächsten Schritt dachten, das Land zu betreten, das über so viele Jahre verschlossen war, tauchten immer wieder Fragen und Zweifel in uns auf. Wie würden wir eine Wohnung finden? Was mussten wir tun, um an Möbel zu kommen? Ein wichtiges Utensil, das wir uns bereits in Aden hatten kaufen können, um es mitzunehmen, war eine automatische Waschmaschine. Die Frau des Pastors unserer Kirche in Deutschland hatte uns ein Geschenk in Form einer Spende der Kirche geschickt. Ich erwähnte, dass ich davon gerne einen Fotoapparat kaufen würde. Sie schlug jedoch vor, dass es bei all der Wäsche für unsere drei Kinder besser wäre, davon eine Waschmaschine zu kaufen! Wie recht sie hatte und wie sehr sich Beryl über ihren Vorschlag freute! (Wir waren vorgewarnt worden, dass jemenitische Männer zwar in der Küche und beim Abwasch halfen, sie aber einen großen Bogen um die Wäsche machen würden.) Beryl würde Medhins Hilfe aus Asmara vermissen und es würde viel Wäsche anfallen: Roland war gerade drei Jahre alt, Martin fast zwei und Peter ein Baby.

Damals war Aden ein Freihafen, und für Leute auf der Durchreise eine gute Möglichkeit um einzukaufen. Außer der Waschmaschine deckten wir uns mit allerlei nützlichen Dingen ein, von denen wir annahmen, dass wir sie in Sanaa womöglich nicht bekommen konnten - Toilettenpapier, Instantkaffee, Milchpulver, Haferflocken und so weiter. Unsere persönlichen

Der Weitblick für die offene Tür

Sachen mussten zusammen mit dem Land-Rover (der per Schiff aus Eritrea gekommen war), durch den Zoll gebracht werden. Das nahm mehrere Tage in Anspruch.

Doch am 29. Dezember ging es dann endlich los. Wir hatten einen Lastwagen gemietet, in dem sich unsere Sachen befanden, und wir anderen drängten uns im Land-Rover

zusammen. Peter saß mit mir vorne, Beryl mit der Baby-Tragetasche und den beiden kleinen Jungen hinten. Trotz unserer Nervosität empfanden wir einen gewissen Nervenkitzel bei dem Gedanken, dass wir das Vorrecht hatten, das Land zu betreten, das für so lange Zeit verschlossen war. Als wir den Südjemen verließen und in die Berge fuhren, waren wir gewiss, dass sich die Tür vor uns auftat.

Aufpassen! Wie verläuft die Straße?

Nach ein paar Meilen war die befestigte Straße zu Ende und wir befuhren einen staubigen, unebenen Pfad, auf dem das Fahrzeug die ganze Zeit über schaukelte. Wir versuchten die Kinder zu beschäftigen und Beryl versuchte, trotz der vielen Erschütterungen das Baby zu füttern. Es war erstaunlich, wie gut die Kinder damit zurechtkamen und sich nur wenig beschwerten.

An manchen Stellen war der Pfad so uneben, dass wir befürchteten umzukippen. Während wir immer höher fuhren, gab es viele Haarnadelkurven und es kamen uns viele leere

Der Weitblick für die offene Tür

Lastwagen entgegen. Sie kamen mit solcher Geschwindigkeit, dass wir fürchteten, manche könnten in einer Kurve über die Straße hinausschießen - mit katastrophalen Folgen.

Nach ein paar Stunden erreichten wir den jemenitischen Grenzposten. Die Beamten waren erstaunt zu sehen, dass eine ganze Familie mit kleinen Kindern aus dem Land-Rover stieg. Nachdem die Einwanderungsformalitäten abgeschlossen waren, wurden unsere beiden Fahrzeuge durchsucht. Wir dachten, dies wäre kein Problem – aber da irrten wir uns. Nachdem die Polizei unsere Haushaltssachen kontrolliert hatte, kamen sie zu den Kisten mit Bibeln, Evangelien und christlicher Literatur. Sofort war ihre ganze Aufmerksamkeit darauf gerichtet.

„Was sind das für Bücher? Dies ist ein islamisches Land und christliche Bücher dürfen hier nicht hereingebracht werden. Die werden beschlagnahmt – aber Sie können weiterfahren".

Da schaltete sich Peter ein. Er erklärte, dass wir das Recht hatten, christliche Literatur ins Land zu bringen, als er unseren Vertrag ausgehandelt hatte, im Jemen zu arbeiten und als Christen zu leben. Wir hatten dies wirklich schriftlich.

Die Beamten begannen zu diskutieren und die Debatte zog sich über Stunden hin. Wie froh war ich, dass wir Peter dabei hatten! Die ganze Zeit über waren Beryl und die Kinder entweder im Land-Rover oder im Gebäude der Grenzstation. Ihnen wurde eine kleine Hütte zugewiesen, in der sie warten konnten. Sie hatten immerhin den Luxus in Form einer Art Feldbett und sie bekamen Tee! Ich war beunruhigt, dass sie so lange warten mussten, während wir redeten und redeten. Die Grenzpolizei wollte uns mit unseren Kisten an Literatur immer noch nicht weiterfahren lassen. Sie forderten ein Schreiben von der Bezirksverwaltung, das uns die Erlaubnis gab, das Schriftgut einzuführen.

Der Weitblick für die offene Tür

Wir mussten eine Übernachtungsmöglichkeit finden. Daher ließen wir den Lastwagen an der Grenzstation stehen und fuhren in die Innenstadt von Ta'iz. Wir waren so froh darüber, ein Hotel zu finden, auch wenn es sich von den europäischen Hotels unterschied! Es war wie ein himmlisches Geschenk für uns, einen Platz für Beryl und die Kinder zu haben, einen Raum, in dem sie den

Ein Haus auf dem Fels, ein wirklich bemerkenswerter Anblick!

kleinen Peter füttern konnte! Am nächsten Morgen gingen Peter und ich zu den Regierungsbehörden, um uns nach den Papieren zu erkundigen, die wir brauchten, damit wir die Schriften durch den Zoll bekamen. Was den Umgang mit Verwaltungsaufgaben und dem Verhandeln mit den Behörden im Jemen anging, war dies für mich meine erste Erfahrung. Wir wurden von einem Büro zum nächsten geschickt, um Unterschriften einzuholen – ich weiß nicht mehr, wie viele Unterschriften wir auf einem einzigen Blatt Papier benötigten! Und es war so unbefriedigend, wenn wir ein weiteres Büro betraten, nur um festzustellen, dass die Person, die die Unterschrift leisten sollte, nicht da war!

„Wann wird er zurück sein?"

„Nun, so Gott will, in einer Stunde."

Wir entdeckten, dass „eine Stunde" im Jemen weit mehr heißen konnte! Ich bemerkte, wie geduldig Peter jedem

176

Der Weitblick für die offene Tür

Hindernis entgegensah, und ich verstand, dass nur diese Einstellung gepaart mit Respekt den Einheimischen gegenüber mich davor bewahren würde, völlig frustriert zu werden.

Das war zwei Tage, bevor wir unsere Reise nach Sanaa mit unserer christlichen Literatur fortsetzen konnten. Eine staubige Reise auf einer Schotterpiste. Nach und nach waren wir alle mit Staub bedeckt, obwohl alle Fenster geschlossenen waren. Als wir in den Bergen über einen Pass in mehr als zweitausend Metern Höhe fuhren, genossen wir die kühle Brise.

Nach mehreren Stunden erreichten wir Yareem, den Ort, an dem wir die erste Klinik für Frauen und Kinder eröffnen sollten. Wie üblich mussten wir die Regierungsbeamten und Ältesten der Stadt aufsuchen und wir mussten eine ganze Weile im Ort herumfahren. Überall wo wir hinkamen, versammelten sich die Frauen und Kinder um uns herum und starrten auf unsere kleinen Jungen mit ihrem blonden Haar und der hellen Hautfarbe. Sie wollten sie alle berühren! Für Beryl und die Jungen war es eine Qual, besonders da die Frauen verschleiert waren – auch ihre Gesichter waren völlig verschleiert. Beryl versuchte freundlich zu sein, musste aber gleichzeitig unsere verängstigten Kinder beruhigen.

Etwa drei Stunden später setzten wir unsere Reise zur Hauptstadt fort, wo wir gegen Abend, schön eingestaubt, ankamen. Wir fuhren über einen Pass und da lag Sanaa vor uns, ausgebreitet auf der Ebene, umgeben von Bergen. Aus der Entfernung sahen die Flachdach-Häuser, die aus den dortigen Steinen gebaut worden waren, sehr schön aus. Sie waren taubengrau, in sanften rot-grau-Tönen, rosa- oder beigefarben. Rundherum gab es nur Trockenheit und blanken Fels, der sich steil aufragend in den klaren Himmel erhob. Die Stadt wirkte elegant, sogar etwas kultiviert, doch als wir näher kamen, sahen wir, dass die alten Steine schäbig und gezeichnet waren. Die

Der Weitblick für die offene Tür

überfüllten Straßen waren sehr schmutzig und voller Müll. Wir sahen eine Frau, die auf ihrem Kopf Wasser transportierte, aber der größte Teil der Menschenmenge bestand aus Männern und Kindern. Wir wussten, dass es ein paar Hotels gab, fragten uns aber, wie die Zimmer wohl aussahen. Würden wir uns waschen können und etwas zu Essen bekommen? Schließlich fanden wir das Zahara-Hotel, in dem die Mitarbeiter sehr freundlich und hilfsbereit waren.

Für die Kinder am nächsten Morgen Frühstück zu bekommen, war schwierig. Im Hotel gab es zum Frühstück ein Gericht aus Bohnen und dem dort üblichen Brot, was für uns Erwachsene in Ordnung war. Aber was konnten wir Roland und Martin geben? Einer der Hotelangestellten ging zum Markt und kehrte mit Cornflakes und Ovomaltine zurück, und seine Bemühungen wurden von den Kindern sehr geschätzt! Während Beryl im Hotel blieb und sich um die Kinder kümmerte, befassten Peter und ich uns mit der Aufgabe, die Arbeit in Yareem aufzubauen. Und wieder lernte ich, dass Geduld hier eine der großen Qualitäten ist, die man braucht, wenn man mit den verschiedenen Behörden verhandelt, angefangen vom Gesundheitsministerium bis zum Innenministerium. Beryl benötigte all ihr Können, um die Kinder im Hotelzimmer gut zu beschäftigen.

Wir verbrachten zehn Tage in Sanaa, in denen wir im Hotel aus dem Koffer lebten. Am Nachmittag, wenn die Behörden geschlossen hatten, nahmen wir die Kinder zu einem Spaziergang mit nach draußen. Beryl wollte nicht alleine rausgehen, was durchaus verständlich war, da wir so viel Aufmerksamkeit auf uns zogen. Sie war froh, mich dabei zu haben, um Roland und Martin vor der Menge der anderen Kinder abzuschirmen. Diese umringten uns in dem Versuch, die beiden Jungen anzufassen, während sie sich am Kinderwagen festhielten und Schutz suchten, als ginge es um

Der Weitblick für die offene Tür

ihr Leben. Bei diesen Spaziergängen konnten wir in Erfahrung bringen, welche Geschäfte es gab und was wir dort kaufen konnten; beispielsweise Nahrung für die Kinder wie Milchpulver oder Orangensaft. Wie freuten wir uns, als wir beides vorfanden!

Außerhalb des alten, befestigten Stadtteils wurde viel gebaut und wir begannen, uns nach einem passenden Haus umzusehen, wenn möglich mit einem kleinen Garten. Peter hatte bereits ein Haus mit Garten, in dem die Kinder spielen konnten, ausfindig gemacht. Aber als wir es uns ansahen, waren wir sehr bestürzt! In der Mitte des Gartens befand sich ein großer offener Brunnen, vielleicht zwanzig Meter tief! Das war die Wasserversorgung. Beryl war sich sicher, dass dies nicht das richtige Haus für uns war! Wir erkundigten uns weiter und fragten Einheimische, ob sie uns bei der Suche nach einen passenden Haus helfen könnten. Wenige der neuen Häuser, die gerade gebaut wurden, schienen für unsere Familie geeignet zu sein.

Nach etwa zehn Tagen musste Peter nach Aden zurückkehren und ich musste nach Yareem, um unseren beiden Krankenschwestern dabei zu helfen, die geplante Klinik für Frauen und Kinder zu eröffnen. Wir hatten Yareem mit der Auffassung verlassen, dass die Behörden ein geeignetes Gebäude für uns suchen würden, in dem wir mit der medizinischen Arbeit beginnen konnten.

Als ich dort ankam, war ich sehr überrascht, eine Menschenansammlung zu sehen, größer, als ich bisher jemals gesehen hatte! Und aus mir unbekannten Gründen schien ich das Zentrum dieses Tumults zu sein! Stammesangehörige aus den umliegenden Gebieten waren gekommen und trugen Gewehre mit sich! (Manche hatten russische automatische K47-Gewehre.) Der Lärm, all das Gedränge und die Rufe

Der Weitblick für die offene Tür

begannen mich nervös zu machen. Ich wurde von der Menge mitgezogen, unfähig herauszufinden, worum es ging. Bald erreichten wir ein großes Gebäude, das wie eine Schule aussah. Dort warteten bereits eine Reihe einheimischer Beamter. Der Gouverneur war anwesend und mit ihm mehrere einheimische Würdenträger. Ein weißes Band hing quer vor dem Eingang des Gebäudes. Bevor ich irgendetwas sagen konnte, schnitt der Gouverneur das Band durch. Die Menge klatschte und jubelte und einige schossen mit ihren Gewehren in die Luft. Es war die Eröffnung des neuen Krankenhauses nach jemenitischer Art.

Ich brauchte eine Weile, bis ich herausgefunden hatte, dass die Menschen, die zum Empfang gekommen waren, eine Klinik wie das Jiblah-Krankenhaus erwarteten, von dem sie gehört hatten. Dann hatte ich die schwierige Aufgabe, sie davon zu überzeugen, dass das Abkommen, welches wir mit der Regierung des Jemen unterzeichnet hatten, besagte, dass wir unsere medizinische Arbeit auf den bedürftigsten Teil der Bevölkerung konzentrieren sollten. Das waren die Frauen und Kinder. Sie waren wirklich sehr enttäuscht, aber so war unsere Vereinbarung.

Wir begannen, uns nach einem kleineren Haus vor Ort umzusehen, in dem unsere Krankenschwestern im Erdgeschoß eine Klinik betreiben und im oberen Stockwerk wohnen konnten - das wäre viel zweckmäßiger,

Die Attraktion! ...
Jemenitisches Mädchen trägt Martin

180

da wir nur zwei Arbeiter verfügbar hatten. Mit Hilfe der Einheimischen fanden wir ein altes, jemenitisches Haus mit drei Stockwerken. Es war ziemlich sauber, würde aber einige Verbesserungen benötigen.

Ich seufzte erleichtert, als ich am Nachmittag aufbrach. Ich fuhr in einem örtlichen „Taxi" gemeinsam mit acht anderen, um zurück nach Sanaa zu meiner Familie zu kehren. Mir schien, dass unser Dienst in diesem Land nicht ganz einfach werden würde.

Kapitel 26 - Unser neues Zuhause

Nach der Rückkehr nach Sanaa lebten wir weiter im Hotel. Wir hofften, dass es nicht mehr allzu lange dauern würde, bis wir unser eigenes Zuhause hätten. Das Waschen der Kleidung, besonders der Stoffwindeln, war sehr schwierig (Wegwerfwindeln waren kaum bekannt.) Beryl musste die Wäsche im Zimmer waschen und anschließend die drei Kinder mit aufs Dach des Hotels nehmen, wo sie die Wäsche zum Trocknen aufhängen konnte!

Wir sahen tatsächlich ein Haus, das uns gefiel, aber es war noch nicht bezugsfertig. Es war gerade erst gebaut worden und einige Arbeiten mussten noch abgeschlossen werden. Es war ein gesichertes Haus mit einem Garten und einer Wasserversorgung. Es hatte sogar eine richtige Toilette und ein Bad! Wie gewöhnlich mussten wir uns in Geduld üben. „Buqra" (Morgen) war ein sehr beliebtes Wort im Jemen!

Während wir darauf warteten, dass unser Haus fertig gestellt wurde, gingen wir für einige Zeit nach Yareem, um dort den Krankenschwestern zu helfen, die gerade erst angekommen waren. Als erstes mussten wir eine Art Toilette bauen, um die aktuelle Einrichtung zu verbessern, die aus einem einfachen Loch im Boden bestand! Wir konnten uns etwas Holz organisieren und damit einen Sitz bauen. In der Küche brachten wir Regale an. In der ersten Zeit hatten wir kein fließendes Wasser. Es musste mit Hilfe eines Esels hergebracht und dann aufs Dach getragen werden, von wo aus es in die Küche sowie ins Badezimmer gepumpt wurde. Alle Achtung vor unseren Krankenschwestern, die sich so gut auf die

Der Weitblick für die offene Tür

Umstände einstellten. Es ist doch erstaunlich, wie schnell man sich einem einfachen Lebensstil anpasst!

Bald jedoch begann es uns überall zu jucken – Flöhe! Und wie sie herumsprangen! Viele Menschen gingen bei uns aus und ein und wir konnten die Tierchen nicht unter Kontrolle bekommen. Wir hatten einen regelrechten Wettstreit miteinander, wer innerhalb einer Stunde die meisten Flöhe fangen und töten konnte. Die nächsten „Feinde" waren Kakerlaken. Es ist nicht verwunderlich, dass man Kakerlaken in alten Häusern wie diesem findet, mit ihren unzulänglichen sanitären Anlagen. Sie neigten dazu, sich in der Küche zu versammeln, dem einen Ort, den eine Hausfrau versucht besonders sauber zu halten. Selbst eine Schranktür zu öffnen machte einen nervös. Manche der Frauen hätten geschrien, wenn sie eine Schabe in ihrem Zimmer vorgefunden hätten. Obwohl Flöhe eine Pest sind, sind Kakerlaken ein echtes gesundheitliches Problem. Wenn sie sich zeigten, konnten wir sie töten, aber sonst blieb nicht viel. Heute bin ich erstaunt, wie Beryl, die Kinder und auch die Krankenschwestern mit all dem zurechtkamen. Nachts hatten wir für eine kurze Zeit Strom, aber häufig waren wir vollständig auf unsere Petroleumlampen angewiesen. Wir versuchten, die Kinder so gut wie möglich zu beschäftigen. Manchmal nahm ich sie mit zum Markt, um das an Gemüse einzukaufen, was es gerade gab. Natürlich zog überall, wo wir hingingen, ihr blondes Haar und ihre helle Haut die Aufmerksamkeit der einheimischen Bevölkerung auf sich.

Wenn wir spazieren gingen, hielten uns die Einheimischen manchmal an, nur um Hallo zu sagen und die Kinder zu berühren. Unsere Jungen warfen den Frauen und Kindern, die sie berührten oder sogar küssten, düstere Blicke zu. Immer wieder wurden wir gefragt, warum wir in den Jemen gekommen waren, obwohl die Lebensverhältnisse dort nicht so einfach und

Der Weitblick für die offene Tür

die Nahrungsmittel so begrenzt waren. Wenn wir ihnen erzählten warum, waren sie immer dankbar dafür, dass es unser Ziel war, den Menschen im Jemen zu helfen. Sie zeigten sich dann freundlich und hilfsbereit.

Unsere Klinik war ganz einfach eingerichtet: Zwei Räume mit dem Nötigsten an Mobiliar, in denen sich die Krankenschwestern die Frauen und Kinder ansehen konnten. Anfangs war es schwierig, die Männer davon zu überzeugen, dass dies eine Klinik nur für Frauen und Kinder war. Männer konnten viel leichter zu einem medizinischen Zentrum oder Krankenhaus reisen, um für sich selbst Hilfe zu bekommen. Frauen hingegen waren gänzlich abhängig davon, dass ihre Männer sie begleiteten. Das Jiblah-Krankenhaus lag zwei

Marktszene, einheimische Taxis (Motorräder) und einheimisches Brot

Stunden entfernt.

Nach etwa zehn Tagen kehrten wir nach Sanaa zurück und verließen die beiden Krankenschwestern Vivienne und Kay, die in Yareem lebten und dort ihren Dienst taten. Wir besuchten sie ab und zu und halfen ihnen, wenn nötig, aus. Nun war es an der Zeit, unseren Standort zu errichten. Während die letzten

Der Weitblick für die offene Tür

Arbeiten an unserem Haus abgeschlossen wurden, kehrten wir für ein paar Tage ins Hotel zurück. Zusätzlich zu den wenigen Möbelstücken, die wir mitgebracht hatten, kauften wir ein paar ganz einfache Bettrahmen und Matratzen. Als wir schließlich in unser neues Zuhause einziehen konnten, war es ein Vergnügen, endlich unsere Koffer auszupacken! Das Haus besaß ein ordentliches Tor und der Garten war mit einer zweieinhalb Meter hohen Mauer umgeben. Die Fenster waren mit Eisenstäben vergittert, um Diebe abzuhalten. Die Haustür bestand aus massivem Holz und der Schlüssel dazu war etwa 13 cm lang (den konnte Beryl nicht so einfach in ihre Handtasche stecken!). Die Küche befand sich außerhalb des Hauses, daran mussten wir uns erst gewöhnen. In einer Ecke des Gartens war der abgedeckte Brunnen, unsere Wasserversorgung, auf die wir angewiesen waren. Da der Wasserspiegel jährlich um einen Meter fiel, mussten wir von Zeit zu Zeit Arbeiter rufen, die bis zum Grund des Brunnens kletterten, um ihn tiefer auszuschachten, bis sie wieder auf Wasser stießen. Die Kinder freuten sich daran, im Garten zu spielen, und Beryl und ich genossen es, endlich einen Platz zu haben, den wir unser Eigen nennen konnten.

Roland und ein Freund

Ich bin mir sicher, dass unser Lebensstil die Einheimischen in Erstaunen versetzte! Warum konnten wir nicht einfach unsere Finger zum

Der Weitblick für die offene Tür

Essen gebrauchen? Warum wuschen und schrubbten wir frisches Gemüse und Obst? Warum konnten wir das Wasser aus dem Brunnen nicht trinken? Und so weiter. Nach und nach lebten wir uns ein und bekamen Routine. Wir fanden einen jungen Burschen, der bereit war, uns bei der Hausarbeit zu unterstützen. Damals war Sanaa keine große Stadt und es gab nur wenige Geschäfte, in denen man eine Auswahl an Nahrungsmitteln hatte. Wir lebten in der Nähe eines Haupttores und die wichtigsten Geschäfte lagen innerhalb der Stadtmauern. Das waren altmodische Geschäfte, in denen man noch über den Ladentisch bedient wurde. Gewöhnlich gingen wir einmal in der Woche zum Markt, um frisches Gemüse einzukaufen. Dort boten auch die Metzger ihr Fleisch an. Es wurde oft im Freien hängend ausgestellt, war mit Fliegen bedeckt und ungewöhnlich zäh. Wir mussten ordentlich handeln, um einen fairen Preis zu erzielen – doch war dies das Einzige an Fleisch, das wir bekommen konnten. Andererseits kauften wir Salat und Kartoffeln einen Tag, nachdem der Bauer sie geerntet hatte.

Beryl wandte all ihre Kochkünste auf, um das gleiche Fleisch auf verschiedene Art und Weise zuzubereiten und zu servieren. Zuerst musste sie es sorgsam waschen, dann durch den Fleischwolf drehen – was sehr schwer war, daher wechselten wir uns bei dieser Arbeit ab. Beryl war sehr einfallsreich: An einem Tag gab es Hamburger, am nächsten Hackfleisch, dann Spagetti Bolognese oder Frikadellen und so weiter. Sie kochte natürlich sehr lecker und unseren Kindern schmeckte ihr Essen. Obwohl die Auswahl eingeschränkt war, nahm niemand von uns ab!

Meine Hauptaufgabe war, die Regierungsbehörden aufzusuchen und Genehmigungen für unsere Arbeit einzuholen, Visa zu beantragen und was sonst noch so anfiel. Es war gar nicht gut, wenn ich einen festen Zeitplan hatte! Es kam oft vor, dass ich

Der Weitblick für die offene Tür

auf das Amt kam und der Minister oder Beamte gerade nicht da war.

„Wann wird er hier sein?"

„Vielleicht in einer Stunde!"

Wenn ich pünktlich nach einer Stunde zurückkehrte, war der Beamte, den ich vorfinden sollte, noch immer nicht in Sicht. Und um das endgültige Dokument zu bekommen, wurden immer eine Anzahl an Unterschriften benötigt. Aber die Freundlichkeit der Jemeniten war ansteckend. Es gab kaum ein Amt, auf dem mir nicht eine Tasse Tee angeboten worden wäre. Wie dem auch sei, warum sollte sich der Fremde nicht auf ein Schwätzchen setzen? Warum war er ständig so in Eile? Und wieder erkannte ich, dass diese Wartezeiten eigentlich gute Gelegenheiten waren, um etwas vom Glauben weiterzugeben und zu erzählen, warum wir in den Jemen gekommen waren.

Soweit wir wussten, gab es damals keine anderen Christen in Sanaa. Trotzdem entschieden wir uns, einen richtigen Sonntagsgottesdienst abzuhalten, mit Vater als Prediger, Mama als Gemeinde und die Kinder spielten auf dem Boden! Das Wohnzimmer in unserem Haus war groß genug, um dort Treffen abzuhalten. Später wurden es mehr Menschen, die Gemeinde wurde größer und das war jedes Mal eine Freude. In den frühen Siebzigern kamen weitere Organisationen in den Jemen, die meisten, um medizinische Arbeit zu leisten. Da wir der Hauptstandort für das Team im Jemen waren, war unser Haus oft ein „Hotel" für Arbeiter oder Besucher, die übers Wochenende oder zum Einkaufen nach Sanaa kamen. Unsere Kinder wuchsen heran und waren daran gewöhnt, dass wir häufig fremde Menschen am Tisch oder im Haus hatten. Sie waren oft ein solcher Segen für uns und die Kinder. Die einzige Zeit, in der unsere Kinder einen weniger guten Appetit hatten,

Der Weitblick für die offene Tür

war, wenn die Krankenschwestern aus Yareem bei uns übers Wochenende zu Besuch waren. Sie nahmen die Kinder zu einem Ausflug mit in die Außenbezirke der Stadt und kauften ihnen Süßigkeiten!

Unser Haus stand für alle weit offen, nicht nur für medizinische Dienste, sondern auch, wenn es darum ging, von unserem Glauben zu erzählen. Manchmal baten die Menschen uns um Bibeln. Eines Tages sprach ich auf dem Markt mit einem offensichtlich bedeutenden Mann, einem eindrucksvollen Charakter, der einen Revolver und eine K47 trug. (Die Männer waren so stolz auf ihre meist russischen Waffen.) Er erzählte mir, dass er der Sohn eines Stammesführers war. Dieser Führer war Scheich eines Stammes östlich von Sanaa. Der Stamm konnte zwanzigtausend Kämpfer innerhalb von 24 Stunden mobilisieren – eine beeindruckende Streitmacht! Natürlich war er dann ein einflussreicher Mann in seiner Gesellschaft! Da er offensichtlich daran interessiert war, sich mit mir zu unterhalten, lud ich ihn nach Hause ein, damit wir in privater Umgebung besser reden konnten. Aber als er uns dann besuchte, brachte er ein anderes Stammesmitglied mit. Als ich ihm vom Evangelium erzählte, zeigte er überhaupt kein Interesse. Doch am nächsten Tag besuchte er mich erneut, dieses Mal allein. Was für eine Veränderung! Seine Reaktion war ganz anders. Als ich ihm noch einmal etwas über unsere großartige Errettung darlegte, antwortete er: „Für mich gibt es keine Hoffnung! Weder in dieser noch in der zukünftigen Welt!"

Er gab zu, dass er begonnen hatte Alkohol zu trinken – was im Jemen verboten war – und seinen Vater in anderen Dingen enttäuscht hatte. Ich versuchte, ihn auf unseren Erlöser hinzuweisen, aber irgendwie konnte er es nicht annehmen, oder er wollte es nicht begreifen. Ich war traurig. Ich sah ihn nicht mehr wieder und einige Zeit später hörte ich, dass sein

Der Weitblick für die offene Tür

Vater ihn erschossen hatte. Die Ehre des Stammes ist in diesen Gesellschaften oftmals wichtiger als familiäre Zugehörigkeit!

Es fiel uns schwer, uns an die „harte Rechtsordnung" in dieser Gesellschaft zu gewöhnen. Die Hinrichtungen, Amputationen, der Umgang mit Frauen, der Gedanke der „Ehre" einer Familie oder eines Stammes, und so weiter. Da wir mitten unter den Menschen lebten, erkannten wir, dass das Evangelium wahre Gerechtigkeit bringen kann, zusammen mit Heilsgewißheit und Sündenvergebung.

Kapitel 27 - Offene Türen

Als wir drei Monate im Jemen waren, machte ich mich mit dem Land-Rover auf, um mir eine Gegend im Tiefland, die sogenannten Tihama, anzusehen. Die Menschen dort sollten sehr arm sein. Beryl musste ich mit den drei Kindern allein in Sanaa zurücklassen. Gerade damals, als es noch keine Mobiltelefone gab, mussten wir dem Herrn einfach vertrauen, dass er die Familie bewahren und gleichzeitig auf mich achtgeben würde, während ich in unbekannten Gegenden unterwegs war. Bis nach Hodaidah, dem Haupthafen an der Küste des Roten Meeres, brauchte ich vier Stunden. Es war eine sehr kurvenreiche Strecke; die Landschaft aber war wunderschön. Die Berge in der Umgebung waren zwei- bis dreitausend Meter hoch und an ihren steilen Hängen lagen überall kleine Dörfer. Nach und nach änderte sich die Landschaft und das Klima. Das Land wurde flacher und sandiger, während die Hitze und Feuchtigkeit rasch zunahmen. Obwohl die Landschaft sich veränderte, je tiefer ich kam, waren immer noch Dörfer in allen Richtungen zu sehen. Die plötzliche Hitze war ein solcher Kontrast zum kühlen Hochland, als ich das Tiefland erreichte. Die Häuser hier waren überwiegend im Stil afrikanischer Hütten gebaut und auch die Menschen sahen anders aus: sie hatten eine viel dunklere Hautfarbe. Später wurde mir erzählt, dass viele der Menschen, die dort lebten, Nachkommen von Sklaven waren, die aus Afrika hergebracht worden waren.

Der Weitblick für die offene Tür

Sand und nochmals Sand. Wo ist die Straße?

Als ich Hodaidah erreichte, ging ich zuerst zur Regierungsbehörde, um sie über unsere Absicht zu informieren, einige Kliniken und medizinische Versorgungszentren in der Tihama zu eröffnen. Inzwischen hatte ich einige Erfahrung mit Behördengängen gesammelt. Ich wurde gebeten, Platz zu nehmen und etwas zu warten auf den Beamten, den ich sehen musste. Wie üblich wurde ich in gut gelaunter Weise mit mehreren Tassen Tee bedient, während die Zeit verging und der Beamte immer noch nicht auftauchte. Es fiel mir schwer geduldig zu sein, da ich geplant hatte, noch einige andere Dinge zu erledigen, bevor ich die Küste entlang weiterreisen wollte. Dann fiel plötzlich jemandem ein, dass der Direktor heute überhaupt nicht kommen würde, da er nach Sanaa gereist war! Jedenfalls sprach ich dann mit seinem Stellvertreter und verließ erleichtert das Amt.

Aber jetzt wurde es spät, und da die Mittagszeit die heißeste Tageszeit ist, haben die Geschäfte für zwei bis drei Stunden geschlossen, um der Hitze des Tages zu entgehen, und die Leute essen zu Mittag oder halten ihren Mittagsschlaf. Es war

Der Weitblick für die offene Tür

nicht gut in Eile zu sein, das würde nur zu Enttäuschungen führen. Wie schwer war es für mich, diese Lektion zu lernen! Ich musste eine weitere Nacht in Hodaidah verbringen, bevor ich weiterreisen konnte.

Am nächsten Morgen war ich froh, dass ich den Land-Rover hatte! Die harten Asphaltstraßen hörten außerhalb der Stadt auf und ich konnte nur noch Pfaden im Sand folgen. Diese wurden manchmal so hart wie Wellblech und das Auto und ich wurden ziemlich durchgeschüttelt. Plötzlich teilte sich der Pfad und ich war mir nicht sicher, welchen Weg ich weiter nehmen sollte. Es dauerte einige Zeit, bis ich jemanden fand, den ich fragen konnte. Der Gedanke, im Sand stecken zu bleiben, war auch äußerst beunruhigend, aber schließlich erreichte ich einen Ort namens Zaidiya, eine Kleinstadt an der Küste. Wie üblich ging ich zuerst zur Regierungsbehörde oder dem örtlichen Bürgermeister. Als ich erwähnte, dass wir Interesse hätten, medizinische Hilfe zu leisten, brach große Begeisterung aus. Ja, sie hätten sogar ein kleines Krankenhaus, das leer stünde, wurde mir gesagt.

So verließ ich das Amt und begab mich zu dem besagten Gebäude, welches außerhalb der Stadt lag. Es war ein quadratisches Gebäude mit acht bis zehn Zimmern – wirklich eher als kleines Krankenhaus geeignet denn als Praxis. Die Beamten taten eifrig meinen Einwand mit der Bemerkung ab: „Nun, sie können ja auch in dem Gebäude wohnen."

Sie zeigten starkes Interesse und bedrängten mich, ihnen eine definitive Antwort zu geben, was ich zu diesem Zeitpunkt natürlich nicht tun konnte. Die Teamleitung hatte die Entscheidung zu treffen, ob wir einen neuen Standort eröffnen würden. Da wir gerade erst mit der Arbeit im Jemen begonnen hatten, standen kaum genügend Mitarbeiter zur Verfügung, um unsere bestehende Arbeit aufrechtzuerhalten. Bevor ich den

Der Weitblick für die offene Tür

Ort verließ, bekam ich noch eine wohlschmeckende Mahlzeit, bei der ich auf dem Boden sitzend nicht nur das Essen genoss, sondern vor allem die Gemeinschaft mit den Einheimischen. Während ich meine Reise fortsetzte, um die Gegend weiter kennenzulernen, wiederholte sich diese Begebenheit immer wieder.

Ich war bewegt von der offensichtlichen Notwendigkeit medizinischer Versorgung unter der Bevölkerung – häufig starben Kinder, da keine medizinische Hilfe erreichbar war. In der Tat stand ich bald sehr kranken Menschen gegenüber und hatte kaum irgendetwas an Medikamenten bei mir. Während ich weiter in Richtung der Grenze nach Saudi-Arabien fuhr, machte ich mir große Sorgen um sie.

In einem der größeren Dörfer wurde ich beim örtlichen Gouverneur eingeladen. (Dies ist häufig ein einsamer Job für die Beamten, die meist aus dem Hochland kommen und sich fast wie Fremde unter der örtlichen Bevölkerung fühlen.) Er war so erfreut über den Besuch und ich erhielt eine schöne Mahlzeit – verbunden mit einer weiteren Anfrage zu kommen und zu helfen. In manchen Orten gab es einen Krankenpflegehelfer, aber er hatte kaum Medikamente zur Verfügung, mit denen er arbeiten konnte.

Eines Morgens, ich war gerade aufgestanden, wurde ich von einer Gruppe Männer umringt, die mich baten mit ihnen zu kommen, um zu helfen. Ich ging mit ihnen und traf eine Frau an, die gerade entbunden hatte. Die Plazenta hatte sich nicht abgelöst und sie richteten all ihre Hoffnungen auf mich, dass ich ihnen helfen könnte. Das brachte mich in Verlegenheit, da ich keinerlei Kenntnisse in Geburtshilfe hatte. Sie baten mich eindringlich ihnen zu helfen. Plötzlich fiel mir aus meiner Krankenpflegezeit ein Medikament namens „Ergemetrin", wieder ein. Das war alles, was ich vorschlagen konnte. Wir

Der Weitblick für die offene Tür

gaben ihr eine Spritze – (ich erinnere mich nicht mehr daran, woher ich das Medikament bekommen hatte oder ob ich es dabei hatte). Ich ging, immer noch verunsichert, ob dies die richtige Behandlung gewesen war.

(Um es kurz zu machen): Als ich die Küste mehrere Monate später wieder besuchte, rief plötzlich hinter mir jemand: „Adel, ya Dr. Adel!" Ein Mann erzählte mir strahlend, dass die Spritze, die ich der Mutter bei meinem ersten Besuch im Tiefland verabreicht hatte, die gewünschte Wirkung gehabt hatte. (Ich bin mir sicher, dass es nicht mein Können war, sondern Gottes Eingreifen.) Von diesem Zeitpunkt an hatte ich einen Ruf als tüchtiger „Hakim" (Arzt)!

Als ich endlich wieder sicher in Sanaa angekommen war, waren wir alle froh, als Familie wieder zusammen zu sein! Für Beryl war es nicht einfach, die Verantwortung zu tragen, nicht nur für das Haus und die Familie, sondern auch für die Krankenschwestern in Yareem, die sie bei Notfällen anriefen und um Rat fragten. Damals, als es noch keine Mobiltelefone gab, konnten wir keinen Kontakt halten, während ich unterwegs war, außer ich kam in eine Stadt, in der es einen Telefonanschluss gab – und dieser war meistens defekt.

Wir waren glücklich in Sanaa und uns war klar, dass der Herr selbst uns diese Tür geöffnet hatte. Die Menschen waren so offen und immer wieder hatten wir Gelegenheiten, das Wort des Lebens weiterzugeben. Anfangs waren wir von christlicher Gemeinschaft ganz isoliert gewesen, aber innerhalb weniger Monate begann unsere Zahl zu wachsen, da neue Mitarbeiter eintrafen. Das bedeutete, dass wir neue Unterkünfte für sie finden mussten. Wir mieteten ein Haus für die Männer und ein anderes für die Frauen.

Der Jemen war eine konservative Gesellschaft und begann sich nur langsam für fremde Ideen und ausländische Technologien

Der Weitblick für die offene Tür

zu öffnen. Ich hatte das Team zu Hause vorgewarnt, dass die Frauen nur unauffällige Kleidung tragen durften, da die meisten jemenitischen Frauen bis auf die Augen von Kopf bis Fuß verschleiert waren. Ich erinnere mich daran, dass ich auf dem Flughafen auf neue Mitarbeiter wartete. Die meisten waren Krankenschwestern und Hebammen. Als ich sie die Treppe vom Flugzeug herunterkommen sah, bekam ich einen Schock! Eines der Frauen trug einen Minirock und sofort waren alle Augen der Männer, um die Maschine herum zu, meiner großen Verlegenheit erstaunt auf sie gerichtet. Sobald die Formalitäten geklärt waren, schickte ich sie in aller Eile in den Land-Rover! Während der Fahrt versuchte ich, ihnen das Thema der Rocklänge näherzubringen. Ein besonders schwierig anzusprechendes Thema, wenn jemand gerade zum Dienst im Land eingetroffen ist. Die Frauen waren von meinen Bedenken sehr überrascht. Kannte ich nicht die Mode in Großbritannien?

„Nun, das mag in Europa so sein, aber wir sind hier im Jemen!", sagte ich.

Ich konnte erahnen, dass es noch weitere Diskussionen diesbezüglich geben würde und fragte mich, ob ich am Flughafen richtig reagiert hatte. Ich war so froh und dankbar, als Beryl den Mädchen die Zusammenhänge erläuterte, und sie begannen wesentlich längere Röcke zu tragen. Trotzdem wurden sie später wieder kürzer, besonders in einem Fall! Manches kann man so oft sagen, wie man will!

Später stellte sich jedoch heraus, dass unsere Besorgnis gerechtfertigt gewesen war. Eines Tages kam der Arabischlehrer völlig aufgeregt zu mir. Er war nicht bereit, weiterhin Frauen zu unterrichten, bei denen er so viel Bein sehen musste! Das war eine peinliche Situation. Ich konnte ihn wieder beruhigen. Und nach weiteren Gesprächen mit der jungen Frau erkannte sie, dass dies keine einfache

Der Weitblick für die offene Tür

Angelegenheit war, und wir hatten keine weiteren Probleme. Was den Fall erschwerte, war die Tatsache, dass sie eine so nette Frau war, eine richtige Freundin, und wir hatten sie gerne. Von da an wussten wir, dass Kleidung zählte. Die kurzen Röcke waren „verboten" und wir hatten keine weiteren Schwierigkeiten. Tatsächlich begannen mehr und mehr Mitarbeiter den jemenitischen Kleidungsstil zu übernehmen.

Nun gab es so viele Anfragen nach medizinischer Arbeit und wir hatten nicht genug medizinisches Personal. Es war so eine Ermutigung für uns, als mehr Teammitglieder in den Jemen kamen. Auch andere Organisationen zeigten Interesse, im Jemen eine Arbeit aufzubauen. Besonders die Jahre 1970/1971 waren eine segensreiche Zeit mit vielen Gelegenheiten, das Evangelium weiterzugeben, und mit vielen neuen Mitarbeitern. Ein neues Wagnis begann, als der erste nicht-medizinische Mitarbeiter, namens Ulrich, kam um an einer staatlichen Schule in Sanaa zu unterrichten.

Meine größte Freude war es, den Menschen in meinem Umfeld das Evangelium zu erklären. Ich fand, es war ein wirkliches Verlangen vorhanden, dem zuzuhören, was wir zu sagen hatten, und dass die Leute begierig waren, einen Teil des Wortes Gottes zu erhalten. Zwei junge Männer begannen, in unser Haus zum Bibelstudium zu kommen. Sie forschten eifrig danach, was es bedeutet, Christus nachzufolgen. Aber schon bald gab es ein Problem, als einer von ihnen mir erzählte, dass er gerade seine Arbeit verloren und kein Geld hatte. Zu der Zeit hatte das Team eine sehr strenge Regel, die besagte, dass wir unter keinen Umständen finanzielle Hilfe leisten durften. Wir wollten keine „Reis-Christen" (das sind diejenigen (abfällig benannt), die sich nur aus materiellen Gründen zum christlichen Glauben bekennen). Ein Zustand, der in der ganzen Geschichte der Missionsgesellschaften hindurch ein Problem war. Und wir hatten doch mehr als genug. Konnten wir zusehen, wie sie ohne Essen wieder gingen? Was sollten wir tun? Wir waren in einer schwierigen Situation, besonders da ich, was auch immer ich damals empfand, Verantwortlichen unterstellt war und die Regeln kannte. Schließlich schlug ich vor, gemeinsam dafür zu beten, dass der Herr sie mit Arbeit versorgen würde. Als sie das Haus verließen, konnte ich erkennen, dass sie nicht überzeugt davon waren, aber dennoch blieben wir alle dran im Gebet.

Ein oder zwei Tage später kamen sie zu uns und berichteten freudig, wie einer von ihnen in der Nacht geweckt und angefragt worden war, ob er mit einem Auto etwa 40 km außerhalb von Sanaa fahren könnte, um einen liegengebliebenen Lastwagen zu reparieren. Was für eine Sensation! Das bedeutete Arbeit und genügend Geld für Lebensmittel. Sie waren innerlich ermutigt und wir ebenfalls. Es lehrte sie etwas darüber, dass Gott für sie in ihrem Alltag sorgte.

Sogar jetzt noch, vierzig Jahre später, erinnere ich mich an die besondere Offenheit für das Evangelium, die damals einzigartig erschien.

Der Weitblick für die offene Tür

Kapitel 28 - Unsere beiden Zuhause...

Im Sommer 1971 sollten wir auf Heimaturlaub gehen. Peter war mit seiner Familie nach Sanaa gezogen, daher wussten wir, dass die Arbeit in fähigen Händen war, während wir zu Hause weilten. Aber wir fragten uns, wo wir wohnen sollten. Unsere Eltern waren stets bereit uns aufzunehmen, aber wir brauchten natürlich schon eine Wohnung für uns, um etwas Raum für unsere drei lebhaften Jungen zu haben. Dieses Mal zeigte Gott seine Treue, indem er uns das Pfarrhaus in Cardiff zur Verfügung stellte, da die Gemeinde dort gerade ohne Pastor war. Für uns war dies eine wunderbare Fügung: Platz in Hülle und Fülle, ein schöner Garten, in dem die Kinder spielen konnten, und eine Vorschule ganz in der Nähe, in der Roland, unser ältester Sohn, seine Schullaufbahn begann. Es war rührend, wie sehr sich die Gemeindeglieder um uns kümmerten, und bald war das Haus vollständig eingerichtet. Und die Kirche war auch noch zu Fuß erreichbar. Es war ein großartiger Ort, um „geistlich erfrischt" zu werden.

Eine weitere Vorsorge aus Gottes Hand war für uns ein Opel Kadett, den uns ein Freund zur Verfügung stellte. Es gab viele Anfragen an mich aus Großbritannien und Teilen Europas, von unserer Arbeit zu berichten. Dieses Auto machte viele Kilometer, als ich mit Nachrichten über die Arbeit am Roten Meer herumreiste. Beryl blieb die meiste Zeit in Cardiff und gab so den Kindern einen sicheren Halt. Ich traf viele bekannte Missionsleiter und diskutierte mit ihnen über den Missionsdienst, den wir taten. Für mich war dies eine neue Erfahrung, aber auch eine große Hilfe. Außerdem war es eine Freude zu wissen, dass unsere Freunde der Worldwide Services überlegten, eine Arbeit im Jemen zu beginnen.

Der Weitblick für die offene Tür

Roland, Peter und Martin startklar zur Rückkehr in den Jemen (mit einem Nachbarn) 1972

Wieder in Europa zu sein machte uns auch bewusst, wie viele jemenitische Sitten wir übernommen hatten. Von jetzt an war Rülpsen verboten! Ich muss Beryl einige Sorgen und Verlegenheiten verursacht haben.

Wie schnell ging das Jahr vorbei und bald waren wir wieder am Packen, um in den Jemen zurückzukehren, das war im Juli 1972. Wir hatten den Eindruck, dass sich die Situation im Land ein wenig verändert hatte, und es schien mehr Druck auf unserer Arbeit zu liegen. Als wir uns wieder eingelebt hatten, überlegten wir uns, wie wir den neuen Mitarbeitern helfen konnten, die sich darauf vorbereiteten zu kommen.

Obwohl ich kein Sprachwissenschaftler bin, sah ich doch eine deutliche Notwendigkeit für ein strukturiertes Arabisch-Studium. Mit Hilfe anderer Mitarbeiter richteten wir vier Kurse von je vier bis sechs Wochen ein. Wir hatten ein außen gelegenes Zimmer, das wir in ein Klassenzimmer umfunktionierten. Einige neue Leute aus dem Jiblah-Krankenhaus kamen auch dazu und so hatten wir fast zwanzig Studenten. Ich weiß nicht, wie sie es schafften, sich alle in dieses kleine Zimmer zu drängen, aber irgendwie ging es! Für mich war es natürlich eine neue Erfahrung, nun Lehrer und Ausbilder zu sein, obwohl ein einheimischer Jemenit die gesprochene Sprache unterrichtete. Es muss die erste Sprachschule im Jemen gewesen sein. Obgleich sie nur die

Der Weitblick für die offene Tür

Grundlagen in Arabisch abdeckte, legte sie den Grundstock für das weitere Erlernen der Sprache.

Wir waren sehr froh darüber, mehr Mitarbeiter in den Jemen kommen zu sehen, aber im selben Maße wuchs auch unsere Verantwortung. Sie mussten am Flughafen abgeholt und in ihre Unterkünfte gebracht werden, die wir für sie gesucht hatten, und wir mussten sie in den ersten Tagen begleiten, während sie versuchten, das so ganz andere Leben in ihrem neuen Land zu verstehen. Bis zum September 1972 mussten wir weiterführende Kurse an der Sprachschule vorbereiten. Wir mussten Lesen, Schreiben und auch Vokabeln aus dem geistlichen Bereich lehren, einfach alles, was wir für notwendig hielten, das ihnen das Erlernen der Sprache erleichtern würde.

Beryl mit Elisabeth als Baby, Martin rechts, Peter und Roland links

Anfang Oktober wurde unser viertes Kind erwartet, aber diesmal schien alles unkompliziert. Dr. Walker, ein erfahrener Arzt, der früher der Privatarzt im Haushalt des jemenitischen Imams (= König) gewesen war, würde bei der Entbindung helfen. Außerdem hatten wir Vera, eine erfahrene Hebamme, zur Hand. An dem Tag, als das Baby kam, ging Dr. Walker in die Stadt. Er erwartete nicht, dass gerade dann irgendetwas passieren würde. Aber wie Babys so sind, kam die kleine Elisabeth, als der Arzt weg war! Wir hatten uns gerade zum Mittagessen hingesetzt, als wir aus dem angrenzenden Zimmer, in dem die Entbindung stattfand, den Schrei unseres

Der Weitblick für die offene Tür

Neuankömmlings vernahmen? Unsere Jungen schrien vor Freude! Wir mussten uns keine Sorgen machen. Vera, und Beryl sowieso, machten ihre Sache großartig! Elisabeth war wohlbehalten angekommen, bevor der überraschte Arzt aus der Stadt zurückkehrte! Sie ist das einzige Familienmitglied, das im Jemen geboren wurde.

Inzwischen war das sonntägliche Treffen in unserem Wohnzimmer auf zwanzig bis dreißig Leute angewachsen und es war eine sehr glückliche Zeit der Gemeinschaft. Aber immer wieder wurden wir daran erinnert, dass wir uns in einem geistlichen Krieg befanden. Die Männer und Frauen lebten in getrennten Häusern, damit es bei den Einheimischen nicht zu Missverständnissen kam. Einmal waren zwei der Frauen aus unserem Team gerade in ein gemietetes Haus umgezogen. Am Morgen erhielten wir die Nachricht, dass eine von ihnen in der Nacht ein schreckliches Erlebnis gehabt hatte.

Folgendes erzählte sie uns: Sie wachte um Mitternacht mit dem Gefühl auf, dass etwas nicht stimmte. Sie spähte in der Dunkelheit ihres Zimmers umher und sah am Ende ihres Bettes eine böse Gestalt ... sie empfand in diesem Moment eine furchtbare Beklemmung und war vor Angst wie gelähmt. Sie schaffte es, die andere Krankenschwester zu rufen, und als sie gemeinsam beteten und den Namen des Herrn Jesus anriefen, lichtete sich der Raum und der böse Zauber entschwand. Ich fühlte mich schlecht, da ich vorher nicht betend durch jedes Zimmer des Hauses gegangen war, um den Herrn zu bitten, alle zu reinigen. Die Realität des Gegenspielers war häufig sehr offensichtlich und erinnerte uns an unsere geistliche Arbeit.

Als die Briten Aden verließen, übernahm eine kommunistische Regierung das Land, was unsere Arbeit zunehmend schwieriger machte. 1972 mussten wir unseren letzten Standort dort schließen. Wie sich die Situation verändert hatte! Jetzt hatte

Der Weitblick für die offene Tür

der einst verschlossene Nordjemen besonders für medizinische Arbeit eine offene Tür. 1971 hatte unser Freund Jim Gilson eine internationale Schule eröffnet, was bedeutete, dass unsere beiden ältesten Jungen Roland und Martin einen Platz hatten, an dem sie unterrichtet werden konnten.

Beryl machte ihre Arbeit in der Leitung des Hauptquartiers sehr gut. Oft hatten wir Gäste an unserem Tisch: Leute, die Arabisch studierten, Besucher von unseren anderen Standorten, aber auch Besucher von außerhalb des Jemen. Es war ein großer Segen, so viele liebe Freunde um uns herum zu haben. Manchmal nahmen Magda oder Anneliese (beide aus Deutschland) die Jungen mit nach draußen, vielleicht um ihnen ein paar Süßigkeiten zu kaufen und Beryl zu entlasten. Die Kinder genossen dies sehr! Es war eine glückliche Zeit. Wir konnten uns vorstellen, die nächsten Jahre im Jemen zu bleiben. So dachten wir uns das, aber plötzlich wurde jeder unserer Pläne und Ideen über den Haufen geworfen!

Kapitel 29 - Und alles verändert sich erneut!

Anfang Dezember 1972 traf sich der geschäftsführende Vorstand des Teams zu einigen wichtigen wichtigen Sitzungen in Äthiopien. Ein neuer Leiter musste ernannt werden. Dr. Gurney, der Gründer des Teams der Roten Meer Mission, hatte Anfang des Jahres einen Herzinfarkt gehabt und daraufhin beschlossen, dass es an der Zeit sei, sein Amt niederzulegen. Dr. Lionel Gurney, ein großer Visionär, ein Mann mit starkem Glauben, trat zurück! Wer um alles in der Welt konnte seinen Platz einnehmen? Diese Frage ging einem jeden durch den Kopf. Wir alle wussten, dass es sehr schwer sein würde, einen solch außergewöhnlichen und international bekannten Mann zu ersetzen. Dr. Gurney hatte immer eine klare Vorstellung von der Verbreitung des Evangeliums in der muslimischen Welt gehabt. Als Single war er frei, um zu den einzelnen Arbeitsfeldern zu reisen, aber auch in den Heimatländern Gemeinden und Gebetsgruppen zu ermutigen. (Das Team war sehr angewiesen auf die vielen Gruppen, die treu für die Arbeit beteten und sie dadurch unterstützten.)

Als Leiter des Arbeitsfeldes Jemen musste ich natürlich an den Treffen teilnehmen und ein paar Tage, bevor ich nach Addis Abeba aufbrach, äußerte Beryl, dass sie das Gefühl hatte, dass diese Treffen unser Leben vollkommen verändern würden. Aber wir waren uns beide völlig im Unklaren darüber, wie dies aussehen könnte.

Als wir uns in Addis Abeba trafen, bewegte uns alle natürlich vorrangig die Frage: Wer würde die Leitung übernehmen?

Der Weitblick für die offene Tür

Die Diskussionen wurden erschwert durch eine Aussage Dr. Gurneys: „Gott hat mir gezeigt, wer meinen Platz einnehmen wird", sagte er, „aber es liegt am Vorstand, sich vom Herrn zeigen zu lassen, wer es ist."

Dies löste innerhalb und außerhalb des Treffens unter den Vorstandsmitgliedern eine Menge an Spekulationen aus. Die Spannung stieg, da Dr. Gurney darauf beharrte, den Namen der vom Herrn erwählten Person nicht zu nennen, sondern darauf zu warten, dass der Vorstand ihn bestätigte. Als manche Vorstandsmitglieder versuchten ihn zu überreden, seine Rücktrittsabsicht aufzuschieben, lehnte er dies rundweg ab.

Wir hatten einen festen Zeitplan und eine Menge anderer Aufgaben zu erledigen. Wir waren etwa zur Hälfte durch und immer noch unsicher, was als nächstes geschehen würde. Während dieser angespannten und kritischen Tage musste ich Dr. Gurney wegen einer völlig anderen Angelegenheit sprechen. Wir beteten zusammen, als er plötzlich seine Hand auf mich legte und sagte: „Du sollst der neue Leiter sein!"

Das war ein Schock für mich! Ich war einer der jüngsten Mitglieder im Vorstand und mir fehlte die Erfahrung im weltweiten Dienst. Viele Gedanken schwirrten mir durch den Kopf. Wie würde Beryl es aufnehmen? Was würde das für die Familie bedeuten? Natürlich hatte ich erst vor kurzem über die „Bedeutung" dieser Position nachgedacht! Schließlich war es doch etwas ganz anderes, der internationale Leiter oder Direktor des Teams zu sein, als einfach nur im Jemen zu arbeiten. Aber jegliche Argumente, die ich gegenüber einer solchen Ernennung hatte, wurden auf die eine Frage zurückgeworfen: War es Gottes Wille?

Dr. Gurney und ich einigten uns darauf nichts zu sagen und abzuwarten, wie sich die Dinge entwickelten. Da dies das Hauptthema in den privaten Gesprächen und in den Sitzungen

Der Weitblick für die offene Tür

war, war es wirklich schwer, da ich nicht wusste, wie ich mich an den Gesprächen beteiligen sollte, und ich begann mich zu fragen - wie würden die anderen eine solche Ernennung akzeptieren?

Aber der Tag der Entscheidung kam und es lag eine Spannung in der Luft, die für alle spürbar war. Was nun geschah, ist mir nach all den Jahren nicht mehr völlig präsent. Ich kann mich sogar nicht einmal mehr daran erinnern, wer als erstes meinen Namen ins Gespräch brachte. Aber als es zur Abstimmung kam, war das Ergebnis einstimmig, dass ich der designierte Teamleiter war! Ich bin mir immer noch nicht sicher, wie die Leute das wissen konnten. Eine Schwester teilte mir nach der Abstimmung mit, dass sie von Anfang an wusste, dass ich ernannt würde. Später erkannten wir, dass es gut war, ein einstimmiges Ergebnis erreicht zu haben.

Zu diesem Zeitpunkt galt meine größte Besorgnis Beryl. Oftmals kommen uns Gedanken in den Kopf und wir verwerfen sie dann wieder – so mag es Beryl gegangen sein, die die Bemerkung vor meiner Abreise gemacht hatte. Als ich ein paar Tage später in den Jemen zurückkehrte, hatte sie zwar gehört, dass Veränderungen bevorstanden, aber sie kannte keine Details. Bei meiner Rückkehr teilte ich ihr mit, was beschlossen wurde, und sie war sehr bestürzt. Sie sagt: „Ich weinte und kämpfte drei Tage lang. Nicht so sehr deshalb, weil wir wieder umziehen und Sanaa verlassen mussten, wo wir uns so gut eingelebt hatten und glücklich waren, sondern weil ich wusste, dass Wolfgang viel länger als bisher weg sein würde, und das war sehr schwer anzunehmen. Aber am Ende dieser Zeit sagte der Herr zu mir: Wenn du nicht bereit dafür bist, kann ich dich ersetzen! Da wurde mir klar, dass es Sein Wille für uns war und ich nahm es an und erfuhr erneut seinen Frieden."

Der Weitblick für die offene Tür

Das Hauptquartier des Teams war in Asmara in Eritrea, daher mussten wir uns einen günstigen Zeitpunkt für den Umzug dorthin zurück suchen. Wir kannten Asmara. Es war eine angenehme Stadt und wesentlich moderner als Sanaa. Doch es würde schwer sein, den Jemen zu verlassen, auch wenn ich leicht durch Peter als Feldleiter ersetzt werden konnte. Wenn ich jedoch geglaubt hatte, dass es einfach wäre, der designierte Teamleiter zu sein, erlebte ich schon bald die ersten Anzeichen einer holprigen Fahrt!

Die Grundsätze und Praktiken des Teams besagten, dass der geschäftsführende Vorstand einen Namen zur Berufung eines neuen Leiters vorschlagen, aber alle Teammitglieder und jeder Landesvorstand bei der tatsächlichen Wahl jeweils eine Stimme haben sollte. Während Dr. Gurney der Meinung war, dass er als Gründer und Leiter des Teams der Roten-Meer-Mission das Recht hatte, seinen Nachfolger zu ernennen, waren einige andere Teammitglieder und Landesvorstände unglücklich über die Art und Weise, wie es abgelaufen war. Die erste Herausforderung kam: Warum war Wolfgang bereits als Teamleiter ernannt worden, wenn es vorher keine Rücksprache mit den Teammitgliedern oder Landesvorständen gegeben hatte? Grundsätzlich war dies sicherlich nicht der richtige Weg. Niemand übte speziell an mir Kritik, aber die Situation heizte sich ziemlich auf und es war unmöglich, Beryl und mich aus der Diskussion herauszuhalten. Hauptgegenstand in der Auseinandersetzung zu sein war eine recht schmerzhafte Zeit. Eine Person schrieb tatsächlich „Ikabod" („Die Herrlichkeit ist hinweg aus Israel" 1. Sam. 4, 21) über meine Ernennung. Aber nach vielen Diskussionen und Briefwechseln (damals gab es noch keine E-Mails), bestätigte schließlich das ganze Team meine Ernennung.

Dr. Gurney bereitete sich auf eine weitere Weltreise vor, um die Arbeit der Mission vorzustellen und mögliche Arbeitsfelder

Der Weitblick für die offene Tür

für die Missionsarbeit zu besuchen. Er fragte mich als den neu ernannten Leiter, ob ich mit ihm kommen wollte, so dass er mich bei einigen Partnern und Freunden in Australien vorstellen konnte. Wir würden etwa elf Wochen unterwegs sein. Das war ein Vorgeschmack dessen, was uns als Familie erwarten sollte – aber schon viel früher, als ich es erwartet hatte! Für mich würde es aufregend sein, Gegenden in der Welt zu bereisen, von denen ich mir nie hätte träumen lassen sie zu sehen, aber wie konnte ich Beryl und die Kinder allein im Jemen lassen? Ich kann Beryl für ihre Bereitschaft, mich gehen zu lassen, nicht genug loben, obwohl sie ihr Einverständnis unter Tränen gab.

Wir planten, nach meiner Rückkehr nach Asmara zu ziehen. Dann erkrankte Beryl plötzlich an Hepatitis und musste das Bett hüten. In unserer Verzweiflung baten wir Beryls Mutter, ob sie in den Jemen kommen könnte, um bei ihr zu sein. Wie wunderbar ist es, eine solch nette und hilfsbereite Schwiegermutter zu haben! Von einer Kleinstadt in Süd Wales in den Jemen zu gehen war schon eine gewaltige Umstellung! Nicht nur, weil Beryl krank war, sondern, da ich für zweieinhalb Monate weg sein würde und sich jemand um die Kinder kümmern musste – Elisabeth war gerade acht Monate alt. Aber „Nanny" erwies sich in ihrer mutigen Waliser Art der Lage voll gewachsen und es zeigte sich, dass Gott uns Abenteuer und Aufgaben vor die Füße legt, wenn wir nur bereit sind - egal in welchem Alter! Sie kam gerade ein paar Tage vor meiner Abreise an – eine kleine Dame, die ein sehr hartes Leben hinter sich hatte und dadurch nicht verbittert war, sondern sehr liebenswert. (Nach meiner Reise fand ich heraus, dass auch die Jemeniten sie sehr lieb gewonnen hatten.) Es war ein schmerzhafter Abschied für uns alle, aber in dem Wissen, dass meine Familie bereit war, mit den vor ihnen liegenden Schwierigkeiten fertig zu werden, begann ich nach vorne zu schauen, zu den neuen Orten, zu denen wir reisen

207

Der Weitblick für die offene Tür

sollten, neuen Ländern und dem Zusammentreffen mit neuen Menschen.

Meine Ankunft in Kalkutta, wo ich Dr. Gurney treffen sollte, war ein richtiger Schock für mich. Niemals zuvor hatte ich solche Entbehrung und Armut gesehen, wie ich sie auf der Busfahrt durch das Stadtzentrum Kalkuttas sah. Meilenweit auf beiden Straßenseiten lagen die Menschen zum Schlafen auf flachen Pappkartons. Ich erfuhr, dass die Stadtverwaltung jeden Morgen die Leiber all derjenigen aufsammelte, die in der Nacht verstorben waren. Als ich das Hotel erreichte, kam es mir vor, als ob ich eine andere Welt beträte – eine Welt des Luxus und Komforts! Ich war froh, Dr. Gurney zu treffen und am nächsten Tag nach Dhaka (damals noch Dacca) in Bangladesch zu fliegen.

Diese Reise diente der Prüfung, ob Gott für uns als Team dort eine Tür öffnen würde. Wir reisten mit Rikscha, Zug, Dampfer und was sonst an Transportmitteln zur Verfügung stand. Einmal fuhren wir auf einem Boot, das voll mit Studenten war, die nach Dhaka an die Universität zurückkehrten. Sie waren sehr daran interessiert, sich über Stunden mit uns zu unterhalten. Irgendwann beschloss ich, an Deck zu gehen, um in Ruhe etwas frische Luft zu schnappen. Sofort sah mich ein junger Mann, kam auf mich zu und wollte mit mir reden. Ich hatte überhaupt keine Lust dazu; ich sehnte mich nach etwas Frieden und Stille. Trotzdem antwortete ich auf seine Fragen (wenn auch nicht sehr bereitwillig) und eine Unterhaltung begann. Als ich ihm das Evangelium auseinanderlegte, erzählte er mir, dass sein Herz leer war und seine Religion ihm keinen Frieden geben konnte. Was für ein herrliches Evangelium ist uns doch anvertraut! Nun war ich froh, es ihm erklären zu können, und schämte mich, dass ich ihm zuerst aus dem Weg gehen wollte.

Der Weitblick für die offene Tür

Die „International Christian Fellowship" lud uns ein, eine medizinische Arbeit in Bangladesch zu beginnen. Von dort aus flogen wir nach Perth in West-Australien. Dort trafen wir Freunde des Teams und sprachen bei verschiedenen Treffen. Danach reisten wir nach Süd-Australien und Victoria, wo wir ebenso wie in Perth Freunde trafen und bei Versammlungen sprachen. In Australien übernahm ich von Dr. Gurney formell die Leitung des Team. Die große Veränderung in meinem Leben hatte begonnen. In Melbourne trennten wir uns. Dr. Gurney setzte seine Tour fort, während ich nach Sydney flog und dort ein paar Tage verbrachte, um die Mitglieder des australischen Landesvorstandes des Teams kennenzulernen und einige der Gebetspartner. Die Reise durch Australien machte mir deutlich, wie sehr das Team auf die Gebetsgruppen angewiesen war, die sich zum Gebet für unseren Dienst trafen. Sie waren das Rückgrat des Dienstes, den der Herr uns anvertraut hatte. Viele dieser Heiligen sind schon in der Herrlichkeit, aber ihre treuen Gebete trugen die Missionsarbeit des Teams für viele Jahre.

Als ich schließlich nach elf Wochen in den Jemen zu meiner Familie zurückkehrte, war die Freude bei uns allen unbeschreiblich! Wie zuverlässig Beryl mit der Unterstützung ihrer Mutter vom Bett aus die Dinge am Laufen gehalten hatte, die Familie versorgt und alle anderen Verpflichtungen bewältigt hatte. Es ging ihr schon viel besser, auch wenn sie noch nicht ganz genesen war.

Nach dieser Reise wusste ich, dass der Besuch auf unseren Stationen und in den Heimatländern eine meiner Hauptverantwortungen als Teamleiter sein würde. Zu diesem Zeitpunkt sah ich meine Ernennung als den „Auftrag" an, den mir der Herr gegeben hatte. Ich war auf die nächste Aufgabe konzentriert und machte mir zu viele Gedanken über meine neue Position. Es war gut, dass ich in dieser Anfangszeit, nicht genau wusste, welche Probleme und Schwierigkeiten noch auf mich zukommen würden.

Im Sommer 1973 flogen wir nach Asmara, während ein Teil unserer Kisten per Seeweg versandt wurden. Im Rückblick auf diese letzten drei Jahre muss ich sagen, dass es segensreiche Jahre voller Freude und großer Möglichkeiten waren. Erst später sollte mir voll bewusst werden, wie sehr ich den Jemen vermissen würde.

Der Weitblick für die offene Tür

Kapitel 30 - Asmara, das Büro und die Inseln

Es war im Sommer 1973, als unsere Kisten endlich aus dem Jemen angekommen waren! Wir waren sehr froh, dass wir unsere eigenen Sachen wieder um uns hatten. Ein paar vertraute Dinge und schon fühlt man sich zu Hause. Ich machte mich an die Arbeit, die Nägel aus den Kisten zu entfernen, und Beryl fing an, die Sachen auszupacken und sie in den Räumen unseres neuen Hauses wegzuräumen. Die Jungen tollten begeistert herum. Als wir jedoch eine Kiste öffneten, war sie bis auf ein paar Streichholzschachteln leer! Das war enttäuschend für uns, aber nichts Ungewöhnliches. In diesem Teil der Welt wurden häufiger Sachen auf dem Transport gestohlen. Wir hatten gelernt gelassen zu sein: sich nicht an die Dinge zu klammern, die wir besaßen. Aber diesmal sahen wir auf den Boden der Kiste und brachen beide in Lachen aus! Auf dem Boden der Kiste lag der Personalausweis des Diebes, vollständig erhalten mit seinem Foto! Er war Polizist! Wir vermuteten, dass ihm der Ausweis aus der Hemdtasche gefallen war, während er unsere Sachen aus der Kiste räumte. Wir gaben diese Information an die zuständigen Behörden weiter, hörten aber nichts mehr – was uns auch nicht verwunderte.

Wir mussten ein neues Leben und einen neuen Dienst in Asmara beginnen, eine hübsche Stadt im Hochland Eritreas mit einer schönen Hauptstraße und unzähligen Kaffee-Läden. Das Hauptquartier des Teams bestand aus einem Wohnhaus mit Wohnung, Büro und Gästezimmern in der Nähe des Stadt-Zentrums. Die Zimmer wurden hauptsächlich für Mitarbeiter benutzt, wenn sie zu Besuch im Hochland waren. Für eine lebhafte Familie war es nicht gerade der geeignete Ort, doch

Der Weitblick für die offene Tür

hatte man für uns ein passendes Haus mit einem kleinen Garten an der Straße zum Flughafen gefunden, etwa eine Meile vom Hauptquartier entfernt. Die Kinder lebten sich schnell ein und schlossen bald Freundschaft mit den Kindern in der Nachbarschaft.

In Asmara, fertig für die
Sonntagsschule, 1973

Roland und Martin, unsere beiden ältesten Jungen, die nun sieben und fünfeinhalb Jahre alt waren, konnten eine englische Schule in Asmara besuchen. Es war eine kleine Schule, die hauptsächlich für ausländische Schüler gedacht war. Die anglikanische Kirche in Asmara wurde vorübergehend unser geistliches Zuhause und wir schätzten die Lehre, den Dienst und die Gemeinschaft dort sehr. Beryl hatte viel zu tun. Sie musste sich um die Kinder, unsere Gäste und um mich kümmern (keine leichte Aufgabe, gelinde ausgedrückt!). Sie war sehr froh darüber, dass Medhin, die schon in Massawa bei uns gewesen war, ihr nun wieder im Haushalt und mit den Kindern half.

Zunächst musste ich mich mit den Grundlagen der Büroarbeit auseinandersetzen. Mr. Budd war lange Jahre der Sekretär des Teams gewesen; er war ganz der Realist und ein guter Ausgleich zu Dr. Gurney, dem Visionär. Er wusste alles über Verwaltungsarbeit und hatte ein großes Maß an Einfluss gehabt. Aber nun meinte er, dass es an der Zeit sei, seine Stellung aufzugeben und dem neuen Leiter damit mehr freie Hand zu lassen. Schnell häufte sich der Schriftverkehr an und

212

ich kam mit dem Briefeschreiben nicht mehr nach. Einige unserer Mitarbeiter in Asmara nahmen mir etliche Schreibarbeiten ab. Dann kam Blanche aus Kanada als meine Sekretärin, und sie war eine enorme Hilfe. Lange Zeit hatte Blanche das Team unterstützt und nun, da sie kurz vor dem Rentenalter stand, ließ sie sich noch einmal auf ein neues Abenteuer ein. Sie war sehr nett und freundlich und man konnte wunderbar mit ihr zusammenarbeiten. Wie anders die Arbeit nun gelang.

Wenn ich mich im Büro mit den vielen alten Akten und Unmengen an Briefen umsah, fragte ich mich, wo ich hingekommen war. Ich verbrachte Tage damit, die alten Akten durchzusehen, versuchte zu verstehen, worum es ging, und zu prüfen, was weggeworfen werden konnte. Es war eine ziemlich bewegende Angelegenheit. Eines der ersten Dinge, die ich tat (ich konnte nicht widerstehen), war, die Akte von Wolfgang Stumpf ausfindig zu machen, mit meiner Bewerbung und meinen Referenzen. In einem Brief der Leiterin meiner Bibelschule las ich zum Beispiel, dass sie „mich nicht für die Mission geeignet fände" und „mich nicht für einen Dienst im Team empfehlen würde". Vielleicht hatte ich manchmal den Mitarbeitern ein paar Schwierigkeiten gemacht, weil ich nicht immer in allen Punkten mit dem übereinstimmte, was mir gesagt wurde. Nun – hier stand ich jetzt – als Leiter des Teams!

Ich begann zu verstehen, dass meine Hauptaufgabe von nun an im Verwaltungsbereich liegen würde, und es dauerte eine ganze Weile, bis ich mich daran gewöhnt hatte, morgens und oft auch nachmittags ins Büro zu kommen. Aber nichtsdestotrotz sehnte ich mich danach, die Gute Nachricht den Menschen zu vermitteln, die sie nötig hatten. Während meiner ganzen Zeit als Teamleiter würde dies ein Kampf sein – das Gleichgewicht zu finden zwischen den Verantwortlichkeiten als Leiter und meinem Verlangen, zu den Menschen zu gehen und den Dienst zu erfüllen, zu dem mich der Herr berufen hatte.

Bald musste ich eine Entscheidung treffen, was die Zukunft unseres ältesten Standortes in Thio betraf. Er konnte kaum noch richtig besetzt werden, da wir nur noch eine weibliche Mitarbeiterin zur Verfügung hatten und es nicht richtig wäre, sie dort alleine zu lassen. Thio liegt an der Küste des Roten Meeres und konnte für gewöhnlich nur mit einem Boot erreicht werden. Es war keine leichte Entscheidung, aber ich wusste, dass der Standort geschlossen werden musste. Ich bin mir sicher, dass sich manche fragten, warum. Es war schwer zu lernen, Kritik an meinen Entscheidungen zu akzeptieren, ohne mich davon zu sehr entmutigen zu lassen.

Ulrich, der im Jemen an einer staatlichen Schule unterrichtet hatte, kam nun mit seiner Frau Marion nach Massawa, um dort zu leben und in der dortigen Schule zu unterrichten. Er hatte seine Arbeit im Jemen verloren, weil er Christ war (eines der ersten Anzeichen einer veränderten Haltung uns gegenüber). Als wir von einer zunehmenden Hungersnot im Hochland und entlang der Küste Eritreas hörten, wollten wir uns ein Bild davon machen, wie wir helfen konnten. Ulrich und ich beschlossen, bei den Einheimischen ein Boot zu mieten, das uns die Küste entlang fahren konnte. Wir kauften Säcke voll Getreide, Büchsen mit Milchpulver und verschiedene andere Nahrungsmittel. Unser Plan war, langsam die Küste abzufahren, bei den Siedlungen anzuhalten und die Lebensmittel zu verteilen. Es war immer noch heiß für September, aber wir hatten reichlich Wasser und würden im Freien übernachten und auf dem Deck der Dhau schlafen. Die Crew bestand aus etwa vier Männern und während der Tage mit ihnen zusammen auf dem Boot hatten wir gute Gespräche.

Der Weitblick für die offene Tür

Wieder bei den Menschen zu sein, sie in den kleinen Dörfern zu besuchen war einfach großartig! Der Reisedienst – dieses Mal per Boot – war einer meiner liebsten Dienste. Während wir die Küste entlang reisten, sahen wir schon einige Anzeichen der Hungersnot und hinterließen ein paar unserer Vorräte. Babys waren am schlimmsten betroffen und wir waren froh, dass wir einen guten Vorrat an Milchpulver hatten. Wenn sich die Gelegenheit bot, erzählten wir gerne vom Evangelium. Dann wurde ich völlig unerwartet krank, vermutlich aufgrund einer Darminfektion. Auf einer Dhau Durchfall zu bekommen ist nicht lustig! (Die „Örtlichkeiten" habe ich ja bereits beschrieben!) Ulrich versorgte mich so gut er konnte, während ich an Deck lag und mich ziemlich krank fühlte. Ich würde ihm sagen müssen, was er zu tun hätte, wenn sich mein Gesundheitszustand verschlechtern sollte. Er hatte nur wenig medizinische Schulung und wir waren gerade viele Meilen von unserer Missionsstation entfernt. Da ich nichts essen konnte, war es gut, dass wir Büchsen mit Milchpulver bei uns hatten. Ich konnte kleinere Schlückchen wässriger Milch zu mir nehmen, aber ob ich sie bei mir behalten konnte, war von der Bewegung des Bootes abhängig!

Wir schafften es, mit den Besuchen in den Dörfern fortzufahren. An einem Tag lagen wir in einem kleinen Hafen vor Anker und ich fühlte mich wohl genug, um durch das Dorf zu laufen. Wir sahen, dass die Hungersnot katastrophale Auswirkungen hatte, besonders unter den Säuglingen und Kindern. Unsere Vorräte waren fast aufgebraucht und die Büchsen Milchpulver hatten wir alle hergegeben, als wir eine Mutter mit zwei offensichtlich im Sterben liegenden Kindern sahen. Ihre kleinen Arme waren nicht viel dicker als mein Daumen; ihre Bäuche waren geschwollen und sie hätten sicherlich eine spezielle Behandlung im Krankenhaus benötigt. Wir konnten nichts anderes tun, als der Mutter etwas Getreide

Der Weitblick für die offene Tür

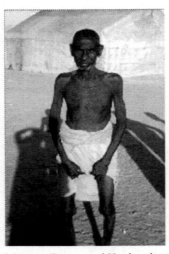

Mutter und Kind, <u>die bereits an</u> <u>Unterernährung leiden</u>

Männer, Frauen und Kinder, die in den Küstendörfern an Unterernährung leiden

zu geben - alles was wir noch hatten. Ich wusste jedoch sehr gut, dass die Kinder in ihrer momentanen Verfassung nicht in der Lage sein würden, feste Nahrung zu sich zu nehmen. Uns tat die Mutter leid und wir sagten ihr, dass wir kein Milchpulver mehr übrig hätten. Als wir niedergeschlagen zu unserem Boot zurückliefen, um unsere Reise fortzusetzen, fiel mir plötzlich ein, dass ich eine Büchse Milchpulver für mich zurückbehalten hatte, um wieder zu Kräften zu kommen. Ich war immer noch schwach und konnte kaum essen, daher wollte ich einwenden, dass ich es für mich brauchte. Aber ich wusste, dass der Herr zu mir sprach und dass er Mitleid mit der Frau hatte. Ich brachte ihr sofort die Büchse Milch. Mein eigener Gesundheitszustand verbesserte sich wieder und schon bald war ich wieder wohlauf!

Als wir nach Assab kamen, über vierhundert Kilometer von unserem Ausgangspunkt entfernt, gingen wir von Bord, um nach Asmara zurückzufliegen. In ein paar Tagen würde sich der geschäftsführende Vorstand des Teams treffen und ich würde

Der Weitblick für die offene Tür

zum ersten Mal den Vorsitz als Teamleiter haben. Dies waren wichtige Sitzungen, in denen wir versuchen wollten, die Führung des Herrn für unsere Arbeit zu verstehen.

Nach zwei oder drei Tagen gingen wir zum örtlichen Flughafen, um unseren Flug nach Asmara zu nehmen. Wir warteten – aber kein Flugzeug kam! Das war ein böser Schock für mich, und ich begann mich beim Herrn zu beschweren. Wie konnte er das zulassen, wo wir doch so wichtige Konferenzen vor uns hatten? Wir überlegten, über den Landweg zu reisen, aber das würde mindestens drei Tage mit einem örtlichen Bus in Anspruch nehmen. Deshalb warteten wir im Hotel und hofften und beteten, dass die geplante Maschine aus dem Jemen kommen würde. Wir mussten noch drei Tage warten, bis sie endlich kam.

Ich schlug Ulrich vor, dass wir nicht zusammensitzen sollten, da der Herr einem jeden von uns einen guten Gesprächspartner geben könnte. Sobald ich im Flugzeug war, setzte ich mich neben einen jemenitischen Mann. Nach der förmlichen Begrüßung sagte ich ein paar Worte über das Evangelium zu ihm. Er sah mich an und ich bemerkte, dass seine Augen vor Tränen nass waren. Dann erzählte er mir seine Geschichte. Jahre bevor wir uns trafen stieß er auf ein Neues Testament. Er las es und wusste in seinem Herzen, dass dies die Wahrheit war. Seine Liebe zu seiner Familie, vor allem zu seinem Vater, ließ ihn jedoch über seine Überzeugung schweigen. Eines Nachts hatte er eine Vision vom Herrn! Er wusste nun, dass er seinen Glauben bekennen musste, aber er zögerte erneut. Am Tag zuvor wartete er in einem Hotel im Jemen auf den Flug und der Herr sprach erneut zu ihm, dass er sein Bekenntnis öffentlich machen sollte. Dann sagte er zu mir: „Nun sind Du gekommen".

Der Weitblick für die offene Tür

Es war eine dieser seltenen Begegnungen, in denen der Herr bereits sein rettendes Werk vollbracht hatte und mich Ahmed treffen ließ, damit ich ihn weiter unterweisen konnte. Wir hatten nur eine Stunde miteinander, bevor wir Asmara erreichten. Ich ging dort von Bord und er flog weiter. Tage später sandte er eine Postkarte, in der er mir seine Freude mitteilte. Ich traf ihn nie mehr wieder, hörte aber, dass er sich taufen ließ und dem Herrn bis zu seinem Tod nachfolgte.

Jetzt wusste ich, warum das Flugzeug nicht gekommen war. Es war ganz sicher ein göttlicher Termin für Ahmed und mich. Zur Vorstandssitzung kam ich rechtzeitig, aber ich kann mich kaum noch daran erinnern, was besprochen und entschieden wurde. Das Treffen mit Ahmed war wirklich der wichtigste Teil unserer Reise gewesen. Es zeigte mir, dass wir zum Herrn aufschauen können und müssen, um vorbereiteten Herzen zu begegnen. Auch für unseren Dienst war es eine große Ermutigung.

Der Weitblick für die offene Tür

Kapitel 31 - Am Ende des Weges

Anfang 1974 gab es Unruhen in Addis Abeba. Dann meuterte das Militär in Asmara. Sie lehnten eine vom Kaiser angebotene Gehaltserhöhung von 33% ab. Damals war ich gerade auf der Rückreise aus Kanada (meinem ersten offiziellen Besuch als Leiter). Ich war etwa vier Wochen unterwegs gewesen und freute mich darauf, meine Familie wiederzusehen. Da kam die Nachricht herein, dass der Flughafen in Asmara geschlossen worden war. Selbst da erwartete niemand, dass dies der Beginn größerer Veränderungen und das Ende des Kaiserreiches, sowie die Absetzung des Kaisers sei. Ich war besorgt, was mit Beryl geschehen würde, wenn ich nicht zu ihr zurückkehren konnte. Aber als ich weiter Richtung Europa flog, hörten wir, dass der Flughafen wieder geöffnet worden war und die Maschine dort landen konnte. Schon bald war ich wieder mit meiner Familie vereint. Wir fanden zurück in unseren Alltag und fühlten uns sicher.

Doch dieser Zustand hielt nicht lange an. Die Regierung machte viele Zugeständnisse, aber die Unzufriedenheit breitete sich aus und viele Gerüchte kursierten. Es war schwer zu sagen, was passieren würde, außer dass uns unsichere Zeiten bevorstanden. Einmal lud die Regierung die Leiter der Missionen und verschiedenen Organisationen zu einem Treffen ein. Der Premierminister versuchte uns zu versichern, dass alles in Ordnung sei, aber wir fanden ihn nicht wirklich überzeugend.

Wir versuchten mit der Arbeit fortzufahren, hatten aber den Eindruck, dass wir mit unserem Hauptquartier in eine stabilere Region umziehen sollten. Inzwischen hatte sich die Hungersnot

Der Weitblick für die offene Tür

in vielen Teilen Äthiopiens und Eritreas ausgebreitet. Beryl war damit einverstanden, dass ich mich einer Gruppe anschließen sollte, die die Menschen der südlicher gelegenen Küstenregionen mit Verpflegung, Mehl und Milchpulver erreichen wollte. Sie fuhren mit einem Lastwagen von Asmara nach Assab (eine Dreitagesreise) und ich flog nach Assab und schloss mich ihnen dort an. Ich traf Jim und George, zwei Amerikaner einer anderen Gruppe, sowie Jo, eine Lehrerin aus Thio. Unser Lastwagen war zweiundzwanzig Jahre alt und zog einen Anhänger voll mit Lebensmitteln. Wir fuhren in Richtung Edd und reisten abends, wenn es kühler war.

Es gab keine richtigen Straßen, nur Sandpisten, und um die Federn des Lastwagens zu schonen, hatten die Männer einen Holzbalken unter sie gelegt. (Die Fahrt muss wie in einer alten Postkutsche des Wilden Westens gewesen sein.) Wir kamen bis zum frühen Morgen gut voran, bis wir an einem sandigen Flussbett entlang fuhren und steckenblieben. Als wir versuchten, uns herauszukämpfen, zerbrachen wir dabei die Hinterachse. Egal wie sehr wir gruben und schoben, gegen halb sechs abends mussten wir zugeben, dass alles vergeblich war und dass jemand Hilfe holen musste. Die nächste kleine Stadt war Beylul, etwa vierzig Kilometer unseres Weges zurück, und ich wurde als der am besten Geeignete ausgewählt, den Weg zurück zu laufen! (Weil ich die meiste Erfahrung hatte.) Ich freute mich nicht auf diesen Fußmarsch, besonders da ich Sandalen trug, aber es musste sein. Ein Einheimischer namens Idris Ali, der aus einer kleinen Ansiedlung in der Nähe kam, bot mir an, mich zu führen.

Wir brachen am Abend auf und liefen einige Stunden mit sehr kurzen Pausen durch ein felsiges und sandiges Gebiet. Als wir an der letzten Quelle vorbei waren, schlug mein Führer ein höheres Lauftempo an. Wir konnten nur kleine Schlückchen aus unseren Feldflaschen nehmen und meine Beine wurden

Der Weitblick für die offene Tür

immer schwerer, besonders auf den sandigen Abschnitten. Die Nacht war sehr schön und still, und während wir mühsam vorwärts stapften, erinnerte ich mich an den Propheten Elia, der vierzig Tage und vierzig Nächte gelaufen war! Ich heftete meine Augen auf den Rücken von Idris Ali und bat den Herrn um Kraft.

Nach vier oder fünf Stunden hörten wir Geräusche und trafen auf eine Karawane der Danakil (Afar) mit ihren Kamelen, Ziegen und Eseln. Sie waren freundlich, aber es bestand keine Aussicht, dass sie uns auf einem Kamel mitnehmen würden, da diese Tiere nur für den Transport von Waren genutzt wurden, nicht für Menschen. Sie inspirierten mich dennoch, da mir bewusst wurde, dass sie viele Meilen gelaufen sein mussten, vom Landesinneren der Danakil-Wüste bis nach Assab. Wir machten kurz Pause. Ich hatte eine Büchse Grapefruitsaft, von der ich sparsam trank – er war besser als das Wasser aus der Quelle, das ganz salzig schmeckte. Als ich so dasaß, mich ausruhte und mich fragte, wie ich weiter laufen konnte, erfuhr ich die Gnade und Gegenwart des Herrn. Er war so real für mich und er ließ Kraft in meinen Körper strömen. Ich stand auf und wir liefen weiter.

Ich sehnte mich nach etwas Schlaf, aber jedes Mal, wenn wir Pause machten und ich zu dösen begann, stieß mich Idris Ali an und hieß mich aufstehen. Einmal hatten wir den Weg verloren, aber schon bald fand er unseren Pfad wieder und wir kamen um viertel vor sechs Uhr morgens in Beylul an. Auf diese Weise waren wir der Hitze des Tages entgangen. Ich war so dankbar, dass ich ein Taxi nach Assab bekommen und mich dort etwas ausruhen konnte, bevor ich einen Jeep und einige Helfer organisierte, mit denen ich zu unserem liegengebliebenen Lastwagen zurückkehrte.

Der Weitblick für die offene Tür

Als wir dann endlich die neue Achse eingebaut hatten und sich der Lastwagen wieder bewegte und langsam in Richtung Edd fuhr, gab es ein neues Problem! Wir verloren Wasser aus dem Kühler und mussten anhalten, um es wieder aufzufüllen. Als wir wussten, dass unser Wasser nicht viel länger reichen würde, betete Dianne, eine unserer Helferinnen, die in Assab zu uns gestoßen war, für die Situation. Sie bat den Herrn sich der Sache anzunehmen, da wir nichts weiter tun konnten. Dann fuhren wir weiter. Nach einer Weile hielten wir an und überprüften den Wasserstand. Siehe da, der Kühler war immer noch gefüllt! Das hinterließ einen starken Eindruck bei unserem muslimischem Führer, der sagte: „Der Herr hat das Gebet von Dianne erhört. Das ist ein Wunder!"

Nach ein paar Stunden erreichten wir Edd und konnten die Lebensmittel, die wir mitgebracht hatten, unter der Bevölkerung, verteilen. Wir wussten auch, dass der Lastwagen seine letzte lange Reise gemacht hatte und dass wir ihn aufgeben mussten. Ein paar Tage später, als ein Flugzeug der Christlichen Flug-Gesellschaft mit weiteren Hilfsgütern ankam, konnte ich damit nach Asmara zurückfliegen.

Während der nächsten Wochen schien es mir ausgeschlossen, weitere Reisen zu unternehmen. Stattdessen blieb ich in Asmara und versuchte herauszufinden, was wohl als nächstes passieren würde und wie es mit unserer Arbeit in diesem zerrissenen Land weitergehen könnte. Ich erinnere mich an den Tag, an dem ich mit Roland und Martin in die Stadt in ein Café ging, wo sie ein Eis essen konnten. Wir setzten uns in die Nähe eines Mannes, der wie ein Araber aussah (er trug eine lange, weiße Robe) und ich unterhielt mich auf Arabisch mit ihm. Er antwortete bereitwillig – er war froh mit jemandem Arabisch sprechen zu können. Er erzählte mir, dass er aus Saudi-Arabien sei und ich berichtete ihm von meiner medizinischen Arbeit. Daher erzählte er mir natürlich von

Der Weitblick für die offene Tür

seinen gesundheitlichen Beschwerden und nach und nach kamen wir richtig ins Gespräch. Er war Geschäftsmann und viel unterwegs. Ich war völlig überrascht, als er sagte, dass ihm jemand bei einem seiner Besuche im Ausland ein Evangelium gegeben hatte. Es schien jedoch, dass er bei seiner Rückkehr nach Saudi-Arabien Angst hatte vor den Folgen, wenn er damit erwischt würde. Daher hatte er das Buch weggeworfen. Auf seiner Reise nach Asmara hoffte er nun, sich ein neues beschaffen zu können und hatte begonnen, Erkundigungen einzuholen. Er wollte dieses Mal die komplette Bibel, aber wir konnten ihm nur ein Neues Testament in Arabisch in einem Bibelgeschäft besorgen. Er las auf der Stelle darin, nahm aber auch ein kleines Buch nur mit den Evangelien mit. Dieses konnte er leicht in seiner Robe verstecken und nach Saudi-Arabien mitnehmen. Das andere ließ er zurück. Dieses Ereignis machte mich so froh – das Evangelium weiterzugeben, Schriften verteilen zu können und zu wissen, dass der Herr an den Herzen der Menschen hinter allen Barrieren, die Menschen und Regierungen errichten, arbeitet.

Bald war klar, dass wir nicht in Eritrea bleiben konnten und dass das Hauptquartier an einen sichereren Ort umziehen musste. Im Sommer 1974 packten wir unsere Sachen zusammen und flogen nach Deutschland und England, während Blanche mit einigen anderen Mitarbeitern zurückblieb, um die Akten und alles, was zum Büro gehörte, zusammenzupacken. Am 12. September wurde Kaiser Haile Selassie gestürzt und von der Derg, einer von der Sowjet-Union unterstützten neuen Regierung, inhaftiert. Am 23. November wurden sechzig Mitglieder seiner Regierung ohne Prozess niedergemetzelt. Darunter war auch der Premierminister, der uns zu dem Treffen geladen hatte. Später erfuhren wir, dass der Kaiser im Gefängnis „verstorben" sei, aber es wurde weithin angenommen, dass er ermordet worden war.

Der Weitblick für die offene Tür

Kapitel 32 - Ein Schritt nach dem anderen

In unserem bisherigen Dienst hatten wir erlebt, wie der Herr für all unsere Bedürfnisse gesorgt hatte. Doch jetzt, als wir Richtung Deutschland flogen und nach Bad Kreuznach reisten, stiegen Zweifel und Befürchtungen in mir auf. Wo würden wir dieses Mal wohnen können? Wir konnten von meinen Eltern nicht erwarten, dass sie uns alle für ein halbes oder gar ganzes Jahr aufnehmen würden. Und was sollten wir in Bezug auf den Schulbesuch der Kinder tun? Ich muss zu meiner Schande gestehen, dass dies immer eine Herausforderung für meinen Glauben war. Und jetzt, da ich Teamleiter war, war es noch schlimmer; denn das ganze Team war mein Anliegen.

Von Anfang an war das Team in Asmara stationiert gewesen und sogar zum gegenwärtigen Zeitpunkt realisierte von uns, glaube ich, niemand, dass wir Asmara für immer verließen. Unter meine Zweifel mischte sich natürlich auch eine Menge Freude und Aufregung (und die Kinder waren sehr aufgeregt), weil es immer schön ist, nach Hause zu kommen und unsere Lieben wiederzusehen. Aber dann tauchte die alte Sorge wieder auf, wo konnten wir wohnen? In unserem Team waren wir immer dem Beispiel Georg Müllers und Hudson Taylors gefolgt und sahen einzig auf den Herrn, wenn es um unsere Bedürfnisse ging. Wir haben kaum um etwas gebeten oder für unsere Bedürfnisse geworben. Wenn jemand eine gezielte Frage stellte, durften wir antworten – das war alles.

So machten wir im Glauben einen Schritt nach dem anderen und hörten bald von einem schönen Haus, das der Landeskirche gehörte und leer stand und das wir mieten konnten. Roland und Martin besuchten die örtliche deutsche

224

Schule, während Peter es genoss, mit seiner kleinen Schwester im Garten zu spielen. Es lag ganz in der Nähe meiner Eltern und wir konnten dort auch problemlos Besuche empfangen. Wir hatten auch ein Zimmer, das wir als Büro nutzen konnten. Damals erfolgte die Kommunikation hauptsächlich über Briefe, Telegramme und Telefongespräche, letztere waren aber ziemlich teuer. Deshalb musste ich noch viele Reisen unternehmen, um unsere Mitarbeiter auf den verschiedenen Missionsfeldern und in den Heimatländern zu besuchen.

Während die Zeit verging, sahen wir, dass die kommunistische Regierung, die Äthiopien übernommen hatte, unsere Arbeit zu verhindern suchte. Sie lehnten es ab, weitere Visa für unsere Mitarbeiter auszustellen. Es tobte ein Bürgerkrieg zwischen ihnen und der eritreischen Befreiungsfront und das ganze Land war in Aufruhr. Die Frage war, ob wir das gesamte Team aus dem Land herausholen und alle Standorte dort schließen, oder die Entscheidung den Einzelnen an ihrem jeweiligen Standort selbst überlassen sollten. Ich bevorzugte die letztere Option, aber einige andere hielten dies für zu riskant.

Die einheimischen Beamten in Assab wollten, dass wir unsere Klinik wieder eröffneten. Daher flog ich mit zwei Krankenschwestern von Addis Abeba aus dorthin, um sie wieder aufzubauen und in Betrieb zu nehmen. Der Raum, den wir als Klinik genutzt hatten, war von Staub bedeckt und eine Zeit lang konnten wir den Schlüssel nicht finden. Aber schließlich war alles wieder an Ort und Stelle und die Klinik wurde wieder geöffnet – zur großen Freude der einheimischen Bevölkerung.

Bald reiste ich nach Djibouti weiter, wo Ulrich und Marion nun lebten. Sie unterrichteten dort Englisch und führten einen Buchladen. Sie hatten für mich ein sehr schönes Zimmer hergerichtet. Da ich bisher an den unterschiedlichsten Orten gewesen war, die nicht immer so komfortabel waren, war ich froh mich ausstrecken und endlich eine gute Nachtruhe erwarten zu können. Kurz vor dem Einschlafen hörte ich plötzlich Getrommel, Händeklatschen und das Stampfen von Füßen. Das hatte mir gerade noch gefehlt! Es fand wohl eine Art Tanz statt! Ich konnte es nicht ignorieren und es wurde immer lauter, so dass meine Geduld an ihre Grenze kam. Ich bat den Herrn, dass sie doch bitte aufhören sollten oder dass er mich einschlafen ließ – das Eine oder das Andere. Dann dachte ich, dass ich mir vielleicht ein bisschen helfen könnte, in dem ich mir etwas in die Ohren stopfte. Das tat ich dann auch, mit angefeuchteten Papiertaschentüchern! Ich schlief ein und erwachte dankbar und ausgeruht am nächsten Morgen.

Wir dachten darüber nach, ob das Internationale Hauptquartier (IHQ) in Djibouti errichtet werden könnte, da wir zu diesem Zeitpunkt den Standort in Europa nur als vorübergehende Maßnahme ansahen. Das IHQ hatte sich immer auf dem „Feld" befunden, im Zentrum des Geschehens. Daher blieb ich ein paar Tage in Djibouti, um zu sehen, ob wir eine Erlaubnis für unser Büro bekämen. Aber jede Nacht ging das laute Getrommel und Geklatsche von Neuem los und es wurde bald offensichtlich, dass dies keine gewöhnlichen Partys waren, sondern dass es mit einem spiritistischen Medium und okkulten Praktiken einherging. Als ich das herausgefunden hatte, verstand ich das Gefühl der Unterdrückung, das nachts über uns zu kommen schien, und meine Alpträume während der Nacht. Häufig rief ich nachts den Namen des Herrn Jesus an und nahm seine Kraft gegen die Macht des Bösen in Anspruch, um mich und den Dienst zu schützen. Nur wenige Missionare sind auf die geistige Kraft satanischer Mächte vorbereitet, der sie auf dem Missionsfeld begegnen.

Ich hatte keinen Erfolg, eine Genehmigung für das Hauptquartier in Djibouti zu erreichen, und nach einer Weile

Der Weitblick für die offene Tür

flog ich nach Sanaa weiter, um zu sehen, wie es unseren Mitarbeitern dort ging. Während in anderen Ländern Standorte geschlossen werden mussten, machte die Arbeit im Jemen noch immer Fortschritte.

Wir waren ein Jahr in Deutschland, als das Team aus dem Jemen uns in einem Brief anfragte, ob wir für ein Jahr in den Jemen kommen könnten, um Peter und Margaret während ihres Heimaturlaubs zu vertreten. Nun, vielleicht sollte das Hauptquartier im Jemen sein, dachten wir – vielleicht war dies der nächste weitere Schritt für das Team. Peter und Margaret hatten sich im jeden Fall eine Pause verdient; sie waren ungefähr elf Jahre nicht auf Heimaturlaub gewesen!

Roland und Martin waren im letzten Jahr in der örtlichen Schule, wo natürlich Deutsch gesprochen wurde, sehr gut zurechtgekommen. Nun mussten wir in Sachen Schule den nächsten Schritt planen und da sie älter wurden, war dies eine größere Herausforderung. Schließlich entschieden wir uns für den „Hausunterricht", den Beryl für Martin und Peter organisieren würde. Doch wir waren uns nicht sicher, ob das auch für Roland geeignet wäre. Er war noch nicht ganz neun Jahre alt und schien ein ziemlich kluger Kopf zu sein! Wir hatten den Eindruck, er bräuchte eine größere Herausforderung. Beryl sprach mit ihm eines Tages darüber und fragte ihn, ob er gerne in ein Internat gehen wollte. Seine Antwort überraschte sie: „Oh ja, Mama, darf ich?"

Er hatte bisher schon dreimal die Schule gewechselt. Ein gutes Internat konnte ihm die Stabilität geben, die er in seinem Schulleben brauchte, obwohl die Trennung für uns ziemlich schwer war. Wir erkundigten uns über die Emmanuel Grammar School in Swansea. Das war ein Internat für Missionarskinder, das von der Bibelschule Wales gegründet worden war. Der Direktor, Dr. Piddy, machte uns viel Mut und erklärte uns, wie

Der Weitblick für die offene Tür

wir ein Stipendium beantragen konnten, um seinen Aufenthalt dort zu finanzieren. Im September fuhren wir nach Swansea und schulten Roland ein; er wurde spielend damit fertig und war ziemlich gelassen und gefasst - Beryl litt am meisten. Wir fragten uns, wie er wohl zurechtkommen würde, aber wir wussten, dass er fürsorgliche Menschen und Freunde um sich hatte, und so mussten wir darauf vertrauen, dass alles bestens laufen würde.

Nach vierzehn Monaten in Deutschland mussten wir unsere persönlichen Sachen zusammenpacken und unser Zuhause verlassen. Es war schmerzhaft, wir hatten uns dort sehr wohl gefühlt. Wir hatten es genossen, Freundschaften zu knüpfen und in der Nähe unserer Familien zu sein. Da unser ehemaliges Haus in Sanaa aufgegeben worden war, wussten wir nicht, wie unser neues Zuhause aussehen würde. Trotzdem hatten wir das Gefühl nach Hause zu kommen, als wir Ende November 1975 am Flughafen in Sanaa ankamen! Wir entdeckten, dass unsere Zeit im Jemen ein besonderer Abschnitt in unserem Leben gewesen war.

Man hatte ein Haus gefunden, das zwar älter als unser vorhergehendes war, aber sehr geräumig, und natürlich hatte es einen Garten. Es war so groß, dass ich mir dort ein Büro einrichten konnte und Beryl ein „Schulzimmer" bekam! Es würde auch vorübergehend unser Hauptquartier sein, so dass Beryl wieder Gastgeberin, sowie auch Lehrerin sein müsste! Blanche Orr hoffte, zu uns als Sekretärin zu kommen.

An eine Sache konnten wir uns scheinbar nie gewöhnen – und das war der Schmutz! Es schien schwieriger als bisher, sich mit dem Staub und Schmutz innerhalb und außerhalb des Hauses abzufinden! Nach und nach verbesserten wir manches, indem wir die Wände weiß anstrichen. Trotzdem war Beryl manchmal

Der Weitblick für die offene Tür

der Verzweiflung nahe bei dem Versuch, drei kleine Kinder sicher und gesund zu erhalten.

Wir alle vermissten Roland. Martin war immer der Komiker unserer Familie. Er heckte oft Streiche aus und kam auf dumme Gedanken. Wann immer er ausgeschimpft wurde, antwortete er mit einnehmendem Lächeln: „Aber Mama, du siehst doch: wir haben uns noch nicht daran gewöhnt, dass Roland nicht mehr da ist!"

Nachmittags ging ich manchmal, wenn die Behörden geschlossen hatten, in die Stadt und versuchte, mit einigen der Männer ins Gespräch zu kommen, die stundenlang herumsaßen, „Qat" kauten und sich über Politik oder die neuesten Nachrichten unterhielten. „Qat" ist ein Kraut, das sie liebten und wofür sie eher ihr letztes bisschen Geld ausgeben würden, anstatt ohne auszukommen zu müssen.

Eines Nachmittags bot mir eine Gruppe, die sich häufig in nächster Nachbarschaft zu unserem Haus traf, etwas „Qat" an, was ich so höflich wie möglich ablehnte. Dann kam das Thema Alkohol zur Sprache und die landläufige Meinung, dass alle Westeuropäer Trunkenbolde wären. Sie waren überrascht, als ich ihnen sagte. dass ich überhaupt keinen Alkohol trinke. Langsam öffneten sie sich mir gegenüber und ich konnte ihnen etwas von der Guten Nachricht erzählen. Einer der Männer gab mir gegenüber zu, dass er ein echtes Problem mit Alkohol hatte (dem einheimischen Wein, der aus Datteln und Zucker gebraut wurde). Und das war eine Überraschung für mich, da ich dachte, dies sei in einem islamischen Land verboten. Dieser Mann konnte ohne seinen Tropfen nicht einschlafen und ich empfand, dass er sein Leben zerstörte und seine Familie darunter litt. Es war mir klar, dass nur der Heilige Geist das Herz muslimischer Menschen öffnen kann.

Der Weitblick für die offene Tür

Wir mögen hervorragende Organisationen haben, die besten Strategien und Ideen, aber es ist der Herr, der wahres Leben in die Herzen der Menschen bringt. Ich war den Gruppen immer dankbar, die unsere Arbeit im Gebet über so viele Jahre unterstützten. Die Gebetsfreunde, besonders in der Heimat, taten die fruchtbringende Arbeit!

Der Weitblick für die offene Tür

Kapitel 33 - Ein Besuch im Sudan

Als Roland über die Weihnachtsferien zu uns kam, holten wir ihn alle von dem neu gebauten Flughafen in Sanaa ab. Es war ein kleines Betongebäude auf einer Hochebene außerhalb der Stadt mit einem Tower zur Luftraumüberwachung und einem Angestellten, der die Reisepässe kontrollierte. Roland kam mit der äthiopischen Fluggesellschaft in einer DC3 aus Addis Abeba. Es herrschte helle Aufregung in der Familie, als wir zusahen, wie die kleine Maschine zum Landeanflug ansetzte. Dann stieg eine noch viel kleinere Gestalt die Stufen herunter und lief über das Rollfeld. Er hatte die Reise von Wales mit Hilfe der Mitarbeiter der Airline gemacht und wir waren erleichtert, ihn sicher und gesund nach seinem ersten Flug ohne uns, zu sehen. Trotz allem war er total gelassen und zuversichtlich. Er hatte mit seinen neun Jahren in seinem kleinen Leben schon so viele Reisen zwischen Europa und dem Mittleren Osten unternommen und vielleicht war für ihn die Reise so ganz allein keine große Sache.

An dieses Weihnachten erinnern wir uns noch gut! Beryl hatte einen Truthahn bestellt – der aber nicht eintraf! Nachdem sie sich mehrmals anhören musste: „Er wird morgen geliefert", gab sie auf und besorgte eine Lammkeule. Das war genauso gut, obwohl sie ziemlich zäh war, und der Truthahn nie kam! Dennoch genossen wir unser Weihnachtsfest. Die ganze Familie war wieder vereint. Andere Teammitglieder und Freunde kamen zum Gottesdienst in unser Wohnzimmer; es war sehr lang geschnitten und daher für Versammlungen bestens geeignet.

Der Weitblick für die offene Tür

Anfang Januar hatte ich geplant, mit Roland nach Addis Abeba zu fahren, um ihn zu seinem Flug zurück nach Großbritannien zu bringen. Ich wollte dann nach Khartum weiterfliegen, da ich einen Besuch im Nordosten des Sudans geplant hatte. Das Gebiet war überwiegend von dem Stamm der Bija besiedelt und das Team erwegte eine Arbeit unter ihnen. Dr. Gurney hatten schon lange ein Anliegen sie mit dem Evangelium zu erreichen. Dr. und Frau Trüb, die lange Jahre im Sudan arbeiteten boten mir Ihre Hilfe an .

Jedes Mal, wenn wir aus oder in den Jemen reisten, mussten wir Ausreise- und Wiedereinreise-Visa beantragen. Diesmal gab es bei der Einreisebehörde in Sanaa Schwierigkeiten. Unsere Reisepässe schienen verloren gegangen zu sein und ohne sie konnten weder Roland noch ich reisen. Uns blieb nur, den Herrn zu bitten, dass er sich darum kümmerte! Als ich ein paar Tage später erneut zur Behörde ging, war ein anderer Beamter dort, der uns mitteilte, dass er unsere Reisepässe gesehen hätte, und innerhalb kurzer Zeit hielten wir sie mit unseren Visa in den Händen. Es ist nicht immer einfach, die Gründe für so eine Verzögerung festzumachen – vielleicht wurden Bestechungsgelder erwartet – aber der Herr hatte uns, wie schon so oft über die Jahre, wieder einmal geholfen. Es war nicht leicht gewesen, Papiere zu bekommen, und die sudanesischen Behörden hatten mir ein Visum verweigert, aber ihre Botschaft hatte mir eine Einreisegenehmigung nach Khartum gegeben, die ich bei Ankunft vorlegen musste.

In Addis Abeba brachte ich Roland zu seiner Maschine – weg war er in seiner gewohnt zuversichtlichen Art; er sah noch nicht einmal zurück oder winkte! (Beryl sagt, er sei sehr zielorientiert, genau wie sein Vater!) Mein Schreiben für Khartum wurde zunächst in Frage gestellt und ich dachte zuerst, dass mir der Flug in den Sudan verweigert würde – aber auf einmal hielt ich eine Bordkarte in der Hand!

Der Weitblick für die offene Tür

In Omdurman, bei Khartum wohnte ich mit Dr. Trüb und seiner Frau, die mich herzlich begrüßten und mir viele Ratschläge gaben, an wen ich mich wenden konnte und wie ich vorgehen sollte. Nach ein paar Tagen schien es mir eine gute Idee zu sein, sich Port Sudan anzusehen, den Haupthafen im Sudan. Man konnte mit dem Zug dorthin fahren – eine Reise von sechzehn Stunden (wenn nichts dazwischen kam). Matthias, ein Freund aus Deutschland, den ich in Khartum kennengelernt hatte, begleitete mich auf dieser Reise und ich war froh, Begleitung zu haben.

In unserem Abteil saß eine ganze Gruppe Männer, die nach Port Sudan wollten und nach unserer anfänglichen Begrüßung begannen wir, uns über das Evangelium zu unterhalten. Während sie zuhörten, rief ein Mann: „Das ist ja wie im Radio!"

Er musste einen arabisch-christlichen Radiosender gehört haben (der vermutlich von Ägypten gesendet wurde). Sie waren alle sehr freundlich und ich gab hier und da ein paar Broschüren weiter. Es ist nicht immer einfach zu wissen, wem man eine geben soll. Wenn ich mich fragte, ob ich etwas weitergeben sollte oder nicht und der Fahrgast stieg dann plötzlich an einem kleinen Bahnhof aus, hatte ich ein schlechtes Gewissen, über die verpasste Gelegenheit.

Wir waren etwa eine Stunde seit Khartum unterwegs, als der Zug plötzlich in einer weiten, trockenen Gegend anhielt und sich drei Stunden keinen Meter bewegte! Es gab keinerlei Erklärung für die Verzögerung, obwohl es viele Gerüchte über entgleiste Eisenbahnwagons und so weiter gab. Aber schließlich setzte der Zug seine Reise im Schneckentempo fort (er fuhr zwischen 10 und 40 Meilen die Stunde) je nachdem, ob es bergauf oder ebenerdig ging. Der Zug wurde von einer so altmodischen Lokomotive gezogen, die aussah, als gehörte sie

Der Weitblick für die offene Tür

ins Museum! Ich fragte mich, wie der Lokführer sie überhaupt zum Fahren brachte!

Wir fuhren die Nacht durch – und es schien kein Ende zu nehmen! Was für ein Trost ist es für einen Christen zu wissen, dass wir mit dem Herrn reden und in seinem Wort lesen können, sogar in einem fahrenden Zug. Die Sitze waren unbequem und es fiel mir schwer, mehr als ein paar Minuten zu schlafen. Wenn der Zug an einen Bahnhof kam, wussten wir nie, wie lange er dort halten würde, und es gab kaum irgendwelche sanitären Anlagen im Zug; wer ausstieg, musste riskieren, zurückgelassen zu werden oder im Laufschritt auf den Zug aufzuspringen, was natürlich sehr gefährlich sein konnte.

Gegen Morgen verließen wir das Nil-Tal in der Nähe von Atbara und fuhren auf die Berge des Nordostens zu. Dann hielt der Zug plötzlich erneut an. Da war kein Bahnhof – nur meilenweit sandiges, ödes Land. Nach einer Weile erfuhren wir, dass die Lokomotive einen Motorschaden hatte. Das war kaum überraschend! Ich war froh, dass wir etwas Wasser dabei hatten, während wir neben dem Waggon saßen und uns unterhielten und warteten…

Vier Stunden später kam eine Ersatzlokomotive, die uns langsam weiterschleppte. Als wir in die Berge am Roten Meer fuhren, auf etwa 3000 Fuß (ca. 1000 m), war ich überrascht, wie kalt es wurde. Wir kamen nach Sinkat – hielten an und warteten wieder, etwa drei Stunden. Schließlich erreichten wir unser Ziel Port Sudan gegen elf Uhr abends nach sechsunddreißig Stunden Zugfahrt!

Einer der Mitreisenden bot uns an, uns in der Nähe ein Hotel zu zeigen, da kaum noch irgendjemand unterwegs war. Das Hotel war voll und nachdem wir müde mit unseren Taschen umhergelaufen waren und keine Unterkunft gefunden hatten, brachte uns unser Führer zum Haus eines Freundes, der uns zwei Betten anbot. Wir fielen in die Betten und waren froh, dass wir uns endlich ausstrecken konnten, obwohl sie warm waren, so als ob gerade jemand aufgestanden wäre. Aber wir stellten keine Fragen! Dankbar und erschöpft schliefen wir ein.

Am Morgen dankten wir unseren freundlichen Gastgebern und gingen zum Frühstück auf den Markt. Anschließend suchten wir uns ein Hotel, in dem wir bleiben konnten, und meldeten uns dann wie gefordert bei der Polizei. Wir liefen ein bisschen in der Stadt umher und fanden zunächst die Episkopalkirche, dann die evangelische Kirche und trafen einige Leiter und Christen dort. Aber wir fanden niemanden vom Stamm der Bija, bis wir zum Suq al Arab am Stadtrand kamen. Hier sah es völlig anders aus als in der Innenstadt, die Geschäfte und Häuser waren aus Holz und Lehm gebaut.

Die Bija waren gewiss harte Männer, mit ihren wilden, buschigen Haaren, die sie oft mit Kuh- oder Kameldung und einer Art Kamm in Position hielten. Sie waren meist mehrere Tage unterwegs in die Stadt, um dort ihre Messer und Schwerter zu verkaufen. Einige sprechen etwas Arabisch, aber eigentlich haben sie ihre eigene Sprache. Ich war gewarnt worden, keine Fotos von ihnen zu machen, da ihre Reaktion darauf unangenehm werden könnte, und ich wollte sie natürlich nicht verärgern! Eine Weile saß ich da, beobachtete sie und fragte mich, wie wir eine Arbeit unter ihnen beginnen könnten. Es gab keine Schriften in ihrer Sprache, die wir ihnen hätten geben können. Da kamen mir folgende Worte in den Sinn: „Denn du hast Ihm Macht gegeben über alle Menschen."

Mit dieser Zusage betete ich, dass Christus einen Weg bahnen sollte, damit sein Licht in ihre Herzen schien, da es in der Tat eine übermenschliche Aufgabe war.

Am nächsten Tag (dem 19. Januar) konnte ich einen Platz für einen Rückflug nach Khartum organisieren; eine Rückreise mit

Der Weitblick für die offene Tür

dem Zug konnte ich mir einfach nicht mehr vorstellen! Doch während ich über die Wüste flog, begleitete mich mein Schmerz über die Menschen, die ich gesehen hatte. Von Khartum aus ging es weiter nach Asmara und ich sah, wie sich dort alles verändert hatte. Die eritreischen Rebellen hatten sich jahrelang auf den Kampf mit den Äthiopiern vorbereitet und nun, da der Kaiser Haile Selassie gestürzt war, führten sie einen offenen Krieg gegen den regierenden Rat (den Derg). Die eleganten Stadthäuser, die von dem italienischen Diktator Mussolini erbaut worden waren, als dieser meinte, er könnte das römische Kaiserreich wieder aufbauen, standen leer und verfielen.

Viele Mitarbeiter hatten das Land verlassen. In der einheimischen Bevölkerung waren viele nervös und befürchteten jederzeit den Einmarsch einer Armee. Ich blieb bei Freunden die ich noch von unserer Zeit in Asmara kannte, die immer noch dort arbeiteten und es schafften, trotz der Probleme durch den Bürgerkrieg, weiterzumachen. Sie hatten seit Tagen den Kontakt zu ihrem Krankenhaus in Heicota im westlichen Tiefland verloren und konnten ihnen keinerlei Vorräte, insbesondere Medikamente, zukommen lassen. Die Mitarbeiter dort unten mussten mit dem auskommen, was es an Waren auf dem örtlichen Markt zu kaufen gab. Es war eine sehr schwierige Situation.

Danach reiste ich weiter über Addis Abeba nach Assab, wo das Militär überall präsent war. Die einzige offene Straße war die vom Flughafen in die Stadt. Maureen und Roberta, zwei unserer Mitarbeiterinnen, warteten dort in der Hoffnung, wieder in ihre Klinik zurückkehren zu können, die weiter oben an der Küste lag, aber das Umland war soweit abgeriegelt. Wir beteten gemeinsam und baten den Herrn, uns seinen Weg zu zeigen. Wir hatten immer noch eine Klinik in Assab in Betrieb, aber die Schwestern sehnten sich danach, zurück zu ihrer

Der Weitblick für die offene Tür

Arbeit nach Bel Abuyi zu dürfen. Wir konnten den Gouverneur Mohammed Yaseen treffen, der unsere Arbeit seit Jahren kannte, und er erlaubte Maureen und Roberta nach Edd zu gehen. Ich fand es schwierig, die richtige Entscheidung zu treffen, da dies in dieser Krise eine noch immer so gefährliche Region war. Sollte ich darauf bestehen, alle unsere Mitarbeiter abzuziehen, auch wenn sie nicht gehen wollten?

Schließlich kehrte ich in den Jemen zurück. Ich war mehr als drei Wochen unterwegs gewesen. Es musste eine Menge Schriftverkehr nachgeholt werden neben den Belastungen und Sorgen um unser Team in den Krisenregionen. Ständig kamen Besucher und auch einige besorgniserregende Nachrichten aus Yareem erreichten uns – der Sicherheitschef hatte ein Schreiben in Umlauf gebracht, welches die Bevölkerung davor warnte, christliche Bücher anzunehmen und unsere ganzen christlichen Aktivitäten zu akzeptieren. Die Mitarbeiter in Yareem waren sehr unsicher, wie sie damit umgehen sollten, daher reiste ich hinunter und suchte den örtlichen Sicherheitsbeamten auf. Er war sehr freundlich und gab uns einige Richtlinien an die Hand. Er erläuterte uns, dass die Warnung für das ganze Land gelte, nicht nur für Yareem, aber es wäre in Ordnung, wenn uns jemand besuchen und ein Evangelium haben wollte, solange es nur ein Buch wäre.

An diesem Abend trafen wir uns, beteten und tauschten uns aus. Wir beschlossen, uns eine Zeitlang zurückzuhalten und abzuwarten, wie sich die Dinge entwickelten. Wir waren in dieses Land gekommen mit einer schriftlichen Genehmigung, Literatur mitzubringen und als Christen zu leben, aber es schien, als ob die Regierung nur an unseren medizinischen Kenntnissen und Hilfeleistungen interessiert war.

Langsam aber sicher wurde unsere Arbeit und unser Dienst immer mehr eingeschränkt.

Der Weitblick für die offene Tür

Kapitel 34 - „ICH bin bei Euch allezeit"

Nun da ich Teamleiter war, fühlte ich mich innerlich oft in verschiedene Richtungen gleichzeitig gezogen; ich war um all unsere Standorte und deren Arbeit besorgt, besonders im Jemen. 1976 hatten wir finanziell eine schwere Zeit und ich machte mir viele Sorgen, fühlte die Last des ganzen Teams auf meinen Schultern ruhen. Eines Tages aßen Beryl, die Kinder und ich in Sanaa gerade gemeinsam zu Mittag – ein Mittagessen als Familie war sehr kostbar (ich fühlte mich oft schuldig, da ich so häufig unterwegs war) – als das Gespräch eher zufällig auf das Thema Tod kam! Kein Thema, das wir für kleine Kinder ausgewählt hätten, aber es ist erstaunlich, was ihnen so einfällt und welche Fragen sie stellen. Während Beryl und ich versuchten, mit ihnen so zu sprechen, dass sie es verstehen konnten, bemerkte ich, wie sich eine kleine Hand auf meine legte.

„Papa, du wirst mit mir gehen", sagte die dreijährige Elizabeth.

Dieses volle Vertrauen unserer kleinen Tochter sprach mich im Innersten an und beschämte mich angesichts meines mangelnden Vertrauens gegenüber Gottes Fürsorge.

Für uns wie auch für das Team war es eine schwierige Zeit, eine Zeit der inneren Unruhe und der Unsicherheit. Beryl war vollauf damit beschäftigt, die Gäste zu versorgen, die Jungen zu unterrichten und darauf zu achten, dass sie beim Hausunterricht den Anschluss nicht verloren. Die kleine Elizabeth lief dazwischen herum und sah zu, was ihre großen Brüder machten. Ich glaube, dass all das Gute, das den Kindern zuteilwurde, zum größten Teil Beryls Verdienst war. Die

Der Weitblick für die offene Tür

Verantwortung lastete auf ihr, während ich herumreiste und die Mitarbeiter im Jemen und anderswo besuchte. Es schien viele Beziehungsschwierigkeiten unter unseren Mitarbeitern zu geben, da Teammitarbeiter auch nur Menschen sind, und im Zusammenleben immer wieder heraus gefordert sind.

Ebenso empfand ich in zunehmendem Maß die Kommunikationsschwierigkeiten als frustrierend. Zum Beispiel erreichte uns eines Tages die Nachricht, dass Ted und Marg, unsere Teamleiter in Bangladesch, in die USA zurückgekehrt

Taxi Service in Jemen. Ist noch Platz frei?

waren! Sie konnten mich nicht erreichen, um mir ihre familiären Schwierigkeiten mitzuteilen, und mussten in die Staaten zurück. Diese Nachricht war ein Schock für uns, da von den ehemals vier Mitarbeitern, die das Team in Bangladesch bildeten, nun nur noch eine übrig war. Ein Mitarbeiter war schon früher gegangen. Dies zeigte aber, dass unser Internationales Hauptquartier definitiv in ein stabileres Land gehörte, mit einfacheren und besseren

Der Weitblick für die offene Tür

Kommunikationsmöglichkeiten – das bedeutete wahrscheinlich Europa. Als Peter und Margaret im Herbst aus Australien zurückkehrten, beschlossen wir, die Sache in Angriff zu nehmen und einen geeigneten Ort zu finden – nur wo genau sollte er sein?

In unserer Arbeit im Jemen nahm der Gegenwind immer mehr zu. An einem unserer Standorte kam ein Mann zum Glauben und in seiner Freude lud er einige seiner Freunde ein, zu ihm zu kommen und etwas darüber zu hören. Einige Zeit später bekam der Bruder große Schwierigkeiten. An einem anderen Tag kam Mohammed, unser Nachbar, der in der Botschaft arbeitete, und teilte uns mit, dass sie ein Schreiben des Ministeriums erhalten hätten. Dieses besagte, dass sie an Einzelpersonen oder Organisationen keinerlei Erlaubnis zu evangelisieren mehr erteilen dürften, und dies gelte für den ganzen Jemen. Diejenigen, die sich nicht daran hielten, würden „bedauernswerterweise" ausgewiesen.

Zu dieser Zeit hatten wir drei medizinische Zentren im Jemen und bauten unsere eigene Klinik in Muharraq. Sogar während noch gebaut wurde, kamen Menschen vorbei und baten um Hilfe bei ihren gesundheitlichen Problemen. Mike, der Bauunternehmer und Haupttechniker, bekam aber plötzlich gesundheitliche Schwierigkeiten und ihm wurde geraten, sich eine Auszeit zu nehmen, bis weitere Untersuchungen erfolgten. Das Haus für die weiblichen Mitarbeiter war fast fertig gestellt, bis auf das Dach. Aber vor dem Einzug und der Inbetriebnahme der Klinik musste noch der Stromanschluss verlegt werden. Beryl und ich hatten geplant, im November 1976 nach Europa zurückzukehren, immer noch im Unklaren darüber, wo das Internationale Hauptquartier sein sollte. Aber nun brauchten wir einen Bauunternehmer in Muharraq – und wir hatten keinen. Während wir über der Angelegenheit beteten, sahen wir uns damit konfrontiert, unsere Ausreise aus dem Jemen zu

Der Weitblick für die offene Tür

verschieben und selbst nach Muharraq zu gehen, um zu tun, was wir konnten, und zu helfen.

Ich habe eine großartige Familie! Beryl war zu dieser Planänderung bereit und die Kinder waren froh mitzukommen und auf einen Teil des Unterrichtes zu verzichten! So machten wir uns auf den Weg nach Hodaidah in einem kleinen Lastwagen mit einer offenen Ladefläche, die mit Baumaterial und anderen Werkzeugen beladen war. In Hodaidah verbrachten wir eine Nacht und fuhren gegen Mittag weiter. Dies war so geplant, damit die Hitze während unserer Fahrt nachließ. Die Straße war natürlich die übliche Sandpiste und daher war es im Nachhinein wahrscheinlich nicht überraschend, dass wir nach ein paar Stunden Fahrt eine Reifenpanne hatten. Es war kein Spaß, den Reifen im staubigen Sand zu wechseln, während die Sonne unterging, und dann stellte ich auch noch fest, dass das Ersatzrad Luft brauchte. Wie dankbar war ich, als ein saudischer Autofahrer anhielt und uns seine Pumpe lieh!

Er war gerade weggefahren, als ich entdeckte, dass die Federung des Gaspedals gebrochen war. Wir befanden uns praktisch am Ende der Welt ohne Aussicht, in der nächsten Zeit eine Werkstatt zu finden! Doch ich hatte ein dickes Seil bei mir, das ich um das Pedal knotete, und das andere Ende hielt ich in der Hand. Das Gaspedal ging herunter, wenn ich es mit dem Fuß trat, und ließ sich durch einen Zug an dem Seil wieder zurückziehen! Inzwischen war es dunkel geworden und so fuhren wir weiter in der Hoffnung, immer noch auf dem richtigen Weg zu sein, aber es wurde immer schwieriger aber es wurde immer schwieriger, den Weg durch, den Weg durch den Sand klar zu erkennen

Gegen Mitternacht erreichten wir die kleine Stadt Abbs und wussten, dass wir von dort aus unseren Weg nach Muharraq

Der Weitblick für die offene Tür

entlang des Flussbettes und in östlicher Richtung finden mussten. Das Fahren war sehr schwierig; durch den Sand, die Probleme mit dem Gaspedal und das Schalten, nahezu unmöglich. Das Flussbett schien trocken zu sein, aber in der Dunkelheit konnte man so leicht vom Weg abkommen, was uns auch bald darauf passierte. Der Lastwagen wurde immer langsamer und langsamer und wir begannen im Morast einzusinken. Es war stockdunkel und ich brachte Beryl und die Kinder heraus, bevor wir tiefer einsanken. Wir setzten uns in der Nähe aufs trockene Land und ich fragte mich, was um alles in der Welt wir tun konnten; es gab keinerlei Anzeichen von Leben, kein Licht und wir waren hoffnungslos festgefahren. Dann hörten wir ganz plötzlich das Geräusch eines Wagens und ein offener Toyota Land-Cruiser voller Männer tauchte auf, die in Richtung Muharraq reisten! Sie hielten an, um zu helfen, aber sie konnten den Lastwagen nicht von der Stelle bewegen, so traf ich im Bruchteil einer Sekunde eine Entscheidung und wir fragten, ob sie Beryl und die Kinder mitnehmen würden, während ich beim Lastwagen und der Ladung blieb.

Sie kletterten alle auf die Ladefläche des Land-Cruisers mit den Fremden, die für Beryl und Elizabeth Platz machten, damit sie sich auf den Boden setzen konnten und ich sah sie davonrasen – (Jemeniten fahren nicht langsam!). Martin erinnert sich noch heute daran, wie er und Peter an den Hosenbeinen der stehenden Männer hingen! Beryl und die Kinder versuchten sich festzuhalten, als ginge es um ihr Leben, während der Fahrer schleudernd über die Piste donnerte. Aber etwa eine Stunde später erreichten sie alle sicher und wohlbehalten Muharraq! Unser Arzt begrüßte sie freundlich. In dem leeren Haus von Mike und Esther fielen sie alle in die Betten und schliefen auf der Stelle ein, unbeschadet von ihrem Abenteuer!

Der Weitblick für die offene Tür

Ich blieb bei dem Lastwagen, aber es war unmöglich, Ruhe zu bekommen wegen der vielen Mücken, die dauernd herumschwirrten. Daher versuchte ich den Lastwagen auszuladen, damit es leichter wäre, ihn aus dem Morast zu ziehen, wenn Hilfe käme. Wir hatten eine Ladung Holz geladen, einen Kühlschrank und eine Tonne Zinkblech, was sehr schwer war. Aber bis zum Morgengrauen hatte ich es irgendwie geschafft, alles von der Ladefläche herunterzubekommen. Bald darauf erschien unser Arzt und Werner, ein junger Mitarbeiter, um mir zu helfen. Jetzt, da es heller war, konnten wir den Lastwagen aufs Trockene schieben, aber dann mussten wir alles wieder aufladen. Wir reparierten das gebrochenen Gaspedal und schafften es bis nach Muharraq. Dort fand ich Beryl und die Kinder tief schlafend vor. Ich kletterte dankbar in ein Bett und schlief ein, dankbar für des Herrn Hilfe und seinen Schutz!

Wir blieben zwei Wochen in Muharraq. Werner und ich konnten nicht nur das Dach von dem Haus der weiblichen Mitarbeiter fertigstellen, sondern auch den Stromanschluss legen. Auf unserem Grundstück hatten wir unseren eigenen Generator, nun hatten unsere Krankenschwestern etwas mehr Komfort. Dann kehrte unsere Familie nach Sanaa zurück – diesmal ohne weitere Zwischenfälle – und dies war das letzte Mal, dass wir solch eine Reise als Familie unternahmen.

Anfang Dezember 1976 flogen wir nach Frankfurt. Beryl sorgte dafür, dass ihr Edelstahlbesteck (ein Hochzeitsgeschenk) in ihrem Handgepäck mitkam. Wo auch immer wir hingereist waren, wenn wir wie Vögel vor dem Sturm flohen, hatte Beryl sichergestellt, dass das Besteck mit uns reiste! Weihnachten verbrachten wir in Deutschland, immer noch im Unklaren darüber, wo der Herr uns als Nächstes hinführen würde. Wir hätten niemals gedacht, dass es neunzehn Jahre dauern würde, bis wir wieder in den Jemen, das geliebte Land, zurückkämen.

Der Weitblick für die offene Tür

Der Weitblick für die offene Tür

Nachwort

So endete unsere Wanderschaft rund um das Rote Meer für lange Zeit.

Das Internationale Hauptquartier siedelte sich 1977 schließlich in Birmingham, England an, wo wir nun auch wohnen. Die Stadt, die nun auch ein Zuhause für viele Einwanderer wurde, die auf der Suche nach „einem besseren Leben" waren! Mein Dienst umfasste sowohl Verwaltung als auch Seelsorge; von Zeit zu Zeit reiste ich in der Welt herum, um die Arbeit des Teams vorzustellen, unsere Gebetsunterstützer zu ermutigen und die verschiedenen Einsatzgebiete, in denen unser Team tätig war, zu besuchen.

Wir hatten die Teamleitung weitere zehn Jahre inne. Danach arbeiteten wir in der Seelsorge, bis wir 1996 noch einmal für sechs Jahre in den Jemen zurückkehren konnten, ehe wir in den Ruhestand gingen. Die medizinische Arbeit hatte in den achtziger Jahren für unser Team ganz aufgehört, daher arbeiteten wir als Englischlehrer. Wir erlebten, dass sich vieles veränderte, sowohl im Dienst als auch im Land selbst.

Seit unserem Eintritt in den Ruhestand 2002 leben wir in Großbritannien. Wir besuchten mehrmals das Land in den vergangenen Jahren welches unser Leben so bestimmt hat. Doch nun gestaltet eine neue Generation gebildeter, junger Leute die zukünftige Ausrichtung des Landes. Die Bauprojekte, vor allem in den Städten, sind sehr eindrucksvoll. Die Bevölkerungsstruktur verändert sich. Immer mehr Menschen ziehen aus den ländlichen Regionen in die Städte auf der Suche nach Arbeit und einem besseren Leben.

Der Weitblick für die offene Tür

Die technische Entwicklung ermöglicht es, dass das Evangelium wie noch nie zuvor mit Hilfe von Radio, Fernsehen und Internet empfangen werden kann. Wir wissen, dass der Herr der Ernte Menschen aus allen Nationen heraus in seine Familie der Gläubigen beruft.

Rückblickend können wir nur bestätigen, dass die Treue Gottes zu uns unverändert ist, und ich kann nur mit meinem lebenslangen Zeugnis abschließen – die Gnade Gottes währt ewiglich.

IHM gebührt alle Ehre.

Der Weitblick für die offene Tür

Der Weitblick für die offene Tür